▶ 交通运输类"十三五"创新教材
▶ 中华人民共和国内河船舶船员适任考试培训教材

U0650937

# 船 舶 管 理

## （轮机专业二、三类）

中国海事服务中心组织编审

主编 ◉ 严峻　吴广前　刘瑜

大连海事大学出版社

Ⓒ 中国海事服务中心　2020

**图书在版编目（CIP）数据**

船舶管理：轮机专业二、三类／严峻，吴广前，刘
瑜主编．— 大连：大连海事大学出版社，2020.12
中华人民共和国内河船舶船员适任考试培训教材
ISBN 978-7-5632-4048-7

Ⅰ．①船… Ⅱ．①严… ②吴… ③刘… Ⅲ．①船舶管
理—技术培训—教材 Ⅳ．①U692

中国版本图书馆 CIP 数据核字（2020）第 234991 号

**大连海事大学出版社出版**

地址：大连市凌海路1号　　邮编：116026　　电话：0411-84728394　　传真：0411-84727996

http://press.dlmu.edu.cn　E-mail：dmupress@dlmu.edu.cn

大连海大印刷有限公司印装　　　　　　　　大连海事大学出版社发行

2020 年 12 月第 1 版　　　　　　　　　　　2020 年 12 月第 1 次印刷

幅面尺寸：184 mm×260 mm　　　　　　　　　　　　　　　　印张：15

字数：368 千　　　　　　　　　　　　　　　　　　　印数：1～5000 册

出版人：余锡荣

责任编辑：刘长影　　　　　　　　　　　　　　　责任校对：李继凯

封面设计：解瑶瑶　　　　　　　　　　　　　　　版式设计：解瑶瑶

ISBN 978-7-5632-4048-7　　定价：42.00 元

# 前　言

根据《内河船舶船员适任培训和考试大纲(2019版)》,中国海事服务中心组织在内河船舶运输领域有着丰富教学和培训经验的专家在2016年培训教材的基础上重新编写了"中华人民共和国内河船舶船员适任考试培训教材",并组织实践经验丰富的海事管理机构专家和船公司的指导船长、轮机长对教材进行了审定。

在本套教材编写前,中国海事服务中心组织参编专家对内河船舶运输现状进行了广泛的调研和深入的讨论,确保教材内容符合船上实际,反映最新航运技术和与航运相关的最新法律、法规、规范与标准,并在表达方式上通俗易懂,符合内河船舶船员业务学习和技能培训的需要。

本系列教材分驾驶专业和轮机专业两类:驾驶专业包括《船舶操纵》《船舶值班与避碰》《船舶引航》《船舶管理(驾驶专业一类)》《船舶操纵与引航(二、三类)》《船舶管理(驾驶专业二、三类)》;轮机专业包括《主推进动力装置》《船舶辅机》《船舶电气设备》《船舶管理(轮机专业一类)》《船舶机械设备操作与管理(二、三类)》《船舶电气设备操作与管理(二、三类)》《船舶管理(轮机专业二、三类)》。

《船舶管理(轮机专业二、三类)》由重庆交通大学严峻、安徽航运学校吴广前、江苏航运职业技术学院刘瑜主编,全书由严峻负责统稿,江苏海事职业技术学院赵春生、中国海事服务中心李富玺主审。

《船舶管理(轮机专业二、三类)》全书内容共分八章。第一章 船舶管理概述,第二章 船舶适航管理,第三章 安全值班,第四章 船舶修理,第五章 船舶检验及安全检查,第六章 轮机部文件与技术资料管理,第七章 船舶油料、物料、备件管理,第八章 内河船舶轮机团队管理。本书适用于内河船舶轮机专业二、三类证书船员适任考试培训,也可供航运企业内部培训使用,还可作为大、中专院校内河船舶轮机专业或同类专业的教学参考书。

在教材编写过程中得到了各海事机构、航运院校、船员培训机构、航运企业等相关单位的关心和大力支持,特致谢意! 由于时间仓促,书中难免存在错误和疏漏,欢迎广大读者和专家批评指正。

中国海事服务中心

2020年7月

# 目　录

# 第一章
# 船舶管理概述

　　船舶是航行或停泊于水域中进行运输或作业的水上交通工具。为了保证船舶正常航行、作业、停泊以及船上船员、旅客正常工作和生活需要,必须配置的机械设备的综合体称为船舶动力装置,简称轮机。

　　船舶大小和功能不同,根据《钢质内河船舶建造规范》所配备的轮机设备种类和数量也不尽相同。通常船舶均配备有主推进动力装置、辅助装置(船舶电站、压缩空气系统等)、船舶系统(动力管系、船舶管系等)、甲板机械(操舵设备、锚泊设备等)、防污染设备和自动化设施等轮机设备。这些设备除甲板机械外大多集中布置于船舶机舱之中。

　　由于船舶持续航行时间不同,且轮机设备种类和数量繁多,根据《中华人民共和国船舶最低安全配员规则》的要求,船舶配置有一定数量、具备一定任职资质、能够承担一定责任的船员,来操作、维护保养轮机设备,以确保设备能够安全可靠地运行,保证船舶航行安全。

　　船舶的营运安全直接影响船舶营运单位的经济效益,更直接影响船舶、货物、码头的安全和船上的船员、旅客的人身安全以及水域的环境安全。熟悉船舶营运系统、船舶安全管理的途径和方法,是保证船舶营运安全的基础。

　　轮机管理,就是有效地利用、协调轮机部配置的各类资源(包括物质资源、人力资源和管理信息资源等),减少、杜绝潜在的人为失误,以及在各种应急状态和突发紧急情况下积极、有序地采取有效的应急措施,确保船舶航行安全及防止船舶对水域造成污染。

## 一、船舶安全管理及船舶营运系统

### (一)船舶安全管理

　　船舶安全管理是在安全科学领域内,结合船舶安全问题,消化吸收现代管理理论的精华形成的知识体系。安全管理是管理科学的一个重要分支,是一种动态管理,是为了实现安全目标而进行的相关决策、计划、组织和控制等方面的活动,具有公共管理的特点。

安全工程学对某一具体事物的研究通常采用"人—机—环境—控制"的系统研究的方法，运用现代安全管理原理、方法和手段，分析和研究一切人、物、环境的状态和各种不安全因素，从技术上、组织上和管理上采取有力的措施进行管理与控制，解决和消除各种不安全因素，防止事故的发生。

船舶安全管理的目标是保护水上人命财产安全、保护水域环境，使航行更安全，水域更清洁。管理的对象包括对人、机、环境的控制和调整，对险情、事故的控制和限制。

### （二）船舶营运安全系统

船舶营运安全系统是由"人（船员）—机（船舶、货物）—环境（航行环境、法制环境）—控制或管理（船公司、政府职能部门等）"四大基本要素构成的四面体结构，如图1-1所示。

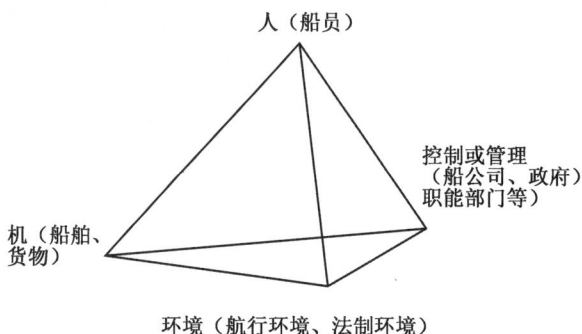

**图1-1 船舶营运安全结构示意图**

船舶营运安全系统通常将"人、船、环境、管理"这些要素进行归纳总结，分析各环节相互作用、相互依存、相互协调的关系。对水上交通安全系统而言，"人"包括船员和乘客；"机"包括船舶和货物；"环境"指船舶航行环境、人的工作环境等，包括港口水文气象条件、航道长度、转向点数、航道的宽度、船舶交通量、船舶交通密度、VTS管理程度、分道通航程度、助航标志等；"管理"包括政府、海事部门管理和公司所有人的管理，主要包含法制规则、规范、标准、程序、技术和方法。控制要素需全面覆盖人、机环境要素及各关系区，如图1-2所示。

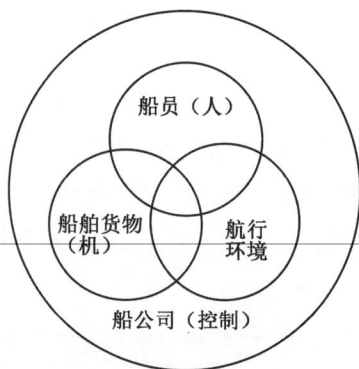

**图1-2 船舶营运安全系统**

#### 1. 人为因素

人为因素往往是水上交通事故的触发因素，在各因素中占主导地位，这里的人为因素既包括在船工作船员,也包括负责管理、指派、培训船员的相关人员。近年来对水上交通事故的调查统计显示,约80%的事故与人为因素有关。

根据发生的事故原因分析,由船员人为因素导致的安全事故,按其性质主要有人员的"操作失误"和"违规操作"两个方面。

(1)操作失误

操作失误主要是由于船员对工作准备不充分、对船舶设备不熟悉或技术水平不足,导致操作行为达不到预期结果。操作失误包括下列因素:

①身心状态:船员的精神状态、生理状态及身体体能等可能影响船舶的航行安全性的条件。易引发事故常见的身心状态为身体、精神疲劳,精力不集中,患有疾病等。

②理论知识水平:反映船员理论和实践操作方面的安全知识培训教育情况,是否存在教育不足或更新不及时,未能掌握操作船舶、设备所需的理论知识、实践技能和相关的法规知识。

③实践经验、技术操作技能:指船员对航行水域、相关设备、所载货物的熟悉程度以及对执行任务等方面的熟练程度,是否能熟练掌握操作船舶所需的技术能力。

④语言水平:指船员语言是否达到与同事、码头调度人员、VTS操作人员等正常交流、沟通的水平与能力等。

(2)违规操作

违规操作主要是不遵守保障船舶运输安全的规章制度等违规行为。对轮机人员而言,包括下列行为:

①未按规定履行相应的职责和行为准则,违反值班制度相关规定。

②开航前未对船机设备进行必要的检查,未按要求定期保养设备;不按设备操作规程操作设备,冒险操作或处理不熟悉的设备;应急处理行动不及时(不处理、不报告)。

③不按规定记录相关数据和日志或随意涂改。

④工作疏忽大意,责任心不强等。

**2. 船舶因素**

船舶因素是诱发水上交通事故的重要因素,其建造质量直接影响船舶的航行安全。直接影响船舶航行安全性能的因素,主要包括:

(1)船舶材料的选用及建造质量;

(2)船体结构、密封性、强度和分舱布置(船底骨架结构、焊接质量应满足规范要求);

(3)船舶的浮态、储备浮力、吃水、稳性、干舷、摇荡性等;

(4)船舶航行操纵设备、助航设备、电气设备、救生消防设备、轮机设备(船机浆的匹配)的状况和性能等。

上述这些主要性能因素通常又通过船舶类型、船龄、船舶适航性、船舶归属等因素直接表现出来。例如,船舶随着船龄的增长,船体受到水体的侵蚀,构件会出现不同程度的磨损、腐蚀、疲劳,继而产生裂缝、破损;设施、设备随着使用期的延长,也会出现不同程度的损伤,从而导致船舶及设备的状况和性能下降,进而影响船舶整体的安全性。

**3. 环境因素**

环境因素通常是水上交通事故的诱导因素。环境因素分为自然环境、航行水域、交通条件等。自然环境包括航行水域的气象、水文、地形等,其中影响最大的是风、浪、能见度、水流流速;航行水域由港口和航道组成,其影响因素包括可航宽度、可航水深、航道弯曲程度等;交通条件包括港口和航道的设施和布置、水上助航标志和设施、交通管理规章和手段以及码头、港池、进出口航道完好程度、助航标志完善程度等。航行水域和交通条件主要通过事故水域直接表现出来。

### 4. 管理因素

根据相关理论,水上运输系统由"人、船舶、环境、管理"因素组成,而各要素之间又存在相互影响的特点,其中管理因素通常又是诱发水上交通事故的深层次原因。

管理系统若存在缺陷或漏洞,便会失去及时纠正人(船员)和物(船舶设施设备)缺陷的功能,会导致系统中人和物产生缺陷并不断积累,累积的缺陷便会引发船员的不安全行为或船舶设施设备的不安全状态。当环境和船舶设施设备处于不安全状态时,船员如果发生不安全行为则可能直接触发水上交通事故。总之,船员的不安全行为、船舶设施设备的不安全状态、环境的不安全状态中任何一个因素或其组合都可能导致事故的发生,如图1-3所示。

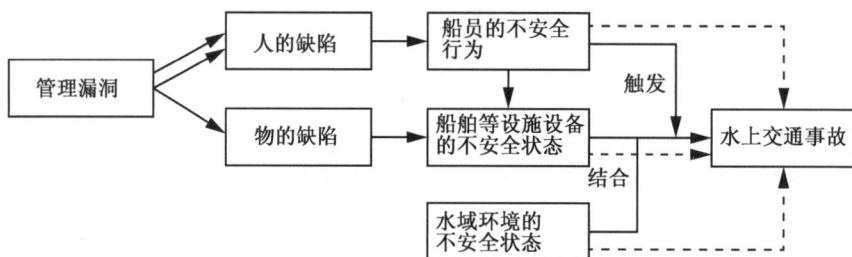

图1-3  水上交通事故致因机理

管理因素主要包括两个方面:一是海事机构等政府部门对航运企业以及船舶、船员的外部监管;二是航运企业对船舶、船员的内部管理(主体责任),如图1-4所示。前者主要包括海事管理法规制度的完善性、监督管理的充分性、监督是否违规等,后者包括安全管理体系的健全性、安全管理的充分性、纠正问题的及时性等。

图1-4  管理因素的基本结构

由于航运企业承担着对船舶、船员的内部管理的主体责任,所以航运企业在船舶安全管理中地位十分重要。如前所述,人为因素责任主要在于船公司的岸上管理和船上管理,所以船舶的安全目标只有通过公司对岸上和船上的有机管理才能得以实现。

船舶是船舶安全管理的终端,处在安全和防污染的第一线。船长和其他高级船员的作用更为重要。能否有效地组织和激励船员,酌情处理有关事务,是船上安全管理能否成功的关键所在。

## 二、船舶安全管理的主要方法

船舶安全管理的方法,涉及法治、行政、安全系统工程、全面质量管理、管理标准化、安全行为科学、安全教育、安全文化建设和安全经济学等范畴。

### 1. 法治

法治具有强制性、普遍性的特征,包括立法、执法及其体系。安全立法是指促进安全的法律、法规、规则、规章和公约的总和。船舶安全立法的普遍性在于有关的行政部门、企事业法人、自然人和船舶都必须执行。其强制性由行政和司法机关依法保证。

### 2. 行政

行政是指关于国家政务的管理活动。船舶安全管理事务由经济、行政主管机关实施,主要有海事机构、交通行业主管机关等。行政主管机关是行政法的执行者和监督者,依法管理船舶安全的各类事务。公司内部的行政管理则属于企业管理。

### 3. 安全系统工程

安全系统工程是系统工程的组成部分,使船舶安全管理事务的时序、逻辑、相关知识有机地组合,有效地服务于安全管理目标。

### 4. 全面质量管理

全面质量管理是要求全员参加的质量管理,以预防为主,并在经济上以最佳成本达到和保持所期望的质量。

### 5. 管理标准化

管理标准化采用了系统工程方法、闭环管理原理和现代管理科学的其他精华。按要求建立的质量体系必须由需方或第三方审核(外审),从而弥补了全面质量管理缺乏外部监控机制的缺陷。

### 6. 安全行为科学

安全行为科学是行为科学的组成部分,主要研究人的安全行为的一般规律。从人的行为原理分析人为失误的原因;从职业适应性角度设计人员遴选标准和培训标准;用行为激励理论激励安全行为;发挥领导行为、群体行为人际关系及沟通对安全的积极影响作用。

### 7. 安全教育

安全教育是用教育手段提高人员安全素质的过程。安全素质包括职业道德素质、身心素质和技术素质。职业道德素质教育包括忠诚、敬业、献身精神的培育。身心素质教育,主要是掌握机体和心理的适应知识及如何应付,能和谐地处理人与机、人与环境的关系,遇到突发事件或事故时能沉着冷静地处理。技术素质教育是对安全意识、知识和技能的教育。

### 8. 安全文化建设

安全文化建设主要是用安全文化的渗透力和影响力辅助安全管理,包括物质安全文化和精神安全文化。安全文化建设的要求包括:从机和环境角度提供安全保障,人、机和环境能和谐相处;使每个员工具备良好的安全素质和严谨的工作作风,始终奉行安全方针,遵循安全管理体系,在工作中有时刻保证安全的警觉,有足够的知识和技能及时准确地判断和处理不符合项、险情和事故。

9. 安全经济学

安全经济学是研究安全的经济意义、经济活动和经济发展与安全生产之间关系的学科,是安全科学与经济学的交叉学科。对于船公司,重在安全投入与经济效益之间的关系。如何投入,如何分析和评价,则需要安全经济学的协助。

## 三、船舶管理的途径

根据《中华人民共和国内河交通安全管理条例》(简称《内河安全管理条例》)第四条规定:"国务院交通主管部门主管全国内河交通安全管理工作。国家海事管理机构在国务院交通主管部门的领导下,负责全国内河交通安全监督管理工作。国务院交通主管部门在中央管理水域设立的海事管理机构和省、自治区、直辖市人民政府在中央管理水域以外的其他水域设立的海事管理机构(以下统称海事管理机构)依据各自的职责权限,对所辖内河通航水域实施水上交通安全监督管理。"

由《内河安全管理条例》可知,现行船舶航行安全管理机构和途径如图1-5所示。

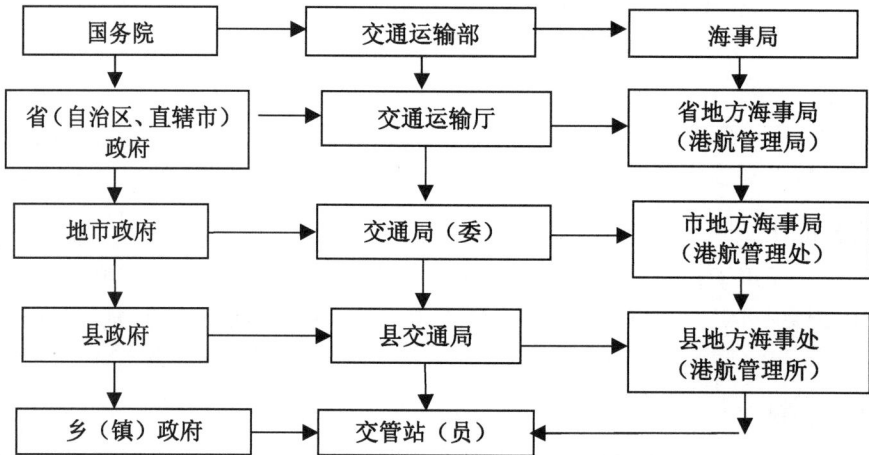

图1-5　现行船舶安全管理体制示意图

中华人民共和国内河船舶船员适任考试培训教材

# 第二章

# 船舶适航管理

## 第一节 ◉ 内河船舶基本常识

内河船舶指能航行或漂浮于内陆江、河、湖泊、水库等水域内以执行运输、工程作业任务的运载工具,是各类船、艇、舢板及水上作业平台的统称。

### 一、内河船舶的种类

内河船舶按不同的分类标准,有不同种类。根据中华人民共和国国家标准(GB/T 16158—1996),将内河船舶按用途、驱动动力和船体建造材料三大方面进行分类。

#### (一)按用途分类

1.客船

客船指航行于江河湖泊上,专门用于运送旅客及其所携带的行李和邮件的船舶。有关规范规定,凡载客超过 12 人的船舶为客船。

客船的基本特点是:上层建筑布置有旅客舱室;抗沉、防火、救生等方面的安全要求较严格;避震、隔音等方面的舒适性要求较高;航速较快和功率贮备较大。

(1)根据船舶延续航行时间,分为 1~5 类客船,如表 2-1 所示。

表 2-1　按航行时间分类的客船

| 类别 | 延续航行时间 $t$/h | 备注 |
|------|------|------|
| 1 类 | $t > 24$ | 延续航行时间指自出发港至终点港,其逆水延续航行时间,不包括中途停港时间 |
| 2 类 | $24 \geq t > 12$ | |
| 3 类 | $12 \geq t > 4$ | |
| 4 类 | $4 \geq t > 0.5$ | |
| 5 类 | $t < 0.5$ | |

（2）根据用途,客船又分为一般客船、高速客船、旅游船、客货船和其他客船五类。

**2. 货船**

货船指以载运货物为主、载客 12 人以下的船舶。其特点是大部分舱位用于堆贮货物。货船船型较多,根据装载货物的不同又分为:

（1）杂货船

杂货船是主要用于运输箱装、袋装、桶装等包装杂货的船舶,也叫干货船。杂货船货舱舱容较大,一般设多层甲板,机舱多设在尾部。杂货船又可分为普通杂货船和多用途杂货船。普通杂货船通常用于运输箱装、包装、袋装、捆装等杂货,货舱体积较大,多层甲板、上甲板有吊杆,装卸效率较低。多用途杂货船可装集装箱,甲板开口大,有吊杆,有较多的压载舱,装卸效率较高。

（2）散货船

散货船是主要用于专运谷物、矿砂、煤炭等大宗散装货物的船,包括矿砂船、运煤船、散粮船、散装水泥船。散货船一般为单甲板、艉机型船,设有较大的货舱口,以便装卸。散货船根据货舱结构型式的不同分为通用型散货船、多用途散货船、矿砂船和自卸式散装船。

（3）液货船

① 油船

油船是专运散装油类的船。油船多为艉机型、双底、纵舱壁、双层壳结构、单层甲板、吨位大。油舱由纵横舱壁分隔为若干个独立舱,以增加强度,减小自由液面的影响。油的装卸由管系和油泵进行。由于石油及其制品易挥发、易燃,因而对防火和消防设备有特殊的要求。

② 液体化学品船

液体化学品船是专门运输有毒、易挥发,具有一定危险性的液体化学品船。根据液体化学品危险性大小,可将液体化学品分为Ⅰ、Ⅱ、Ⅲ级:Ⅰ级属危险性最大的,其货舱容积必须小于 1 250 m³;Ⅱ级则小于 3 000 m³;Ⅲ级属于危险性较小的液体化学品。液体化学品船要求货舱必须与机器处所和居住处所分隔开来,还要求货舱有透气系统和温度控制系统,货舱和泵舱必须有足够大的出入口。

③ 液化气船

液化气船是运输液化石油气(以丙烷为主的碳氢化合物)或液化天然气(以甲烷为主的碳氢化合物)的船。运输时将石油气或天然气经低温或高压处理,使之变成液态。专门散装运输液化石油气的船舶称为液化石油气船,简称为 LPG 船;专门散装运输液化天然气的船舶称为液化天然气船,简称为 LNG 船。液化气体船按所装运的液化气体的液化方式可分为以下三种:压力式液化气体船、低温式液化气体船、低温压力式液化气体船。液化气船常采用蒸汽轮机作为主机。

（4）冷藏船

冷藏船是将肉、鱼或水果等时鲜食品以冻结或维持于低温的状态进行运输的船。按货物的不同,可分为运肉船、运鱼船、水果运输船等。船上有制冷装置,使冷藏舱适应不同货种的要求维持在不同的低温状态。冷藏船具有多层甲板、甲板间舱高度较小、货舱口小、航速较高的特点。

（5）集装箱船

集装箱船是运输集装箱货物的船舶。内河小型集装箱船主要有以下一些特点:船型较瘦,多带有艏楼和艉甲板室,单层连续甲板,双层底,双层壳体,有舷边舱、压载舱,甲板具有大型货舱开口,大多不设起重设备。集装箱船的优点是:装卸效率高,船舶周转速度快,货损货差少,能实现海陆空联运和"门到门"运输,提高了经济效益。但有些集装箱船由于甲板上装集装箱,重心高、受风面积大,通常要采用10%载货量的压载量。

（6）滚装船

滚装船是把集装箱或货物连同带轮子的底盘或装货的托盘作为一个货物单元,用牵引拖带车或叉式装卸车搬运直接进出货舱的船。滚装船具有较大的型深,货舱内不设横舱壁,设艏艉尖舱、封闭式机舱、舷边舱,按其尺度的不同设有二至六层分舱甲板。滚装船一般为艉机型,上甲板不设货舱口和起货机械。利用设置在船的首尾的门和舷边门并通过跳板与码头连接。货舱内还设置有内跳板和升降平台,以便安置和移动货物。装卸速度快,码头投资省,便于特大、特重货物运输。但滚装船舱容利用率低、造价高。目前,长江上的滚装船多用于装运汽车。

（7）渡船

渡船,又称渡轮,是航行于江河、湖泊、岛屿之间的运输船舶,主要用于载运旅客、货物、车辆渡过江河、湖泊等水域。特点:船体轻巧,生活设备很少;舱室和甲板宽大,稳性良好,载客、装货较多;停靠码头、上下旅客、装卸货物方便。

（8）顶推船、拖船

顶推船、拖船指专门用于顶推或拖动载运物资的驳船和各种作业船舶。特点:船体结构牢固、稳定性好、船身小、主机功率大、牵引力大、操纵性能良好,但本身无装卸能力。

（9）驳船

驳船指本身无自航能力,需拖船或顶推船拖带的货船。与拖船或顶推船组成驳船船队,可从事各港口之间的货物运输,并根据货物运输要求而随时编组。特点:设备简单、吃水浅、载货量大。少数增设推进装置的驳船称为机动驳船,具有一定的自航能力。

此外,还有集多种用途于一体的多用途船和专用运输某类物品(如木材、牲畜、重件等)的专用船舶等。

**3. 工程船舶**

工程船舶主要指能够利用船上特有的工程机械从事特定的水上或水下工程任务的船舶。特点:种类繁多,设备复杂,专业性强,新技术、新设备应用较为广泛。船上配置有成套工作机械以完成特定的工作任务,如航道保证、港口作业、水利建设、水上施工、救助打捞等。工程船舶包括航道保证用船(灯标船/艇等),水工建筑用船(起重船、打桩船等),救助、打捞、潜水工作船,采矿、采砂船等。

（1）挖泥船、泥驳

挖泥船是专门用于清挖水道与河川淤泥的专用船舶；泥驳是用于装运挖泥船所挖泥沙的驳船。

（2）起重船

起重船，又称浮吊，是用于起吊水上建筑构件、搬运和安装大型机械，在港口码头起卸特大件货物等起重作业的船。主钩起吊能力从几十吨到500吨以上；按其起重设备类型的不同可分为转机式、定机式和固定变幅式等。为了保证浮吊的稳性，船上还设有平衡水舱和水泵等专用设备。

常见的起重船有扒杆式起重船和旋转式起重船。扒杆式起重船多为非自航式，箱形船体，吊钩在船首，几乎无横倾斜；旋转式起重船多为自航式，箱形船体，可进行360°旋转，起吊灵活。

（3）打桩船

打桩船是用于港口及桥梁工程以及其他临水建筑工程施工中打桩的船，多为非自航式的箱形船体，桩架通常设在艏部。常见的打桩船有桩架固定式打桩船和桩架全回式打桩船。

（4）救助打捞船

救助打捞船是对遇难船舶进行施救和打捞沉船的工程船。救助拖船常要求稳性、耐波性好，航速高，有较强的消防能力。打捞船按打捞方式可分为浮筒式、起吊式、充塑式、金属筒式。

（5）浮船坞

浮船坞是能调节沉浮、用于修船和造船的工程船舶。特别是修船工程中有关拆换底部外板、清除污底、船底涂漆、修理螺旋桨和舵设备等水下工程，常需进坞施工。浮船坞具有箱形坞底和左右对称的两个箱形坞墙，其上设起重设备，坞中设强力泵站，通过对坞底水舱进行排灌，可以调节坞的沉浮。浮船坞由于造价比干船坞低，且可以移泊，在内河的修造船中广泛使用。

### 4. 工作船舶

工作船舶既不直接参加运输生产，也不参与工程作业，而是为运输生产服务的船舶。它包括以下几种：

（1）港作船

港作船是在港内对大型船舶或其他船舶提供支援、服务的船舶，如交通船/艇、修理船/艇、协助大型船舶靠离码头的顶推或拖船等。

（2）供应船

供应船是在港内用于供应运输船舶油、水、物等物品的船，包括供油船（分为自航式和油驳式两种，它们都具有泵油的油泵，消防设备比较完善）、供水船（分为自航式和水驳两种，装有水泵和水管以供泵水之用）等。

（3）环保船

环保船是在港内用于运输船舶或港区水域的垃圾、污水、污油、浮油等回收、处理船等。

（4）绞滩船

绞滩船是锚泊于内河急流、险滩河段、专门绞曳上行船舶过滩的工作船。绞滩船设有大功率绞车及钢缆等绞曳设备。

（5）公务船

公务船是专门从事各种公务工作的船的统称，包括海事巡逻船/艇、海关巡逻船/艇、检疫船/艇、消防船/艇等。

（6）航标船

航标船的主要任务是安放航标，也兼做起重、航道测量和水文测量工作。全船漆成白色，并绘有专用标志。

此外，还有用于船舶靠泊或码头人员工作的囤船，以及适用于船舶修理的浮船坞等。

### （二）按船舶驱动动力分类

#### 1. 机动船

机动船依靠本船主机的动力来航行的船，亦称"自航船"。根据主机和推进器的型式可分为：

（1）螺旋桨推进船

根据驱动螺旋桨的主机的型式分为蒸汽机船、柴油机船、汽轮机船、燃气轮机船、电力推进船等。

（2）挂桨机船

船用汽油挂机和螺旋桨组合一体，外挂于船尾，螺旋桨伸入水中推动船前进。采用汽油机或船用挂机的小艇，常称为"摩托艇"。

柴油挂桨机船指柴油机安装在船尾甲板上，采用传动系统和螺旋桨连接作为推进装置的船舶，其柴油机和传动系统为非整体式。

（3）明轮推进船

优点：构造简单，造价低廉。

缺点：机构笨重，在波涛中不易保持一定的航速和航向，且蹼板易损坏。

应用：内河船舶。

（4）喷水推进船

优点：装在船体内部，具有良好的保护性、操纵性能。

缺点：减少了船舶的有效载重量；喷管中水力损耗很大，故推进效率低。

应用：内河浅水的拖船、快艇上。

#### 2. 风帆船

风帆船是指利用风力前进的船。

优点：利用了无代价的风力。

缺点：得到的推力依赖于风向和风力，以致船的速度和操作性能都受到限制。

应用：游艇、教练船和小型渔船。此外，在新型风帆助航节能船上也有应用。

#### 3. 人力船

人力船是利用人力，依靠篙、桨、橹、拉纤等方法驱动的船舶。

#### 4. 非自航船

非自航船是指驳船、囤船等本身没有动力推动的船舶。

### （三）按船体建造材料分类

按船体建造材料一般分为钢质船、木质船、水泥船、轻（铝）合金船、玻璃钢船等船舶。

## 二、内河航区的划分

### （一）航区的划分

为了保证内河船艇的航行安全,我国海事法规及相关规范将内河水域,按照航区水域的水文和气象条件,划分为 A、B、C 三级航区,其中某些区域,又依据水流湍急情况,分为 $J_1$、$J_2$ 两级急流航段。

#### 1. 按风浪等级划分

按风浪等级大小,划分为 A、B 和 C 三级航区。各级航区的计算波浪尺度和波高范围规定如表 2-2 所示。

表 2-2　计算波浪尺度和波高范围

| 航区级别 | 计算波高 $h$(m)×计算波长/m | 波高 $h$ 范围(m) |
| --- | --- | --- |
| A 级 | 2.5×30.0 | $1.5 < h \leq 2.5$ |
| B 级 | 1.5×15.0 | $0.5 < h \leq 1.5$ |
| C 级 | 0.5×5.0 | $h \leq 0.5$ |

#### 2. 按水流速度划分

除 A、B、C 三个内河船舶航区外,按水流速度分为 $J_1$、$J_2$ 两级急流航段。在峡谷河流中,滩上流速超过 3.5 m/s 的航段,定为急流航段。急流航段主要考虑到区域的风浪虽然较小,但水流速度很快,同样危害到船舶安全。

$J_1$ 级急流航段:航区内滩上水流速度为 5 m/s 以上,但不超过 6.5 m/s 的航段;

$J_2$ 级急流航段:航区内滩上水流速度为 3.5 m/s 以上,但不超过 5 m/s 的航段。

由上所述,航区级别按 A、B、C 三个高低顺序排列,航段级别按 $J_1$、$J_2$ 两个高低顺序排列,不同等级的急流航段分别从属于所在水域的航区级别。

具有航区级别较低的船舶,不得在高一级别航区内航行;各级航区的船舶,如不满足航区内急流航段的特殊要求,也不能航行于急流航段。

### （二）主要航区分级

由于我国能够通航的内河(江、河、湖泊和水库)资源丰富、分布广阔,为了保证内河船艇的航行安全,《内河船舶法定检验技术规则》(简称《规则》)将我国内河的黑龙江水系、海河水系、黄河水系、淮河水系、长江水系、钱塘江水系、京杭运河水系、珠江水系及独自入海主要水系九大水系的航区(航段)进行了划分。

内河船舶 A 级航区相对较少,我国长江、黄河、珠江三大水系各有一段,分别是:长江水系的江阴至吴淞口,包括横沙岛,黄河水系的龙羊峡水库;珠江水系的磨刀门到澳门水域,其中典型的 B 级航区为长江水系的宜昌至江阴一段。

具体水系属于哪个航区(航段),可查询"《内河船舶法定检验技术规则》(2011)第 2 篇内河航区划分"的规定,或向水系所辖的省、直辖市、自治区的船舶检验机构咨询。

### （三）小型载客船舶的航行条件限制

小型船舶指船长大于 5 m 但小于 20 m 的船舶,航行时受以下限制:

（1）应在核定的抗风等级下航行。

（2）非 J 级航段的小型船舶，限制在水流速度小于等于 3.0 m/s 的条件下航行。

$J_2$ 级航段的船舶，限制在水流速度小于等于 4.5 m/s 的条件下航行；

$J_1$ 级航段的船舶，限制在水流速度小于等于 6.0 m/s 的条件下航行。

（3）载客船舶除符合上述限制条件外，还应限制在下式计算值 $V_F$ 的水流速度条件下航行；当下式计算值 $V_F$ 与按（2）确定值不相同时，取小者。

$$V_F = V - 0.5 \text{ m/s}$$

式中：$V$——船舶最大航速（m/s）。

## 三、船舶主要部位名称

### （一）船舶主船体与上层建筑

#### 1. 主船体与上层建筑

船舶由主船体和上层建筑共同构成。主船体与上层建筑之间由上甲板区分，如图 2-1 所示。

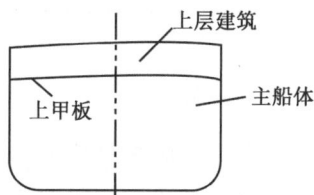

图 2-1　主船体与上层建筑

1）主船体

在上甲板以下的船体，称为主船体，或称为船舶主体。主船体由上甲板、两舷侧板和船底板构成。

2）上层建筑

在上甲板及以上的所有围蔽建筑，统称为上层建筑。

上层建筑布置的位置、层数、长短和数目，由船舶大小、类型、用途、机舱位置、航海性能和船舶外形美观要求等因素决定。通常在机舱上方都布置有上层建筑。

上层建筑根据宽度不同，分为船楼和甲板室。

（1）船楼

上层建筑与上甲板同宽或其侧壁板距舷边距离 $\ngtr 4\%$ 船宽，这种围蔽建筑物称为船楼，如图 2-2（a）所示。

根据船楼或甲板室沿着船长方向布置的不同，船楼又分为艏楼、桥楼和艉楼。

①艏楼：位于船首部的船楼，称为艏楼。艏楼长度一般为船长的 10% 左右。超过 25% 船长的艏楼，称为长艏楼。艏楼一般只设一层。艏楼的作用：减小船舶首部甲板上浪；减小纵摇，改善船舶的航行条件；艏楼内舱室可作为贮藏室，长艏楼内的舱室可用来装货。

②桥楼：位于船长中部的船楼，称为桥楼。当桥楼的长度大于 15% 船长，且不小于本身高度 6 倍时，称为长桥楼。桥楼主要用来布置驾驶室和船员居住处所并保护机舱。

③艉楼：位于船尾部的船楼，称为艉楼。当艉楼的长度超过 25% 船长时，称为长艉楼。艉楼的作用：可减小船尾甲板的上浪和保护机舱，并可布置甲板室、船员居住处所和其他用途的舱室。

（2）甲板室

在上甲板及以上的围蔽建筑的两侧壁，离船壳外板向内的距离大于 4% 船宽，这种围蔽建筑物称为甲板室，如图 2-2(b)所示。

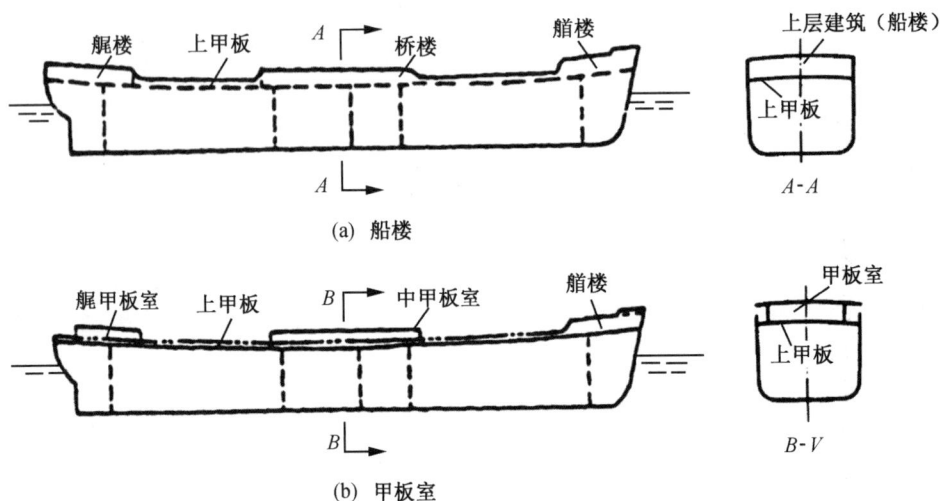

(a) 船楼

(b) 甲板室

图 2-2　船楼与甲板室

对于大型船舶，由于甲板面积大，布置船员房间等并不困难，在上甲板中部或尾部可只设甲板室，甲板室两侧壁外面的露天甲板，布置两边走道，有利于甲板上操作和船舶前后方向行走。在艏部不设甲板室，只设艏楼或不设艏楼。

3）上层建筑中的各层甲板（如图 2-3 所示）

（1）罗经甲板：又称顶甲板，是船舶最高一层甲板，一般都是驾驶室顶部的甲板。在罗经甲板上设有桅、雷达天线、探照灯和标准罗经等。

（2）驾驶甲板：在船上设置驾驶室的一层甲板。该层甲板上的舱室处于船舶的最高位置，所以驾驶室、海图室、报务室和引水员房间等布置在该层甲板上。

（3）艇甲板：放置救生艇或工作艇的甲板。从救生角度出发，要求该层甲板位置较高，艇的周围要有一定的空旷区域，以便在紧急情况下人员集合并能迅速登艇。艇都存放于两舷侧，能快速放入水中。船长、驾驶员、舵工及一些公共活动场所的房间一般布置在该甲板上。

（4）起居甲板：主要是用来布置居住舱室及生活服务的辅助舱室的一层甲板，轮机员、电工等房间布置在这一层甲板上。

（5）上层建筑内的甲板：一般布置水手、厨工等船员房间，厨房、餐厅等往往也设在这一层甲板上。

（6）游步甲板：在客船或客货船上，供旅客散步或活动的甲板。甲板上有宽敞的通道或活动场所。

## 2. 甲板与平台

（1）甲板

自船首至船尾纵向连续的,且从一舷延伸至另一舷的平板,称为甲板。

甲板按位置可分为上甲板、下甲板等。

上甲板(主甲板):船体最上面一层纵向连续(自船首至船尾)的甲板。上甲板一般都是露天甲板。

下甲板:上甲板之下的甲板,自上而下统称为下甲板,如第二甲板、第三甲板等。

（2）平台

沿着船长方向不连续的一段甲板,称为平台甲板,或称为平台。如图 2-3 所示,①～⑦均为平台甲板。

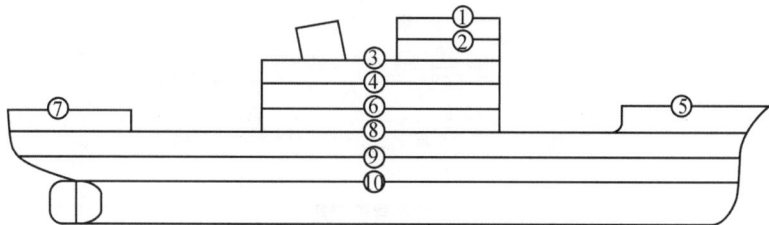

**图 2-3　各层甲板示意图**

①—罗经甲板;②—驾驶甲板;③—艇甲板;④⑥—起居甲板;⑤⑦—上层建筑内的甲板;⑧—游步甲板(上甲板);⑨—第二甲板;⑩—第三甲板

### （二）船舶的工作舱室

在船舶的主船体和上层建筑中,竖向布置的壁板称为舱壁。从一舷延伸至另一舷的横向竖壁板,称为横舱壁。船舶首尾方向布置的竖向壁板,称为纵舱壁。船舶被甲板、平台、横舱壁和纵舱壁以及壁板分隔成许多的舱室。

#### 1. 上层建筑中的主要舱室

在上层建筑和甲板室的各层甲板中,大部分面积用于布置船员和旅客的房间、生活辅助设施房间、公共活动场所、驾驶室、海图室、电罗经室及其有关设施房间(如木匠间、灯具间、油漆间、缆绳间等)。其中,电罗经室布置在船舶摇摆中心附近,是一个专用舱室,内设主罗经、分罗经、电压调节器等。轮机部门主要工作舱室有应急电源室等。

应急电源是在船舶主电源失效时能够自动供电的应急设施。按规范规定,应急电源可以是独立的蓄电池组或发电机组,通常安装在船舶防撞舱壁之后、机炉舱以外的干舷甲板上或干舷甲板以上的舱室内。

应急发电机组与应急配电板可安装在同一舱室;因蓄电池充电时常有易爆性气体和电解液逸出,所以应急蓄电池组、应急配电板与充电装置应分开布置在临近舱室,充电室内要铺设防腐蚀垫层,照明采用防爆灯,并有独立的通风系统。

#### 2. 主船体中的舱室

在主船体中,主要用来设置机舱、货舱或客舱、压载水舱、燃料舱等。

1）机舱

机舱在船长方向上可布置在尾部、中尾部和中部,分别称之为艉机型船、中艉机型船和中机型船,如图 2-4 所示。艉机型船舶驾驶室位于船尾,驾驶视线稍差,主要适用于油船、散装货船、不定期普通货船等船速较低的船舶。中机型船机舱位于船长中部,容积较为宽敞,生活舱室及管路布置方便。其缺点是轴隧过长,货舱容积损失较大,装卸货物不方便等,主要用于客船。中艉机型船机舱位于船长的中后部位置,克服了艉机型船机舱过长、生活舱室布置困难、纵倾不易调整等缺点,改善了船舶航行条件,主要适用于高速定期普通货船和高速集装箱船等船舶。

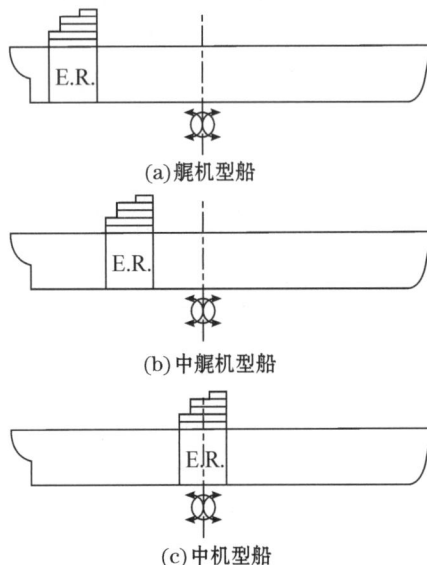

图 2-4　主机布置示意图

机舱要求与货舱必须分开,因此在机舱的前后端均设有水密的横舱壁。

机舱内的双层底较其他货舱内的双层底高,其主要目的是和螺旋桨轴线配合时,避免主机底座过高引起振动。另外,双层底高可增加燃料舱、淡水舱的容积。

2）舵机室

通常,在船尾上甲板下面的舱室内装有舵机设备,称为舵机室。舵机室是船尾结构的一部分,一般指用于安装船舶舵机设备的舱室。船尾结构指的是从艉尖舱舱壁到尾端的船体结构,由船尾的甲板、舷侧结构和艉柱组成。

3）应急消防泵舱

根据 SOLAS 公约的要求,按照船舶的大小要设置有一定能力的应急消防泵。应急消防泵要求设在与机舱无关并用钢板围起来的水密舱内,如图 2-5 所示,位于舵机室下面,在艉尖舱内的一个小舱。要求在船舶位于最浅的吃水时也能抽上水。

4）货舱

一般货船,在内底板和上甲板之间,从艏尖舱舱壁至艉尖舱舱壁的这一段空间,除了布置机舱之外,基本上都是用来布置货舱,如图 2-6 所示。

在两层甲板之间的船舱,称为甲板间舱,最下层甲板下面的船舱称为货舱,也称为底舱。船舱的名称排号,是从船首向船尾数,如 No. 1, No. 2……甲板间舱, No. 1, No. 2……货舱。

通常,每一个船舱只设一个舱口,但是有的船因装卸货物的需要,在一个船舱内横向并排

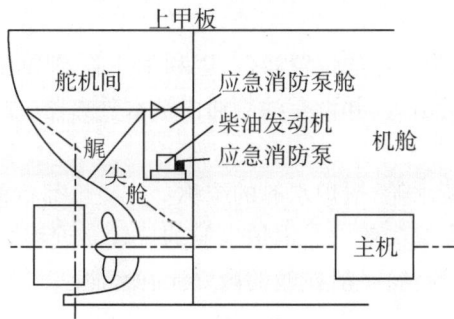

图 2-5 应急消防泵舱

设置两个或三个货舱口,如有的运木船、集装箱船等。也有的货船在一个船舱内纵向设置两个货舱口。

船舱内的布置,要求结构整齐,通风管道、管系和其他设施都要安排在船舱范围之外,即在结构范围以内,不妨碍货物的装卸。

5)液舱

液舱是指用来装载液体的舱,如燃油舱、水舱、压载舱、液货舱等。

(1)液舱布置的特点

①与一般货物(矿石等除外)相比较,由于液体的密度大,一般都在船的低处,有利于船舶稳性。

②考虑船的破舱稳性,液舱一般都对称于船舶纵向中心线布置。

③液舱的舱壁都是水密或油密的,除了开有清洗和维修用的人孔之外,不准开其他孔。

④为了减小自由液面对稳性的影响,液舱的横向尺寸都较小。

⑤液舱内设有输出输入管、空气管、溢流管、测深管等。

(2)液舱的种类

①燃油舱

燃油舱是供贮存主、副机所用燃油的舱。根据环保要求,目前主、副机通常采用的是轻柴油舱,一般都布置在机舱下面的双层底内。若个别船舶主机使用重油,因重油需要加温才可以抽出,为了减少加热管系的布置,重燃油舱一般布置在机舱的前壁处和机舱的两舷侧处,以及机舱下面的双层底内。

②燃油溢油舱

当燃油舱装满燃油而通过溢流管溢出时,流入溢油舱内。为了使溢出的燃油能自行流入溢油舱内,一般溢油舱都布置在船舶的最低处。燃油溢油舱中的燃油可经过管系再注入燃油沉淀舱内。

③滑油舱

滑油舱是供贮存滑油的舱,也称滑油柜。滑油舱四周要设置隔离空舱,与清水舱、燃油舱、压载水舱及舷外水等隔开,以免污染滑油。

④循环滑油舱

循环滑油舱是供贮存主机用的循环滑油的舱,通常都设在主机下面的双层底内,也需要在其四周设置隔离空舱与其他舱隔开。

⑤污油舱

污油舱是供贮存污油的舱。舱的位置较低,以利于外溢、泄漏的污油自行流入舱内。在舱上设有人孔,供清理油渣人员出入,并设有油管通向油水分离器,以便处理污油水。

⑥淡水舱

淡水舱通常为饮水舱、清水舱、锅炉水舱的统称。这些舱都布置在靠近居住舱室和机舱下面的双层底内,也有的布置在艉尖舱内。锅炉水舱的位置靠近锅炉舱附近。饮水舱要求舱内的结构和涂料应能保持水质清洁,一般在舱的内壁涂有水泥。

⑦污水舱

污水舱是供贮存污水的舱。船上各处的污水通过泄水管流入污水舱中,然后用污水泵排出舷外。污水舱的位置也较低,便于污水能自然地流入舱内。

⑧压载水舱

当船舶的吃水和重心位置达不到一定要求时,对船舶的稳性和推进性能会产生许多不利影响,必须装压载水航行。双层底舱、深舱、艏艉尖舱、散货船的上下边舱、集装箱船与矿砂船的边舱,都可以作为压载水舱。

⑨艏尖舱

艏尖舱是位于船首部防撞舱壁之前、舱壁甲板之下的船舱。艏尖舱作为压载舱用,对调整船舶纵倾作用较大。在艏尖舱的纵中剖面位置上设有制荡舱壁(在舱壁上开有流水孔),起缓冲舱内水的冲击作用。

⑩艉尖舱

艉尖舱是位于船舶尾部最后一道水密横舱壁之后、在舱壁甲板或平台甲板之下的船舱。艉尖舱主要作为压载舱或淡水舱用。

⑪双层底舱

位于内底板、船底外板之间的水密舱称为双层底舱。双层底舱主要是作为装压载水、燃油、淡水等液舱。

⑫深舱

从广义上讲,除了双层底舱之外,所有深的液舱都可以称为深舱,如燃油舱、淡水舱、艏艉尖舱等。但是有些船,由于船体结构和机构设备都较轻,而稳性又要求高,双层底舱和首艉尖舱全部用来装压载水还达不到吃水和稳性的要求,需要另设1~2个深舱,专门用来装压载水。

⑬液货舱

有许多杂货船,设有1~2个装运液体货物的深舱,如装载动植物油、糖蜜等(石油产品是用油船装运)。当无液货时,也可以作为压载舱用。

6)隔离空舱

隔离空舱俗称干隔舱,为狭窄的空舱。隔离空舱专门用来隔开相邻两舱室,以避免两种不同性质的液体相互渗透。如上述不同种类的滑油舱之间、燃油舱与滑油舱之间、油舱与淡水舱之间等均需设隔离空舱。有的油舱与货舱之间也需设隔离空舱,但燃油舱与压载水舱之间并不需要设置隔离空舱。隔离空舱比较窄,一般只有一个肋骨间距,并设有人孔供进出检修。油船上的泵舱可兼作隔离空舱。

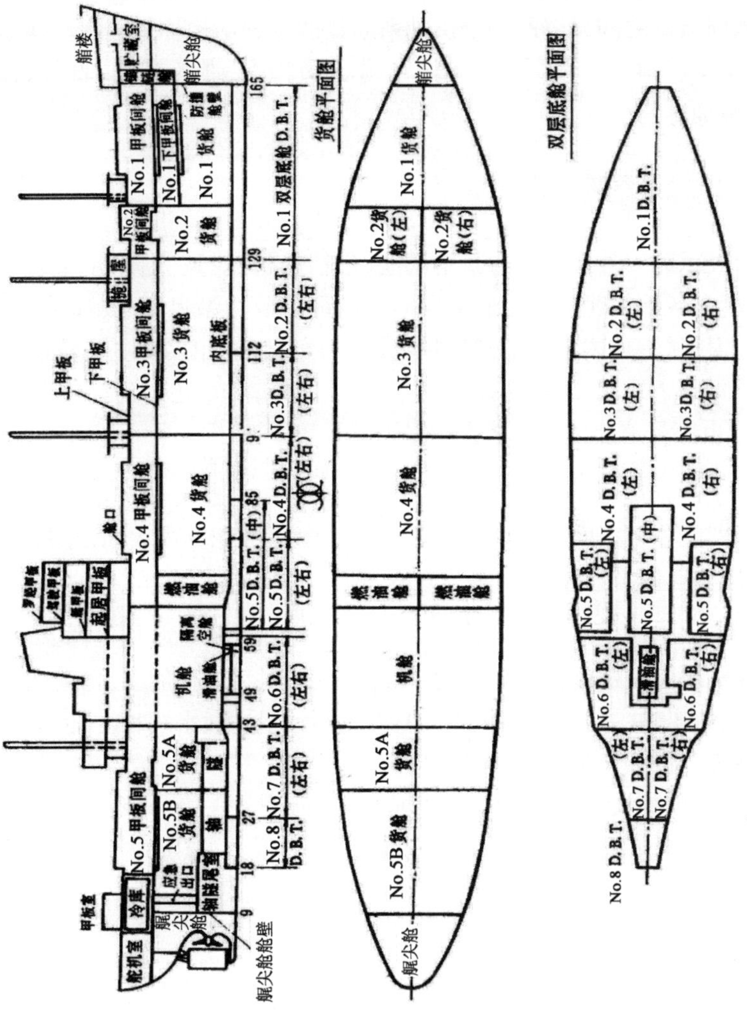

货舱平面图

双层底舱平面图

图 2-6 船舶主要部位名称

7）锚链舱

专门用来堆放锚链的舱为锚链舱。锚链舱位于起锚机下方的艏尖舱内，用钢板围起来的两个圆形或长方形的水密小舱，并与船舶的中心线对称地布置。锚链舱的大小与锚链的长度有关。锚链舱的底部设有排水孔，将锚链带进的泥水排掉。

8）轴隧

对中机型和中艉机型船舶，推进轴系需要穿过机舱后面的货舱与螺旋桨相连。因此在机舱后舱壁至艉尖舱前舱壁之间设置的一个供轴系通过的水密结构称为轴隧。其作用是保护轴系不受损坏；防止水从艉轴管进入船舱内；便于工作人员检查、维修轴系。此外，轴隧还用于机舱通风，存放备用艉轴等。

## 四、内河船舶尺度的类别及应用

船舶尺度是指表示船体外形大小的基本尺度，包括船长、船宽、船深和吃水。由于测量方法的不同，船舶尺度有各种表述形式。通常根据用途可以分为型尺度、实际尺度、最大尺度和登记尺度等几类。根据《钢质内河船舶建造规范》中的定义，船舶尺度主要是指从船体的型表面上量度的尺度。除此之外，在船舶的设计、建造和性能计算中，还用到总长 $L_{OA}$、设计水线长 $L_{WL}$ 和型吃水 $d$ 等，也都是从船体的型表面上量取的尺度。

### （一）型尺度

型尺度是指量到船体型表面的尺度。钢船的型表面是外壳的内表面，型尺度不计船壳板和甲板厚度，主要用于船体设计计算。

1. 船长 $L$（m）

船长指沿满载水线由艏柱前缘量至舵柱后缘的长度；对无艏柱船舶，自满载水线面的前端开始测量；对无舵柱的船舶，量至舵杆中心线；但均应不大于满载水线长度，也不小于满载水线长度的96%。无舵船舶的船长取满载水线长度。

满载水线长度，指满载水线面前后两端之间的水平距离。

在同样的排水量情况下，船长不同，对船体重量、船舶阻力、总纵弯曲强度、船舶布置等有不同的影响。

2. 型宽 $B$（m）

型宽指在船舶最宽处两舷舷侧板内表面（对纤维增强塑料等非金属外板的船舶为外表面）之间的水平距离，舷伸甲板和护舷材等突出物不计入，如图 2-7 所示。

船宽的大小，对船舶稳性、快速性、耐波性以及甲板面积等有较大的影响。

3. 型深 $D$（m）

在船长中点处，沿船舷由平板龙骨上表面（对纤维增强塑料等非金属外板的船舶为下表面）量至干舷甲板下表面的垂直距离；对甲板转角为圆弧形的船舶，量至干舷甲板下表面与舷侧板内表面（对纤维增强塑料等非金属外板的船舶为外表面）延伸线的交点，如图 2-7 所示。

型深大小对船舶干舷、舱容、稳性、抗沉性以及空船重量等有较大的影响。

4. 型吃水 $d$（m）

型吃水是在船长中点处，沿着船舷由平板龙骨上表面量至设计水线的垂直距离，如图 2-7

所示。

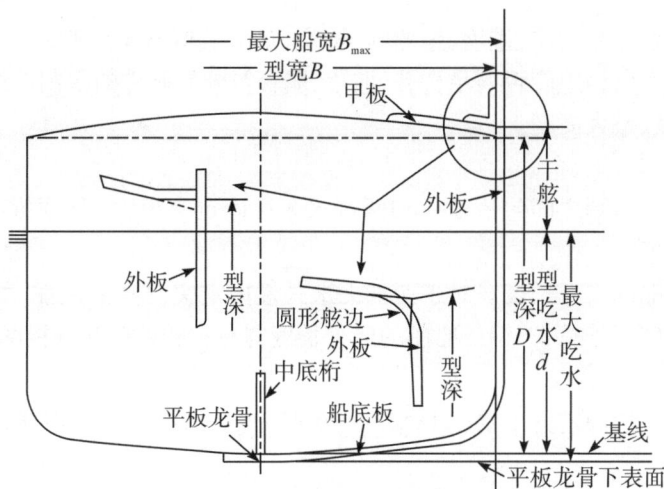

图 2-7　型宽、型深和型吃水

### （二）登记尺度

船舶根据《内河船舶吨位丈量规范》，在完成吨位丈量工作并填写吨位证书之后，需要申请登记。登记的内容包括船名、船籍港、螺旋桨数目、建造日期、建造地点和船舶尺度等。该处所使用的船舶尺度，就是船舶登记尺度。船舶登记尺度还是交纳费用依据的尺度。

登记尺度包括：

#### 1.量吨甲板长度

量吨甲板长度指量吨甲板型线首尾两端点之间的水平长度。如量吨甲板有台阶，则取其低者，并做延伸线进行计量。

#### 2.船宽

船宽指在船舶中剖面型线的最大宽度。对金属外板的船舶，应量至两舷外板的内表面；对非金属外板的船舶，应量至两舷外板的外表面。

#### 3.船深

对金属外板的船舶，系指在中剖面处从龙骨板上表面量至量吨甲板在船舷处的下表面的垂直距离。对非金属的船舶，此垂直距离应包括底板的厚度。

量吨甲板：指用以计量吨位的甲板，通常指毗邻于水面的第一层全通甲板；当甲板有首、尾升高时，为甲板最低线及其平行于升高甲板的延长线作为量吨甲板，如图 2-8 所示。量吨甲板是构成吨位规则的吨位空间的上部边界。

图 2-8　量吨甲板示意图

#### 4. 最大尺度

最大尺度是船舶停靠泊位,进坞,过船闸、桥梁、狭窄航道和船舶避碰等的主要参考数据,主要用于检查船舶在营运中能否满足桥孔、航道、船台等外界条件的限制。最大尺度包括船舶最大长度、最大宽度、最大高度。

（1）最大长度

船舶最前端与最后端之间包括外板和两端永久性固定突出物（如顶推装置等）在内的水平距离。

最大长度是船舶的实际长度。对于两端无永久性固定突出物的船舶,如木质、水泥、玻璃钢等船舶的最大长度等于总长,钢质船舶的最大长度与总长相差两端外板的厚度。

（2）最大宽度

包括外板和永久性固定突出物（如护舷材、水翼等）在内的垂直于中线面的船舶最大水平距离。

对于两舷无永久性固定突出物的船舶,如木质、水泥、玻璃钢等船舶,最大宽度等于型宽,钢质船舶的最大宽度与型宽相差两舷外板的厚度。最大宽度是船舶的实际宽度。

（3）最大高度

从船舶的空载水线面垂直量到船舶固定建筑物（包括固定的桅、烟囱等在内的任何构件）最高点的距离。

（4）满载吃水

在船长中点处,沿着船舷由平板龙骨上表面量至满载水线的垂直距离（见图 2-7）。

外形吃水又称实际吃水,是从船舶外形的最低点（包括附体或水下突出物在内）量至某一水线面的吃水。对于平直型龙骨线船底、无突出物的船型,在满载水线时,实际吃水与型吃水仅差龙骨板的厚度。船舶营运中,在吃水受限制水域,应特别注意船舶实际吃水的大小。

艏吃水,是艏垂线处的吃水,通常用符号"$d_F$"表示,可以是型吃水或实际吃水。

艉吃水,是艉垂线处的吃水,通常以符号"$d_A$"表示,可以是型吃水或实际吃水。

艏吃水和艉吃水的大小对船舶的操纵性、快速性等有很大影响。船舶压载状态航行时,艉吃水总是要大于艏吃水,不使螺旋桨和舵露出水面。

平均吃水,是艏吃水与艉吃水的平均值,当船舶有横倾又有纵倾时,平均吃水是左右舷相应的首尾位置测得的吃水平均值。当船舶的纵倾角不大时,通常可用平均吃水来进行有关的船舶各种性能计算。当纵向倾斜角很大时,不能用平均吃水代表船舶的吃水状况来进行有关的计算。

交通运输部组织起草、市场监管总局和中国国家标准化管理委员会组织审定的《内河过闸运输船舶标准船型主尺度系列》强制性国家标准（GB 38030—2019,以下简称《主尺度系列》,可在中国国家标准化管理委员会官网查阅）已于 2019 年 7 月 29 日发布,自 2020 年 2 月 1 日起实施。

该标准对长江水系、京杭运河和淮河水系、西江航运干线、珠江水系"三线"、黑龙江—松花江内河过闸运输船舶的总长、总宽尺度进行了强制性规定。

《主尺度系列》分为 5 个部分:第 1 部分适用于长江水系过闸运输船舶;第 2 部分适用于京杭运河、淮河水系过闸运输船舶;第 3 部分适用于西江航运干线过闸运输船舶;第 4 部分适用于珠江水系"三线"过闸运输船舶;第 5 部分适用于黑龙江—松花江过闸运输船舶。

## 五、内河船舶排水量、载重量和吨位

### （一）船舶排水量

船舶排水量是船舶自由浮于静水中，保持静态平衡时所排开水的质量。根据"阿基米德原理"，船舶漂浮于水中的浮力（排水量）等于船舶的重力，故排水量等于船舶重量，如图 2-9 所示。在船舶性能和强度计算时，需要用到船舶的排水量的概念。

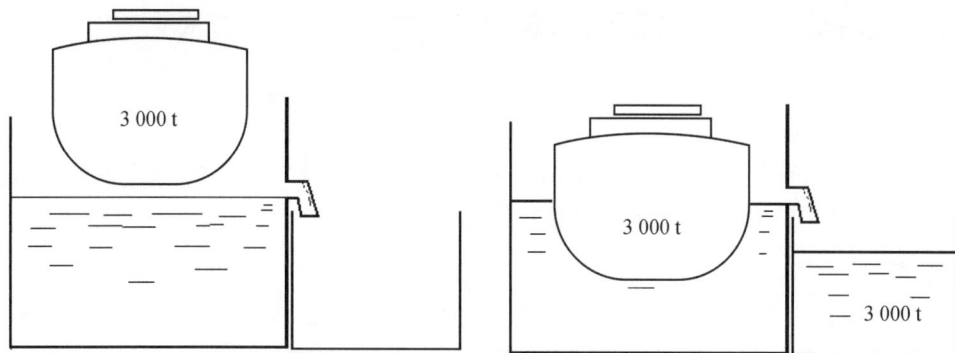

**图 2-9　排水量示意图**

排水量分成空船重量（空船排水量）及载重量两部分。根据船舶的装载情况，排水量分为以下几种：

#### 1. 空船排水量

空船排水量等于空船重量。空船重量指船舶装备齐全，不仅包括船体和机电设备等的重量，还包括固定压载、备件、管系和液舱中不能吸出的液体、给水，以及锅炉和冷凝器中的水的重量；但不包括船员、粮食、淡水、供应品、燃料、滑油、货物和旅客的重量。

在船舶营运中，空船重量是作为一个固定值使用的。因此，新造船舶或经大修出厂的船舶，船厂要计算出准确的空船重量提供给船方。

#### 2. 空载排水量

空载排水量指在空船排水量的基础上，再加上维持船舶正常运营所需的船员、燃料、滑油、淡水、粮食和供应品等产生的排水量；但不包括营运所装载的货物、旅客的重量。

#### 3. 满载排水量

满载排水量指船舶满载时的排水量，包括空船排水量、燃料、淡水、供应品、旅客和货物等的质量，也被称为设计排水量。一般所说的排水量多指满载排水量。

对于民用船舶，有实用意义的排水量主要是空船排水量和满载排水量。

### （二）船舶载重量

船舶载重量指船舶所装载的重量，它是判断船舶生产能力的主要指标，包括总载重量和净载重量。

#### 1. 总载重量

总载重量（简称为载重量）指船舶根据载重线标志规定，所能装载最大限度的重量。总载重量等于满载排水量减去空船排水量,包括维持船舶正常运营所需的船员、燃料、滑油、粮食和供应品等的重量和营运所装载的货物、旅客的重量(可以盈利的重量)。它表示船舶运输中总的载重能力。

通常在用重量表示船舶大小时,所指的都是载重量而不是船舶排水量。如称某万吨级船舶,意思是指该船总载重量为 1 万吨左右,而不是说它的排水量是万吨级。

### 2.净载重量

净载重量指载重量中允许装载的货物与旅客,包括行李及随身携带的物品在内的最大重量。它反映船舶的运输能力,其值等于净载排水量,直接影响船舶运输成本。

### (三)吨位

在运输船舶中计算船上空间容积大小的单位叫作吨位,用来表示船舶的大小和运输能力。船舶吨位由船舶检验机构根据《内河船舶法定检验技术规则》中吨位丈量的要求,丈量、测定船舶的容积(吨位)的大小,主要有总吨位和净吨位。

### 1.总吨位

总吨位表示根据规范各项规定丈量确定的船舶总容积,指船舱内及量吨甲板上所有围蔽处所的场所和部分开敞处所内部空间(或体积)的总和,用 $GT$ 表示。

总吨位具有以下作用:

①作为有关的规范、规则等的适用范围、设备的配置、性能要求等的依据。

②通常作为统计拥有船舶的数量或比较船舶大小的依据。

③作为保险公司计算船舶的保险费用时的依据。

④作为验船机构向船舶收取船舶检验、丈量和登记等项工作费用的依据。

⑤作为船舶配备的船员数量的依据之一。

### 2.净吨位

净吨位表示根据规范各项规定丈量确定的船舶有效容积,指从容积总吨中扣除那些不供营业用的空间(如机舱、船员舱室等)后所剩余的吨位,也就是船舶可以用来装载货物(乘客)的容积折合成的吨数,用 $NT$ 表示。

净吨是主要用于各港口向船舶收取费用(如港务费、引水费、灯塔费、停泊费等)的计算依据。

总体而言,当涉及船舶尺度大小时,一般是以总吨为依据;而当涉及船舶营利等问题时,是以净吨为依据。

## 六、干舷、水尺、载重线

### (一)储备浮力与干舷

### 1.储备浮力

为了保障船舶航行安全,在任何情况下,都不允许船体的水密空间全部浸入水中。也就是说在载重水线以上,必须保留一部分水密空间留作备用。因为甲板上浪或结冰会增加船舶的重量。另外,一旦发生海损船体内部进水,为了使船舶能保持一定的漂浮能力或不致立刻沉没,都需要有一定的备用水密空间提供浮力,支持增加的重量。因此,满载水线(设计水线)以上的船体水密部分的体积所具有的浮力,称为储备浮力。

## 2. 干舷

干舷 $F$ 指在船长中点处沿船舷由设计水线量至上甲板上缘的垂直距离,如图2-10所示。即:

$$F = D - d + \delta$$

式中:$D$——型深(m);

$d$——型吃水(m);

$\delta$——表示甲板边板的厚度(mm)。

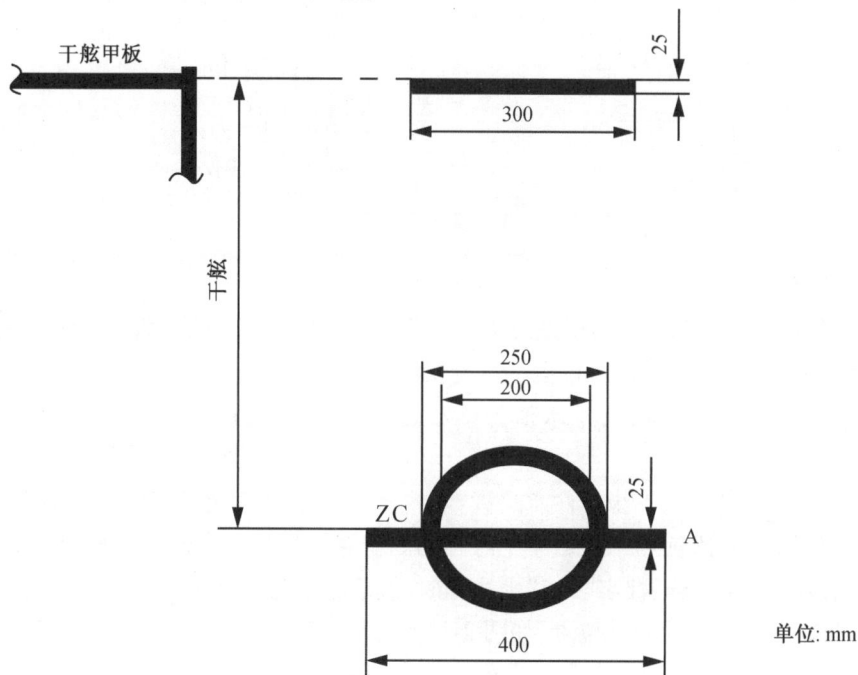

图2-10  内河船舶甲板线和载重线标志

干舷可表示储备浮力和船舶抗沉性的好坏,干舷越大,载重水线以上的水密空间就越大,储备浮力也就越大,船舶抗沉性越好,所以干舷被作为衡量储备浮力大小的一个尺度。为了既能保证船舶的航行安全,又能使船舶具有尽可能大的装载能力,每条船都必须具有一个最小的储备浮力,即限定了最大的吃水,或者说规定了最小干舷。船舶在任何情况下,装载的重量都不得使干舷小于所规定的最小干舷。

最小干舷高度的大小是由船舶的长度、型深、方形系数、上层建筑、舷弧、船舶种类、开口封闭情况以及船舶航行的区带、区域、季节期和航区决定的。

### (二)水尺标志及读取方法

#### 1. 水尺标志

船舶在营运中,经常需要了解实际吃水及其变化,为此在船体首、尾和船中两舷侧的船壳板上绘有表示吃水的表尺,称为水尺。

船舶水尺标志由水尺刻度线和水尺数字组成。水尺标志正投影式样，如图 2-11 所示。

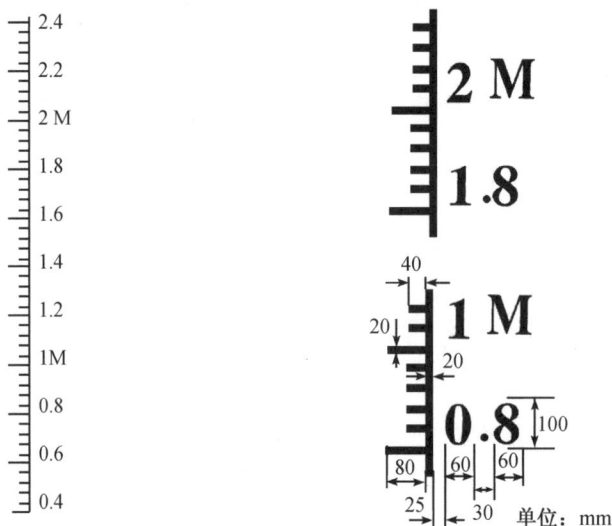

图 2-11  水尺标志示意图

### 2. 水尺读取方法

水尺刻度线由垂直线段（船首、船尾处可为斜线段）和水平线段组成。两水平线段之间相距 20 mm；每隔 200 mm 设置长（80 mm）水平线段，其余均为短（40 mm）水平线段。

水尺数字吃水值以 0.2 m 标注，吃水值为整数时在数字后加注单位 M。数字的字高为 100 mm。

水尺刻度线中，长水平线的下缘标注水尺读数，吃水到达水尺读数下缘时，表明该数字所示的吃水。读取吃水时，看水面与水尺数字下缘相切的位置。例如，水线淹没至数字"1.8"下边缘时，表示吃水为 1.8 m；淹至数字"1.8"上边缘时，表示吃水为 1.9 m。

船体左、右两舷水尺标志的勘划位置，如图 2-12 所示。

### （三）载重线

#### 1. 载重线及其作用

船舶载重线由船检机构根据船舶航行的航区（航段）依据相应规范勘划。船舶载重线对保证船舶具有必要的储备浮力、确保船舶满足稳性和抗沉性要求、减少甲板上浪等具有重要的作用，船舶装载时应不超过勘定的航区载重线上缘。

#### 2. 甲板线及载重线标志

甲板线和载重线标志，如图 2-13 所示。

甲板线中点位于船长中点，上缘通过干舷甲板上表面向外延伸与船壳板外表面的水平线；载重线圆环中心位于船长中点，水平线上缘通过圆环中心。由圆环水平线上缘至甲板线上缘的垂直距离为所核定最高一级航区的干舷。

载重线圆环左侧"ZC"为中国船检，当载重线由中国船级社勘划时，用"CS"代替"ZC"。圆环右侧"A""B""C"表示船舶适合航行的航区级别。

船舶适航于数级航区（航段）时，在载重线标志右端标有数条水平线段，表示各航区（航

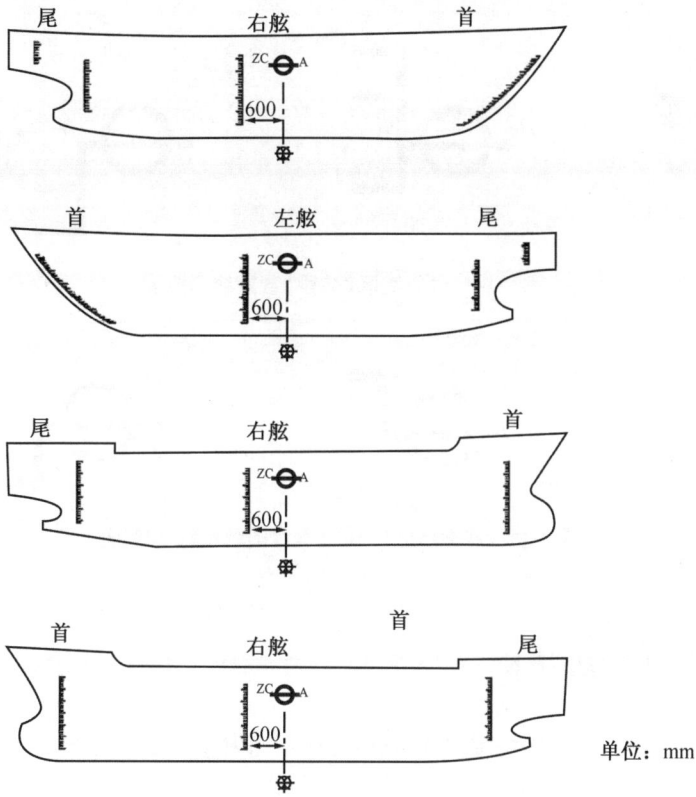

图 2-12 船舶水尺标志位置示意图

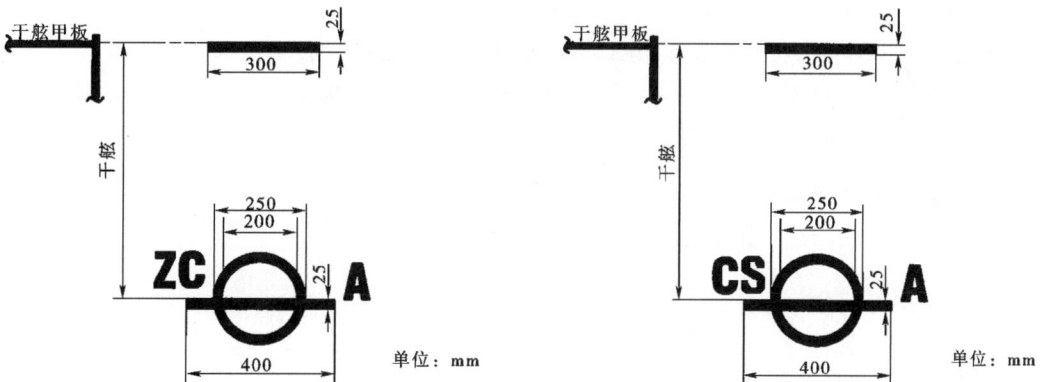

单位：mm

单位：mm

单位：mm

图 2-13 船舶甲板线和载重线标志

段）要求的载重线，如图 2-14 所示。

当各航区（航段）载重线要求一致，则载重线用字母并列表示，如图 2-15 所示。

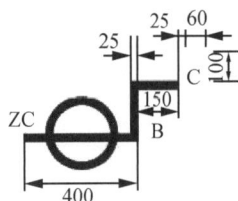

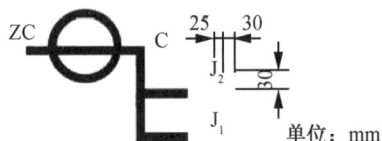

图 2-14　数级航区(航段)载重线示意图

图 2-15　数级航区(航段)重合的载重线示意图

## 七、船舶稳性的基本概念

船舶在水中停泊或航行,经常受到各种外力作用而发生倾斜。当外力消除后,船舶能自动回复到原平衡位置的能力称为船舶稳性。

外力主要指船舶受风浪作用、拖曳、船上货物移动等可能导致船舶倾斜的力。稳性是一切船舶必须具备的性能。

在船舶营运中,让人最关心的问题是:船舶是否具有稳性? 船舶在水面上能够承受多大的风浪作用而不至于倾覆? 有哪些因素影响船舶稳性的大小? 提高船舶稳性应采取哪些措施? 等等。这些都属于船舶稳性内容。

### (一)船舶稳性分类

船舶稳性按不同的分类方法可分为:

#### 1. 按倾斜方向分

(1)横稳性:船舶受横向外力矩作用产生横向倾斜时的稳性。

(2)纵稳性:船舶受纵向外力矩作用产生纵向倾斜时的稳性。

#### 2. 按倾斜角度大小分

(1)初稳性:船舶从正浮状态向左或右倾斜的角度不大于 $10°\sim15°$ 时的稳性。

(2)大倾角稳性:船舶从正浮状态向左或右倾斜的角度大于 $10°\sim15°$ 时的稳性。

#### 3. 按作用力矩的性质分

(1)静稳性:船舶在静态的外力矩作用下(倾斜力矩稳定缓慢,如水平移动重物等),倾斜过程中无角加速度和惯性量。

(2)动稳性:船舶在动态的外力矩作用下(倾斜力矩有冲击性,如大风、大浪等),倾斜过程中带有角加速度和惯性量。

#### 4. 按船舱是否破损分

（1）完整稳性：船舱完整无破损浸水时的船舶稳性。

（2）破舱稳性：船舱破损浸水后的船舶稳性。

船舶一般不会因为纵稳性不足而倾覆，因此当无特别指出时，均指的是船舶横稳性，简称为船舶稳性。

### （二）船舶初稳性

船舶在横倾力矩 $M_h$ 作用下，从正浮位置倾斜一个小角度 $\theta(<10°\sim15°)$ 时的船舶稳性，即初稳性。

船舶初始处于 $WL$ 平衡状态，当受到外力矩（横倾力矩）作用产生横倾，横倾到角度 $\theta$ 时，在新水线 $W_1L_1$ 处于新平衡状态，如图 2-16 所示。

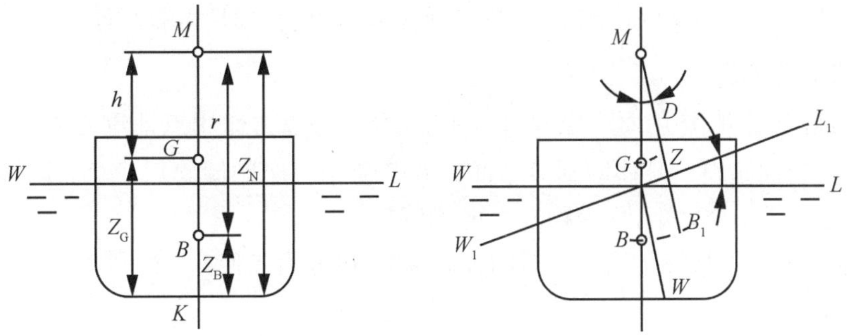

图 2-16 船舶在正浮状态受横倾力矩作用下的倾斜示意图

#### 1. 基本概念

（1）横倾与横倾力矩 $M_h$

当船舶受横向风、浪或拖牵力等作用时，船舶会发生横倾。使船舶产生横向倾斜的外力，统称为横倾力矩，并以符号 $M_h$ 表示。

在横倾力矩作用下，船舶由正浮位置倾斜至一个小角度 $\theta(<10°\sim15°)$ 位置，如图 2-17 所示。

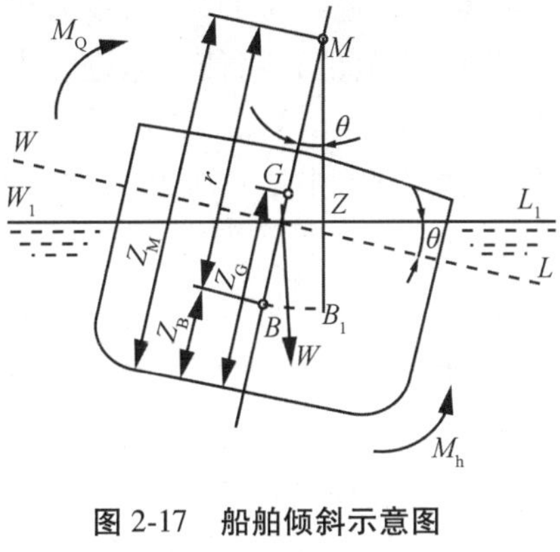

图 2-17 船舶倾斜示意图

船舶在倾斜过程中，由于水线下的船体形状发生了变化，浮心 $B$ 的位置因排水体积的形状变化，由 $B$ 移至 $B_1$。因重物无增减和移动，故重力 $W$ 大小和方向均不变；浮力大小不变（重量未变）。

（2）船舶复原力矩（回复力矩、稳性力矩）$M_s$

当船舶横向倾斜后，由重力和浮力形成使船舶回复到初始位置的力矩 $M_s$。

$$M_s = D \times GZ（回复力臂 l）$$

式中：$D$——船舶浮力；

    $GZ$——船舶重力与浮力之间的垂直距离，称为回复力臂。

（3）稳心 $M$ 与稳心半径 $BM$

稳心 $M$：浮心曲线 $BB_1$ 的曲率中心。小倾角时为前后浮力作用线的交点。

稳心半径（$BM$）：浮心曲线的半径 $BM$。

（4）初稳性高度 $GM$

初稳性高度是船舶初稳性时，稳心 $M$ 在重心 $G$ 以上的高度。

船舶的初稳性高度 $GM$ 的值越大，船舶的重心 $G$ 越低，初稳性也就越好。

**2. 船舶的平衡状态**

船舶受倾斜力矩 $M_f$ 作用而产生倾斜。船舶倾斜后，重力作用点即重心 $G$ 一般认为保持不变，而浮心 $B$ 将向倾斜一侧移动到 $B_1$，如图 2-17 所示。船舶倾斜后，重力浮力不在同一铅垂线上，两力将形成一个力矩，称为稳性力矩，用 $M_s$ 表示。

船舶在水中的平衡状态与稳性力矩的方向有关，可分为三种：

（1）稳定平衡状态

如图 2-18（a）所示，重力和浮力所形成的稳性力矩 $M_s$ 与倾斜力矩 $M_f$ 方向相反（此时可称 $M_s$ 为正值）。当倾斜力矩 $M_f$ 消除后，稳性力矩 $M_s$ 将使船舶回复到初始平衡位置，所以称倾斜前船舶的平衡状态是稳定平衡状态。其特征是重心 $G$ 在稳心 $M$ 之下，$M_s$ 为正值。

（2）随遇平衡状态

如图 2-18（b）所示，若重心 $G$ 点与稳心 $M$ 点重合，重力与浮力作用于同一垂线上，$M_s$ 为零。当 $M_f$ 消除后，船将保持在倾斜位置上，不会回复到原来位置，称船舶的平衡状态是随遇平衡状态，也称中性平衡状态。其特征是重心 $G$ 与稳心 $M$ 重合，$M_s$ 为零。

（3）不稳定平衡状态

如图 2-18（c）所示，如果重心 $G$ 点在稳心 $M$ 点之上，重力与浮力所形成的稳性力矩 $M_s$ 与倾斜力矩 $M_f$ 方向相同（此时可称 $M_s$ 为负值），将使船舶进一步倾斜，此时称船舶的平衡状态是不稳定平衡状态。其特征是重心 $G$ 在稳心 $M$ 之上，$M_s$ 为负值。

以上三种平衡状态，只有处于稳定平衡状态的船舶具有稳性，为了保证船舶的安全，必须使船处于稳定平衡状态，即使船舶重心 $G$ 点低于稳心 $M$ 点。

**3. 影响船舶初稳性的主要因素**

（1）自由液面对船舶初稳性的影响

船舶中装载液体在倾斜时能够自由流动的液体表面，称为自由液面。船上装载液体载荷的舱柜如淡水、燃料、压载水等，如没有装满，当船舶倾斜时液体表面相对于倾斜船体而保持与水面平行。

如图 2-19 所示，当船舶受外力矩作用发生倾斜时，舱内自由液面液体的重心将从 $q$ 移至 $q_1$，移动方向与船舶倾斜方向相同。液体重心移动后与原来状态相比，相当于产生了一个附加

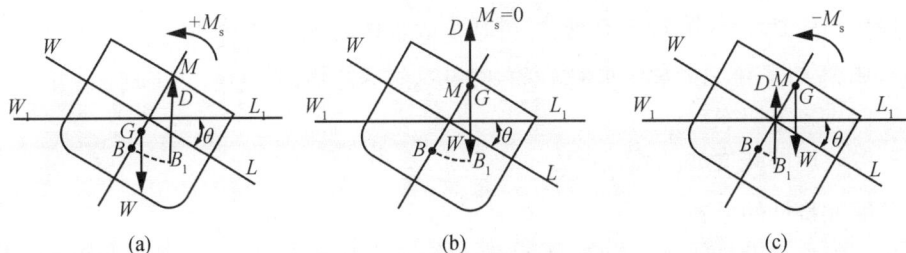

图 2-18　船舶在水中的平衡状态

力矩 $M_r$。该力矩与稳性力矩方向相反,而与船舶倾斜方向相同,所以会降低船舶的稳性,也就是减小了初稳性高度。

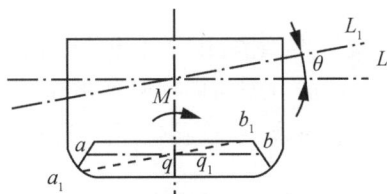

图 2-19　自由液面对稳性的影响

减小自由液面影响的措施有:

①在船舶营运过程中,使用燃油、淡水等舱柜时,尽可能对称地逐舱使用,尽可能保持舱柜全满或全空,以减少具有自由液面的舱柜数。

②对装载液体货物的船舶,如油船、供水船,其自由液面对稳性的影响较大。这类船舶通常设置有水密纵舱壁,以有效地减少自由液面对稳性的影响。

当舱内装载液体的容积超过舱室容积的 95% 以上或剩余液体所占容积少于该舱容积的 5% 时,自由液面对稳性影响很小,可以不考虑自由液面的影响。

(2)散装货物对船舶初稳性的影响

船舶装载粮食、矿砂、煤炭等货物时,通常以散装方式进行运输。这些散装货物有时因货源不足而未装满船舱,或者已装满货物的船舱因受船舶在航行中的摇荡运动的影响,散货出现下沉,使船舱上部留出了一定的空间。总之,只要货舱不满,在船舶横倾或横摇时,散货就会向倾斜一侧移动,使船舶重心发生横向位移,相当于产生了一个附加的横倾力矩,从而产生与自由液面类似的影响,使船舶稳性降低。

由于散货内部之间具有摩擦力,这种摩擦力因货物种类等的不同差别很大。当船舶向一侧倾斜时,散货将向同一侧移动,而当船舶回倾时,散货却不能全部回复到原来的状态,而使船处于有一定倾角的新的平衡状态。如果船舶多次出现上述情况,就会产生一个很大的横倾角,使稳性不断减小,甚至造成船舶倾覆。所以散装货物对船舶稳性的影响较自由液面更严重。

内河散装运输有相当一部分由驳船承担。由于驳船满载时,干舷较小、重心较高、稳性余量较小,若遇风浪或驳船稍有横摇,江水涌上甲板会浸入散货中,致使散货与甲板间摩擦力减小,使散货更容易移动,严重危及船舶安全。因此驳船装运散货时,较一般船舶具有更大的危险性。长江上曾多次发生散货甲板驳在大风浪中货倾船翻的恶性事故,应引起足够重视。

减小散货对船舶稳性的影响措施:

①对大宗散货船,特别是甲板驳的稳性有更高要求;

②专用散货船货舱结构,设置有翼舱,可减小散货移动距离;

③在装运散货时,散货舱应平舱,散货表面可装袋装货物;

④在舱内设置纵向隔板;

⑤限制散货船的载货量,杜绝超载。

**4. 改善船舶稳性的措施**

为了保证船舶具有足够稳性,船舶在设计、建造(包括改建、扩建)阶段,对各种装载情况都应进行稳性核算,使之能满足稳性规范的要求。但船舶在实际营运中,由于货源繁杂,装载状态多变,且航行中可能遇到各种环境条件,使基本稳性发生改变,所以应根据船舶实际情况,分析掌握本船的稳性。

(1)降低船舶重心

船舶重心位置的高低对稳性起决定性作用,重心越低,则船舶静稳性力臂(回复力臂)$GZ$值越大。营运过程中,通常采用压载或合理的货物配置来降低重心,例如,拖船在舱底装生铁块或石块,客货轮在下面的货舱装载重货,在双层底注入压载水,将油水由高舱位调拨至低舱位,将上层舱货物移至底舱等。

(2)船舶尽量不产生初始倾斜角

装卸货时,保持船舶平衡;开航前,绑扎可能移动的物品,避免货物移动(货物移动会产生很大的横倾角,横倾角越大,对稳性的影响越大,这是许多船舶倾覆事故发生的重要原因)。

(3)减少自由液面对稳性的影响

对装载油、水等液体货物的船舶,油舱及压载舱应装满或抽净;燃油、淡水应尽可能对称地逐舱使用;液体舱的舱壁应保证水密,避免舱壁破损后使液体流入其他舱室而产生横倾。

(4)减少横倾外力矩

拖船的拖钩应尽量布置低些,以减小拖索横倾牵力矩,提高拖船的稳性。

客轮应避免旅客集中一舷,例如,短途客船的座位可以沿纵向安置,阻止旅客的横向流动,在舷侧走廊设置隔离区等,避免旅客向一舷集中,引起船舶的横倾。

(5)航行中避免产生过大的横倾角

船舶在大风浪中应避免横浪航行,尤其当船舶摇摆周期与波浪传播周期相近时,船舶会产生谐摇,使横摇角越摇越大。遇到这种情况,应根据当时环境条件,改变航向或航速,或改变航向的同时改变航速,避免谐摇,减小船舶横摇角。

船在回转掉头时,应采取低速、小舵角缓慢转弯,尽量避免采用大舵角。尤其是稳性差的船舶若舵角突然大幅度改变,易引起横倾角过大,甚至翻沉。船回转时如果横倾角较大,不能急回舵,更不能反向操舵,因为舵力对重心的力矩有抵消外倾的作用,回舵则取消了这一抵消作用,将产生更大的横倾角。

## 八、船舶阻力对船舶航行的影响

### (一)船舶阻力的分类

船舶阻力是指船舶航行时,作用于船体上阻止船舶运动的力,包括空气阻力和水阻力。

## 1. 空气阻力

民用船舶由于空气阻力很小,通常仅占总阻力的 2% ~ 4%,水阻力是我们研究的主要对象。

## 2. 水阻力

水阻力分为主体水阻力和附体水阻力两个部分。

(1)主体水阻力

主体水阻力又称基本阻力,是新出坞的裸船体(不包括附体)在平静水面航行时水对船体产生的阻力。按阻力的本质又可分为摩擦阻力、旋涡阻力和兴波阻力。

①摩擦阻力

船舶在水中运动时,由于水具有黏性,船体湿表面周围的水将受船体带动随船一起运动,反过来水将阻碍船舶运动而产生摩擦阻力。

②旋涡阻力

旋涡阻力指受水的黏性作用和水下船体形状的影响产生的阻力。当水流经船体时,在船体尾部形成旋涡,而旋涡处的水压力下降,造成船体首部压力大于尾部压力,形成首尾压差而产生旋涡阻力。旋涡阻力本质上与黏性有关,同时表现为压差的形式,所以又叫黏压阻力或形状阻力。

③兴波阻力

兴波阻力指船舶航行时兴起波浪所形成的阻力。船行波的产生改变了船体周围水压力的分布,使首部压力大于尾部压力而形成兴波阻力。

(2)附体水阻力

附体水阻力是由舵、螺旋桨、舭龙骨、轴包架等附体所引起的阻力,附体通常所占船体体积很小,通常产生的阻力只占总阻力的 3% ~ 10%。

此外,由于其他各种原因所引起的船舶阻力增加值之和叫附加阻力。主要包括污底阻力(船舶营运一段时间后,船体浸水表面附生藻类和贝类等生物而产生的阻力,每年可使总阻力增加 2% 左右)、汹涛阻力(船舶在风浪中航行因摇荡运动新增加的阻力,船舶选取主机功率时,须考虑 10% 的功率储备,使船舶在波浪中保持正常速度航行)。

船舶阻力的分类,如图 2-20 所示。

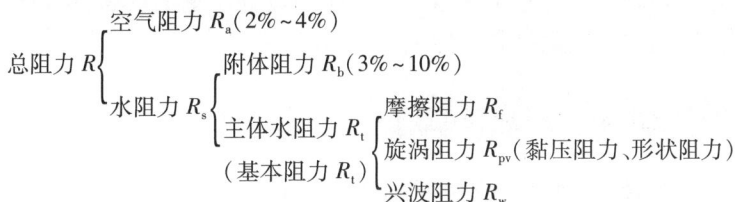

$$\text{总阻力 } R \begin{cases} \text{空气阻力 } R_a(2\% \sim 4\%) \\ \text{水阻力 } R_s \begin{cases} \text{附体阻力 } R_b(3\% \sim 10\%) \\ \text{主体水阻力 } R_t \\ (\text{基本阻力 } R_t) \end{cases} \begin{cases} \text{摩擦阻力 } R_f \\ \text{旋涡阻力 } R_{pv}(\text{黏压阻力、形状阻力}) \\ \text{兴波阻力 } R_w \end{cases} \end{cases}$$

图 2-20　阻力分类

由图 2-20 可知船舶航行时受到的阻力,主要由摩擦阻力、旋涡阻力和兴波阻力构成。

## (二)影响船舶阻力的主要因素

### 1. 摩擦阻力的影响因素

(1)船体的浸湿面积

船体浸湿表面的面积越大,摩擦阻力越大。

（2）船体表面的弯曲度和粗糙度

船体表面弯曲度越大或粗糙度越大,阻力也就越大。

（3）污底

船体浸水表面生锈或附生藻类等生物,会使船体表面粗糙程度加大,从而造成阻力的增加。

摩擦阻力在船舶总阻力中所占的比例较大,对于低速船可达 70%～80%,一般的高速船也占 40% 左右。

**2. 旋涡阻力的影响因素**

该阻力主要与船体浸入水下的形状有关,一般"流线形"旋涡阻力较小,船体若碰撞变形后阻力会增加。

**3. 兴波阻力的影响因素**

兴波阻力主要与船速和船长有关,与流体的黏性无关。船速越高,该阻力越大,高速船的兴波阻力可占总阻力的 50%～60%。由于首横波和尾横波会产生干扰现象,当首横波波动到船尾以波峰的形式出现,将与尾横波的波谷叠加,从而出现有利干扰,使兴波阻力降低;当首横波波动到船尾以波谷的形式出现,将会出现不利干扰,使兴波阻力增加。

**（三）船舶在限制航道中的阻力**

**1. 浅水航道对阻力的影响**

通常把水深与船舶尺度属同一数量级的航道叫浅水航道。船舶在浅水航道航行时,由于河床与船底之间距离很小,水流的过流断面很小,船体湿表面周围特别是船底的水流速度增加,使摩擦阻力及旋涡阻力都会增加。此外由于船底流速增加时,水流压力减少,还会使船产生下沉和尾倾(尾部下沉量大于首部下沉量)现象,容易导致船体与河床相撞的海损事故。通常应通过降低主机转速来降低船速或减载通过浅水区。

**2. 狭窄航道对阻力的影响**

通常把航道宽度与船舶尺度属同一数量级的航道叫狭窄航道。狭窄航道对阻力的影响比浅水宽航道的影响更大,不但会引起更加严重的下沉和尾倾,而且在狭窄航道高速行驶时船行波具有很大的能量,对堤岸、河中水工建筑屋及小船会造成严重的威胁,所以船舶通过狭窄航道时,一般都应降低主机转速,限制航行速度。

## 九、内河船舶机舱设备的组成及功用

所谓机舱设备,泛指保证船舶正常航行、作业、停泊以及船员、旅客正常工作和生活所必需的机械设备的综合体。

随着现代工业机械化、电气化、自动化的发展和人们需求的提高,船舶上配置的轮机设备的种类和功能也逐步得到不断的发展和完善。总体而言,轮机设备大致包括推进装置、辅助动力装置、管路系统、甲板机械、机舱自动化等五个大类。

**（一）推进装置**

推进装置是保证船舶以一定的速度航行的主要设备,也是轮机设备中最重要的部分。推进装置主要包括：

### 1. 主机

内河民用船舶通常采用中、高速柴油机，其作用是为推动船舶航行推进器提供动力。

### 2. 传动机构

具体指带有离合功能的减速齿轮箱，其主要功能是降低传动轴系的转速，提高螺旋桨的推进效率，此外对于不可换向的主机可实现螺旋桨的正反转，实现船舶倒航。

### 3. 轴系

轴系是从主机曲轴输出法兰到螺旋桨之间的，一端与主机或减速齿轮箱输出轴相连接，另一端与螺旋桨相连接的传动轴、轴承及附件的总称。轴系包括传动轴和轴承（推力轴及轴承、中间轴及轴承、艉轴及艉轴管内的轴承）、轴系附件（联轴器、制动器、隔舱密封、艉轴套管密封、轴承润滑和冷却系统等）。轴系的作用是将主机动力矩传给螺旋桨，克服桨在水中转动的阻力矩，同时将推进器（桨）产生的推力传给船体，推进船舶克服航行阻力航行。

### 4. 推进器（螺旋桨）

推进器是能量的转换装置，其作用是将主机的转动功率转化为推进力的装置，主要采用螺旋桨。

### （二）辅助动力装置

辅助动力装置是为全船提供电力、照明和其他动力的装置，如发电机组、辅锅炉等。

在柴油机船上，通常备有 2~3 台发电机组，由单独设置的中、高速柴油机驱动。其发电容量根据全船电动机械设备的数量确定。

副锅炉在柴油机船上供平时取暖和加热用。副锅炉使用的燃料可以是燃油，也可以是利用柴油机排出的废气所产生的蒸汽。

### （三）管路系统

船舶管系是指为完成一定任务、专门用来输送和排出液体或气体的管路，包括管子和附件、容器、机械设备和监控仪表等。管路系统分为船舶动力管系和船舶通用管系。

### 1. 船舶动力管系

船舶动力管系的作用是专门为船舶动力装置（主机、发电的副机）本身正常工作服务的管系，主要由燃油系统、滑油系统、冷却水系统、压缩空气系统和排气管系等组成。

### 2. 船舶通用管系

船舶通用管系的作用是保证船舶不沉性，防火、防污染和安全航行，以及满足船员和旅客生活需要的管系，包括管子及其附件、机械和仪表等。船舶通用管系的管路复杂，纵横交错地布满全船。一般可按管路输送的介质、用途或功能不同进行分类。船舶通用管系主要有船舶压载水系统、船舶舱底水系统、消防水系统、日用水系统、通风系统等。

### （四）甲板机械

甲板机械是装在船舶甲板上的机械设备，是船舶的重要组成部分。其作用是保证船舶正常航行及船舶停靠码头、装卸货物、上下旅客所需要的机械设备和装置。甲板机械主要包括操舵机械、锚泊机械，如起锚机和绞车、导缆器、带缆桩（系揽桩）、导缆滚轮等。

（五）机舱自动化

机舱内各种机械和电气设备自动化的总称。其作用主要是由自动控制设备代替人工实现对设备的操作和监测,以减少人工成本,改善工作条件,提高设备可靠性及船舶营运经济性。

要求:

轮机长,能分析不同船舶阻力对船舶柴油机推进的影响。

轮机员,能根据水线读出船舶吃水;能解释船舶基本参数;能解释稳性基本概念;能说明本地区域的内河航区划分情况;能描述一般内河船舶机舱设备的主要组成。

# 第二节 ◉ 内河船员应具备的基本素质

船员除了具备基本的专业知识和技能之外,还需要具备基本的文化素质及职业道德、安全及环保意识和法律、法规意识。

## 一、内河航运简史与文化

中国自营内河航运始于19世纪70年代,民国成立以后取得了进一步发展,但在抗日战争期间遭受较大损失,至20世纪40年代末仍未能恢复。中国有江河5 000多条,总长度42万多千米。

### (一)主要内河航运干线

我国主要通航河流的内河运输,主要水运航道为"一纵、三横、两网"。"一纵"指京杭运河航道;"三横"指长江、珠江及其主要支流航道和黑龙江—松花江航道;"两网"指长江三角洲航道网和珠江三角洲航道网,这些地区属于水运发达地区和水网地区。

### 1.长江

长江是中国的"黄金水道"。干支流通航里程达7万千米。干流自四川宜宾至入海口,全长2 800余千米,可全年通航,是中国全年昼夜通航最长的深水干线内河航道;其中长江口至武汉间航道可通5 000吨级的船舶;汉口至重庆间航道可通3 000吨级的江轮,在枯水期千吨轮船亦可上溯到重庆;宜宾至重庆间航道可通航千吨以下轮船。干流、支流、湖泊与人工运河相互贯通联结,组成了中国最大的水运网。

1949年后,重点整治了重庆到宜昌段的险滩,改善了航道设施,大大提高了川江通航能力。长江干、支流航道同成昆、京广、川黔、成渝、焦枝等铁路干线相交,还通过运河和局部地段的水陆联运,与淮河、珠江及浙闽水系相连。

目前整个长江干流货运量比1949年初期增加约15倍,客运量增长12.6倍,沿线港口吞吐量增加12倍以上;所完成的货运量占全国内河航运货运总量的42.6%。沿线主要港口有重庆、宜昌、荆州、城陵矶、武汉、黄石、九江、安庆、芜湖、马鞍山、南京、镇江、张家港、南通、上海等。

## 2. 珠江

珠江是华南以广州为中心的最大水系、水运大动脉,通航价值仅次于长江。目前通航里程只及河长 1/3,其中通航机动船只的仅占 1/6,尚有很大发展潜力。西江是珠江水系主要内河航运干线。梧州至广州段可常年通航轮船,百色以下可通小型轮驳船,木帆船可上溯至云南境内。北江韶关以下可通轮船,韶关以上及各支流多可通航木帆船。东江除龙川以上至合河口只能通航木船外,龙川以下 400 多千米均可通航轮船。

## 3. 淮河

淮河自古即为重要通航河流,后因 12 世纪末黄河夺淮,又遭历代人为破坏,淮河遂成害河。

中华人民共和国成立后,经过 40 年来的努力,干支流航运量增长较快,20 世纪 80 年代后期比 1949 年增长 7 倍。淮河水运潜力目前尚未得到充分利用。

## 4. 黄河

黄河航运价值远不如长江、珠江等河流。贵德以上基本不能通航,贵德到中卫间只通皮筏,中卫到银川、西小召到河口、龙门到孟津及孟津到陶城铺间可通木船,陶城铺到垦利间可通小轮,垦利以下航道水浅则不通航。

## 5. 黑龙江、松花江

黑龙江在中国境内的通航里程约 2 200 千米。松花江是黑龙江的最大支流,可通航里程达 1 500 千米,航运价值较大。黑龙江、松花江全年有冰封期 5~6 个月,冰封期间虽不能通航船只,但可发展东北地区特有运输方式——冰上运输。

## 6. 京杭运河

京杭运河是世界上开凿最早、路线最长的一条人工运河。它的修通在一定程度上弥补了中国缺少南北纵向天然航道之不足,对沟通中国南北物资交流有重要作用。京杭运河自兴修以来,几经变动,20 世纪 50 年代以来不断整治,季节性通航里程已可达 1 100 千米,自邳县以南 660 千米则终年通航。

### (二)早年历史

航运企业中历史悠久的是招商局。其前身是李鸿章于同治十一年(1872)创办的轮船招商局,这是晚清洋务派创办的第一个民用企业,也是中国第一家航运公司。成立后,遭到美商旗昌,英商太古、怡和轮船公司在运费上的削价竞争,企图将其挤垮,继续垄断中国航运业。轮船招商局奋起应战,承揽漕粮,兼揽商货。光绪十一年(1885)经盛宣怀改为官督商办,宣统元年(1909)归邮传部管理。1930 年由国民政府改为国营,1932 年归交通部,从此成为国民党四大家族垄断航运的机构。

自第一次世界大战结束后,外商轮船先后返回中国沿海内河复航,加之内战频繁,屡有征调军用、碰坏船只等事,自营航运业受到很大打击。1927 年招商局只占长江航线的总货运的 2.1%,此后虽有上升,但至 1936 年也只占 16.4%。抗日战争爆发后,外轮陆续撤离,自营航运业均努力抢运上海数百家工厂的内迁器材及军用物资,其后又投入后方水陆交通。战时中国船舶直接间接损失总计 3 000 艘,495 320 吨。抗战胜利后,各航业公司努力恢复水运交通。到 1947 年 6 月,轮船共 1 501 艘,计 179 893 吨,内河航运终于恢复到战前水平。

### （三）发展阶段

中华人民共和国成立以来,内河航运大致经历了三个发展阶段:

#### 1. 内河航运恢复和迅速发展阶段（20 世纪 50 年代）

1949 年,我国内河通航里程只有 7.36 万千米,年货运量仅 2 500 多万吨,到 1957 年发展到 14.4 万千米,内河货运量占国内货物周转的比重为 13.4%。到 1961 年,内河通航里程创历史最高纪录,达到 17.2 万千米。

#### 2. 内河航运缓慢发展阶段（20 世纪 60 年代以后 20 年）

这时由于对水资源的综合利用,重水利、水电,轻航运,到 1979 年全国通航河流上形成碍航闸坝 1 200 多座;在交通运输建设中重铁路、轻河运,国家对内河航运投资减少,造成大量物资弃水走陆。1979 年,全国内河的通航里程缩短为 10.8 万千米,内河运输在国内物资周转量中比重下降到 7%。在上述通航里程中能够常年通航 300 吨级以上船舶仅占 8.7%;能通航 1 000 吨级船舶只占 4.1%。设备落后,港口吞吐能力滞后,以船代库,港口压船,船只实际航行量仅占 10%。

#### 3. 内河航运大力整治、航运能力提高阶段（20 世纪 80 年代以来）

主要表现在:

（1）在客货运输方面,1983 年与 1952 年相比,完成的客运量为 7.9 倍,客运周转量为 5.4 倍;货运量为 7.2 倍,货物周转量为 9.3 倍。到 1988 年,内河航运的年货运量达 3.76 亿吨,客运量 2.15 亿人次,比 20 世纪 50 年代都有较大提高。

（2）通航里程经河道整治后有所增加。到 1988 年年底,全国已开辟通航的里程达 10.94 万千米,其中水深 1 米以上的航道增至 5.8 千米。过去被称为"蜀道之难难于上青天"的川江,经过整治,660 千米航道的最浅水深从 2.1 米提高到 2.9 米,可全年通航 1 000 吨级轮驳船队,宜昌至重庆间船舶往返周期从 10 天缩短到 5 天。又如京杭运河苏北段,由于建成 10 座大型船闸,使之变成能通航 2 000 吨级驳船的航道,年货运量从整治前的 92 万吨增加到 2 000 万吨。

（3）在港口方面,1988 年年底内河港口增至 1 880 个,其中万吨以上的深水泊位有 25 个,年吞吐量为 2.38 亿吨。主要港口码头泊位比 1949 年前增加 6 倍多。比如长江干线的港口吞吐能力已达到 1.2 亿吨以上,这是由于沿江新建了一批机械化程度较高的新码头,同时对老港口着重进行了技术改造。

（4）在船舶方面,1983 年我国拥有轮驳船的吨位为 1952 年的 23 倍,1949 年以前留下的 300 多万吨木帆船经过更新改造剩下的已经不到 1/10。1949 年的内河货运量的 79% 由木帆船担负,现在 95% 以上已由机动船舶完成。船舶机型已基本实现内燃化。现代化分节驳顶推运输有了较快发展,80 年代从国外引进的 6 000 马力大型推轮,用 2 000 吨级驳船在长江下游编组的顶推船队已达 30 000 吨。这充分显示了现代内河航运量大的优点。在内河客运方面,新建了一批东方红 11 型（汉申线）和 39 型（汉渝线）客轮,大大改善了长江干线客运的条件,过去武汉到上海往返一次需要 12 天,现在乘快班客轮只需 5 天。

### （四）未来展望

纵观近代世界交通发展历程,内河航运服务经济社会发展的巨大优势凸显,随着经济的进一步繁荣,内河运输量将不断增长,整个内河航运业将面临无限的发展机遇,美好前景就在眼前。

长江黄金水道舞动内河航运发展龙头与莱茵河—多瑙河水运通道对欧洲的贡献相似,长江作为中国第一、世界第三大河,贯穿我国东中西部地区,主要支流沟通南北,其巨大的运能资源、重要地位及作用都是其他运输方式所不可替代的。

## 二、船员职业操守

职业操守是人们在职业活动中所遵守的行为规范的总和,是人们在从事职业活动中必须遵从的最低道德底线和行业规范。它既是对从业人员在职业活动中的行为要求,又是对社会所承担的道德责任和义务。一个人不管从事何种职业,都必须具备良好的职业操守,否则将一事无成。职业操守具有基础性、制约性特点,凡是从业者必须做到。

良好的职业操守能够不断增进个人的声誉,从而构成事业的基石。作为船员,应具备以下基本的职业操守:

### 1.诚信的价值观

诚信是个人人格完善的核心内容,是个人修养的根本要求。在业务活动中秉持守法诚信,这种价值观是通过个人的言行来体现的。对轮机人员而言,诚实地对待工作中的人和事,培养精益求精、一丝不苟的工作作风,是确保船机设备正常工作的基本条件。

### 2.爱岗、敬业,确保服务单位资产安全

船员的服务对象就是船公司和货主,做好设备维修保养工作,确保船舶航行安全,保证公司资产仅用于单位相关的业务。这些资产包括船舶、设备、运输的货物、办公用品、专有的知识产权、秘密信息、技术资料和其他资源等,就是对船公司和货主负责。公司树立了良好的市场信誉,赢得了市场份额,船员的收入和其他福利待遇自然会提高,这是对自己负责;保管好船上的货物,减少自然损耗,这就是对货主负责。

热爱本职工作,就是要把自己所从事的工作当作自己的职业理想,发挥自己的聪明才智。对于船员来说,如果不热爱航运事业,就会产生一种逆反心理,工作就会变成一种负担,做起事来就失去了积极性,极易发生事故。

### 3.爱国、爱水、严把安全关,崇尚环保

船舶在水上航行,其中一个很重要的责任是保护水域环境免受船舶污染,船员必须有强烈的服务意识和理念,保护水域环境。

优质服务与安全是相辅相成的统一体,没有安全的运输,就谈不上优质的服务,真正树立起优质服务和安全思想是船舶高效航行和运输的基本保证。

### 4.遵纪守法,维权履责

遵守一切与服务单位业务有关的法律、法规,并始终以诚信的方式对人处事,是船员的立身之本,也是每个员工的切身利益所在。

船员职业是国际化最明显的职业之一。职业的流动性、分散性使得遵纪守法的职业道德显得十分重要。严格的组织纪律是船员的最基本要求,必须严守劳动纪律和组织纪律。

### 5.团结协作，同舟共济

船舶操作绝不是单一个体行为所能承担的，而是一个完整的合作和动态的组织系统，是独立性与群体性的统一。只有大家团结合作才能驾驶好船舶，也只有相互友爱才能冲淡由于环境限制对大家心理和生理带来的负面影响。面对困难，大家只有齐心协力才能克服，一个团结的整体就是一个有凝聚力的整体，凝聚力越大，各成员间的联系就越紧密、越团结，开展工作就越顺利，也就越容易达到预期的目标，所以，凝聚力的大小直接影响集体行为的效果。

### 6.钻研业务，提高技能

不论从事什么职业，都必须掌握一定的业务知识和技术。由于环境的要求和工作特点，船舶驾驶员、轮机员更应该精通业务知识，掌握专业技术。业务精通、技术过硬是成为一名合格船员的必备条件。否则，不仅无法适应时代的要求，更有可能造成船舶事故，使生命和财产受到损失。

不同的时代对航运业务与技术的要求不同，但无论何时，船舶驾驶员、轮机员的业务能力和技术水平都必须跟上社会的发展。这就要求船员不断地充实自己，吸取新的知识，改变懒惰的学习作风，转变保守的思想，去钻研业务，掌握新技术，否则，酿成事故时，后悔晚矣。

## 三、船员的法治观念

所谓法治观念，是指人们对法律的性质、地位、作用等问题的认识和看法，也就是依靠法律管理国家、管理经济和治理社会的观念。

国家为确保船舶航行、作业、停泊安全，防治船舶污染水域环境，目前已形成相对完善的内河水运法规体系，其内容和要求基本涵盖了港口法规体系、航道法规体系、航运法规体系、船舶法规体系、船员法规体系、水上交通安全管理法规体系和船舶防污染法规体系。这些法规体系对维护船员权益、保障水上交通安全和环境提供了法理和政策依据，也推动了内河水运业的健康快速发展。

广大船员不仅在适任培训时要加强法律、法规和规章的学习，而且应该自觉地学习以增强法制观念，以便能够清醒地认识到哪些事能够做，哪些事应坚决不做，哪些事能够促进船舶安全，哪些事会危害船舶安全、损害他人和社会的利益。一旦出现违法行为，除按《船员违法记分办法》附表中对应类别中违法行为进行记分外，且并不免除关联法律、法规中相关条款的责任。

为便于船员学习，表2-3列出了目前与船员相关的法律、法规、规章。

## 四、船员的安全意识与责任

### （一）船员安全意识

所谓安全意识，就是人们头脑中建立起来的生产必须安全的观念，是人们在生产活动中对各种各样可能对自己或他人造成伤害的一种戒备和警觉的心理状态。

安全意识决定工作行为，行为决定工作习惯，习惯决定综合素质，素质决定命运，因此，应用良好的安全意识来掌控个人的命运。

表 2-3 与船员相关的法律、法规、规章一览表

| 序号 | 类别 | 法律、法规、规章名称 | 发布号 | 颁布日期 |
|---|---|---|---|---|
| 1 | 综合类 | 中华人民共和国行政许可法 | 国家主席令第 7 号 | 2003 年 8 月 27 日 |
| 2 | | 中华人民共和国行政处罚法 | 国家主席令第 63 号 | 2017 年 9 月 1 日修正 |
| 3 | | 中华人民共和国行政强制法 | 国家主席令第 49 号 | 2011 年 6 月 30 日 |
| 4 | | 中华人民共和国行政复议法 | 国家主席令第 16 号 | 1999 年 4 月 29 日 2017 年 9 月 1 日修订 |
| 5 | | 中华人民共和国行政诉讼法 | 国家主席令第 15 号 | 1989 年 4 月 4 日 2017 年 6 月 27 日修正 |
| 6 | | 中华人民共和国国家赔偿法 | | 1994 年 5 月 12 日 |
| 7 | | 交通行政处罚程序规定 | | 1996 年 9 月 25 日 |
| 8 | | 交通行政复议规定 | | 2000 年 6 月 27 日 |
| 9 | 水路行政执法类 | 中华人民共和国水路运输管理条例 | | 1987 年 5 月 12 日 |
| 10 | | 中华人民共和国航道法 | | 2014 年 12 月 28 日 |
| 11 | | 中华人民共和国港口法 | | 2003 年 6 月 28 日 |
| 12 | | 老旧运输船舶管理规定 | | 2006 年 7 月 5 日 |
| 13 | | 内河运输船舶标准化管理规定 | | 2001 年 10 月 11 日 |
| 14 | | 水路危险货物运输规则（第一部分）水路包装危险货物运输规则 | | 1996 年 11 月 4 日 |
| 15 | 海事行政执法类 | 中华人民共和国水污染防治法 | 国家主席令第 70 号 | 1984 年 5 月 11 日 2017 年 6 月 27 日修改 |
| 16 | | 中华人民共和国大气污染防治法 | | 2000 年 4 月 29 日 |
| 17 | | 中华人民共和国船员条例 | | 2007 年 4 月 14 日 |
| 18 | | 中华人民共和国船舶登记条例 | | 1994 年 6 月 2 日 |
| 19 | | 中华人民共和国航标条例 | | 1995 年 12 月 3 日 |
| 20 | | 中华人民共和国内河海事行政处罚规定 | | 2015 年 5 月 29 日 |
| 21 | | 中华人民共和国内河交通安全管理条例 | | 1986 年 12 月 16 日 |
| 22 | | 中华人民共和国高速客船安全管理规则 | | 1996 年 12 月 24 日 |
| 23 | | 中华人民共和国船舶最低安全配员规则 | | 2004 年 6 月 30 日 |
| 24 | | 中华人民共和国船舶安全检查规则 | | 1997 年 11 月 5 日 2009 年 11 月 30 日修订 |
| 25 | | 中华人民共和国船舶和海上设施检验条例 | | 1993 年 2 月 14 日 |
| 26 | | 中华人民共和国防止拆船污染环境管理条例 | | 1988 年 5 月 18 日 |
| 27 | | 中华人民共和国防治船舶污染内河水域环境管理规定 | | 2015 年 12 月 15 日 |
| 28 | | 中华人民共和国船舶载运危险货物安全监督管理规定 | | 2003 年 11 月 30 日 |
| 29 | | 内河航标管理办法 | | 1996 年 5 月 20 日 |
| 30 | | 中华人民共和国水上水下活动通航安全管理规定 | | 2011 年 1 月 17 日 |

### 1. 安全意识的具体含义

安全意识包括以下具体含义：

（1）"安全第一"的意识

"安全第一"是做好一切工作的试金石，是落实"以人为本"的根本措施。坚持安全第一，就是对国家负责，对企业负责，对人的生命负责。

（2）遵守法律法规意识

自觉树立法律、法规意识，自觉遵章守纪，依法行船，是做好水路运输工作的前提，也是船舶航行安全的前提。

（3）自我保护意识

安全是自己的，也是大家的。往往因为自己失误，不但会伤害自己，而且会伤害他人，甚至给国家造成不可估量的损失，危及社会的稳定。

（4）群体意识

树立"同舟共济"的群体意识，相互帮助、相互保护、相互协作、密切配合，是保障船舶安全的重要条件。船舶是一整体，全体船员是一个团队，没有群体意识，难以应对任何困难。

### 2. 树立安全意识的方法

（1）严格执行各项安全操作规程

所谓严格执行安全规程，就是在执行过程中不打折扣、不变样，有人或没人管都一个样，有没有监控都一样；坚决杜绝违章指挥、违章操作、违反劳动纪律的习惯性"三违"，在每项工作开始前，应重复一下安全规程，逐步养成严格执行安全规程的习惯。大量事实证明，绝大多数的安全事故都是违章导致的，多数违章作业者，同时也是事故受害者。

（2）确保安全规程的先进性、科学性

保证安全的关键是要平时不断消除安全隐患，降低事故概率。因此现有的安全规程绝不是一成不变的，应根据船舶各项作业的特点，进行科学合理的制定。安全规程的制定应确保全员参与，要符合新设备、新工艺及人员素质的变化的要求，不断地确保其先进性和科学性。

（3）破除迷信，相信科学技术，实事求是

提高安全意识应根除迷信、切忌侥幸心理；加强责任感，相信科学技术，提高每一个人的安全技能、安全事故分析防范能力和事故应急处理能力，才能避免和减少安全事故的发生。总之，事前应该是尽可能地想得周到、全面一些，对于各类事故隐患关键在于总结所犯的错误，而不是企图掩盖它。

## （二）船员安全责任

船员是船舶安全的直接受益者。增强安全意识，履行安全生产义务，把事故隐患消灭在萌芽状态是船员义不容辞的责任。

### 1. 遵章守制，服从管理

船员在船舶航行、停泊、作业过程中应当严格遵守水上交通安全和防治船舶污染的规定，遵守船舶安全操作规程，遵守船上的管理制度和值班规定，按照各项法规性、技术性的规章操纵、控制和管理船舶。安全寓于船舶生产的全过程之中，船舶安全需要在船的每个船员、每个工序相互配合和衔接。船上的每个船员都从不同角度为船舶的安全生产担负责任，每个船员尽责的好坏直接影响船舶安全生产的成效。因此,在船船员在船舶航行、停泊和作业过程中应当遵守船舶的安全生产规章制度和操作规程,服从管理。这样才能保证船舶的生产活动安全、有序地进行。

### 2. 正确佩戴和使用劳动防护用品

船员在作业过程中,应当正确佩戴和使用劳动防护用品。劳动防护用品系由船员用人单位为在船船员配备的,使其在劳动过程中免遭或者减轻事故伤害及职业危害的个人防护装备。劳动防护用品是保护船员安全和健康所采取的必不可少的辅助措施。从一定意义上讲,它是船员防止职业毒害和伤害的最后一项有效的措施。船舶劳动防护用品包括头部保护用品、听力保护用品、面部及眼睛保护用品、呼吸防护设备、四肢防护用品、防坠落用品等。劳动防护用品在劳动过程中,是必不可少的生产性装备,对船员用人单位来讲要安全规定发放充足,不得任意削减,作为船员要珍惜、正确佩戴和认真用好劳动防护用品。《劳动防护用品监督管理规定》对劳动防护用品的使用有专门规定,明确规定从业人员在作业过程中,必须按照安全生产规章制度和劳动防护用品使用规则,正确佩戴和使用劳动防护用品;未按规定佩戴和使用劳动防护用品的,不得上岗作业。

### 3. 接受安全生产教育和培训的责任

伤亡事故的发生,不外乎人的不安全行为和物的不安全状态两种因素。其中控制人的不安全行为是减少伤亡事故的主要措施。而对在职船员进行安全生产教育,是控制人的不安全行为的有效方法,是安全生产管理工作中的一个重要组成部分,是提高从业人员安全素质和自我保护能力,防止事故发生,保证安全生产的重要手段。在职船员应当有主动接受安全生产教育和培训的意识。安全教育培训的基本内容包括安全意识、安全知识和安全技能教育。安全意识教育是安全教育的重要组成部分,是搞好安全生产的关键环节。它包括思想认识教育和劳动纪律教育两方面的内容。安全知识教育是提高在职船员安全技能的重要手段,其内容包括专业安全技术操作规程、安全防护基本知识和注意事项、个人防护用品的构造、性能和正确使用的有关常识等。安全技能教育是巩固在职船员安全知识的必要途径,其内容包括设备的性能、作用和一般的结构原理,事故的预防和处理及设备的使用、维护和修理等。

### 4. 事故隐患和不安全因素的报告义务

安全生产事故隐患,是指生产经营单位违反安全生产法律、法规、规章、标准、规程和安全生产管理制度的规定,或者因其他因素在生产经营活动中存在可能导致事故发生的物的危险状态、人的不安全行为和管理上的缺陷。生产安全事故虽然有意外性、偶然性和突发性的特点,但它又有一定的规律,可以通过采取有效措施尽可能加以预防。在职船员处于安全生产第一线,最有可能及时发现事故隐患或者其他不安全因素,因此,船员发现事故隐患或者其他不安全因素应当立即进行报告,如果拖延报告,则使事故发生的可能性加大。

## 五、船员权益保护

### 1. 享有社会保险待遇

船员用人单位和船员应当按照国家有关规定参加工伤保险、医疗保险、养老保险、失业保险以及其他社会保险,并依法按时足额缴纳各项保险费用。任何单位和个人都不能以任何理由拒绝履行社会保险缴纳义务,任何单位和个人都不能以任何形式减免社会保险费,禁止任何形式的协议性缴费。因船员职业特点遇到缴费方面的操作性困难时,应在依法按时足额缴纳的原则下,与社会保险主管机关或经办机构协商解决。船员用人单位应当为在驶往或者驶经战区、疫区的船舶和运输有毒、有害物质船舶上工作的船员,办理专门的人身、健康保险,并提供相应的防护措施。

### 2. 享有劳动保护的权利

船舶上船员生活和工作的场所,应当符合国家船舶检验规范中有关船员生活环境、作业安全和防护的要求。船舶检验规范对船员的生活和工作场所提出的硬件设施技术要求主要包括:在生活环境方面,对卧室,餐厅,休息处所与办公处所,卫生设备,照明设备,医务处所(包括船用药箱中药品、器具、敷料、一般医疗设备等的种类和数量),取暖、通风设备与噪声,舱室、通道和出入口的布置与结构,饮用水和淡水系统等的设置和技术指标提出了要求;在作业安全与防护方面,对船舶栏杆、舷墙、安全索、通道、甲板下的走道、水密设施、工作区域的照明、灭火剂容器及压力容器的安全检验校验设备、警报系统、脱险通道、救生艇、升降机等的设置和技术指标提出了要求。

### 3. 享有职业健康防治的权利

船员用人单位应当为船员提供必要的生活用品、防护用品、医疗用品,建立船员健康档案,定期为船员健康检查,防治职业疾病。船员工作期间患病或者受伤,船员用人单位应当及时给予救治。船员用人单位需要在物质上为船员提供必要的食品、饮用水、日用品等生活用品,根据船舶生产实际需要提供必要的劳动保护用品,提供迅速诊断和治疗所必需的药品、医疗设备设施等医疗用品。船员用人单位需要在管理上关心船员健康,为船员定期进行健康检查并建立健康档案,坚持预防为主、防治结合的方针防治职业疾病。船员用人单位应以人为本,发扬人道主义精神,采取能够做到的一切措施,积极救治在船工作期间患病、受伤的船员,使其能够及时得到必要的船上和岸上医疗。

### 4. 享有船员工会组织维权的权利

船员工会组织应当加强对船员权益的保护,指导、参与船员与船员用人单位签订劳动合同。劳动合同是具有法律约束力的劳动者与用人单位确立劳动关系、明确双方权利和义务的协议,是工会组织有效维护劳动者合法权益的重要依据。在船员难以全面、深入了解各方面规定、要求、做法以及船员用人单位背景的情况下,船员工会组织作为船员权益的代表者和维护者,应充分发挥自身优势,指导、帮助船员签订劳动合同,为船员权益的有效维护打下良好的基础。船员工会组织在劳动合同签订过程中的指导、帮助作用主要体现在三个方面:一是向船员提供劳动合同示范文本和船员劳动报酬、劳动条件的参考标准;二是通过平等协商,签订集体合同;三是向船员提供船员用人单位信息及咨询。

### 5. 享有获得劳动报酬的权利

船员用人单位应充分考虑船员职业的风险性、艰苦性、流动性等因素,参考国内外本行业同类船员工资报酬水平,通过与船员的沟通与协商,合理确定船员工资报酬结构和水平,并按时足额地发放给船员。船员用人单位应按照劳动合同规定的标准支付给船员全部劳动报酬,涉及船员工资发放所有环节的单位和个人均不得克扣。有下列情况之一的,船员用人单位可以代扣船员工资:

（1）代扣代缴的个人所得税；

（2）代扣代缴的应由船员个人负担的各项社会保险费用；

（3）法院判决、裁定中要求代扣的抚养费、赡养费；

（4）法律、法规规定可以从劳动者工资中扣除的其他费用。

船员工资应以货币形式支付，不得以实物及有价证券替代货币支付。船员用人单位应将工资支付给船员本人，本人不能领取工资时，可由其亲属或委托他人代领。船员用人单位必须书面记录支付船员工资的数额、时间、领取者的姓名以及签字，并保存两年以上备查。船员在劳动合同有效期内的待派期间，船员用人单位应当支付不低于船员用人单位所在地人民政府公布的最低工资，以保障船员在待派期间能够获得基本的经济收入，保障其基本生活，维护船员利益。

### 6. 有休息休假的权利

休息时间不足会导致人体的各方面机能下降，如判断能力、决策能力和记忆能力的下降，反应迟缓，精力不集中，注意力分散，情绪恍惚等，给操作性和警觉性带来不利影响。船员过度疲劳是造成船舶航行及生产事故重要的诱因之一，保障船员正常休息、避免疲劳航行非常必要。我国《内河船舶船员值班规则》要求船长根据情况合理安排值班船员，并保证值班船员得到充分休息，防止疲劳值班。

由于船员的职业特点，船员往往需要集中工作、集中休息，在集中工作期间遇到法定节假日期间仍须继续工作，否则可能危及船舶航行安全。因此，船员在船工作期间遇到法定节假日应正常工作，船员用人单位应按规定对船员给予补偿。船员除享有国家法定的节假日外，还享有在船上每工作 2 个月不少于 5 日的年休假。船员在年休假期间，船员用人单位应当支付不低于船员在船服务期间正常工作时间的平均工资和报酬，不包括加班工资、奖金、津贴、劳务费等。

### 7. 享有遣返的权利

（1）船员遣返是确保船员能够返家，是船员的基本权利，对船舶所有人具有强制性。有下列情形之一的，船员可以要求遣返：

①船员的劳动合同终止或者依法解除的。

②船员不具备履行船上岗位职责能力的，即船员的身体条件、业务能力等不具备履职要求时，要求或被要求离岗或离船时。对船员履职能力的认定由船员所在船舶的船长做出。

③船舶灭失的，即船舶因拆解、沉没、损坏后无法修复等原因在实体或功能上消灭时；船员失去工作的对象，无法付出劳动时。

④未经船员同意，船舶驶往战区、疫区的。

⑤由于破产、变卖船舶、改变船舶登记或者其他原因，船员用人单位、船舶所有人不能继续履行对船员的法定或者约定义务的。

（2）船员可以从下列地点中选择遣返地点：

①船员接受招用的地点或者上船任职的地点；

②船员的居住地、户籍所在地或者船籍登记国；

③船员与船员用人单位或者船舶所有人约定的地点。

船员的遣返费用由船员用人单位支付。遣返费用包括船员乘坐交通工具的费用、旅途中合理的食宿及医疗费用、30 kg 行李的运输费用。

船员的遣返权利受到侵害的，船员当时所在地民政部门应当向船员提供援助；必要时，可以直接安排船员遣返。民政部门为船员遣返所垫付的费用，船员用人单位应当及时返还。

## 案例分析

### 【案例一】韩某某申请设立海事赔偿责任限制基金案

（1）基本案情

"湘张家界货 3003"轮，所有人为韩某某，总吨 2 071，该轮持有长江中下游及其支流省际普通货船运输许可证、内河船舶适航证书，准予航行 A 级航区，作自卸砂船用。2016 年 5 月 9 日，"湘张家界货 3003"轮在闽江口 D9 浮返航进港途中，与"恩基 1"轮发生碰撞，造成"恩基 1"轮及船载货物受损。韩某某向法院申请设立海事赔偿责任限制基金。

（2）裁判结果

厦门海事法院一审认为，韩某某系"湘张家界货 3003"轮的登记所有人，该轮虽为内河船舶，但根据其提供的内河船舶适航证书，该轮航行区域为长江中下游及其支流省际内河航线，而且发生涉案事故时，正航行于闽江口，属于国务院批准施行的《关于不满 300 总吨及沿海运输、沿海作业船舶海事赔偿责任限额的规定》（以下简称《责任限额规定》）第四条规定的"300 总吨以上从事中华人民共和国港口之间货物运输或者沿海作业的船舶"。一审裁定准许韩某某提出的设立海事赔偿责任限制基金的申请。相关利害关系人不服一审裁定的，提起上诉。

福建省高级人民法院二审认为，涉案船舶"湘张家界货 3003"轮虽为内河船舶，但其在沿海海域从事航行作业属于《责任限额规定》第四条所规定的从事沿海作业的船舶，依法可以申请设立海事赔偿责任限制基金。二审裁定驳回上诉，维持一审裁定。相关利害关系人不服二审裁定，提起再审。

最高人民法院再审认为，"湘张家界货 3003"轮持有长江中下游及其支流省际普通货船运输许可证、内河船舶适航证书，准予航行 A 级航区，为内河船舶。涉案船舶碰撞事故发生在福建闽江口，并非"湘张家界货 3003"轮准予航行的航区。"湘张家界货 3003"轮的船舶性质及准予航行航区不因该船实际航行区域而改变。"湘张家界货 3003"轮作为内河船舶，不属于《责任限额规定》适用的船舶范围。再审撤销一、二审裁定，驳回韩某某设立海事赔偿责任限制基金的申请。

（3）典型意义

我国《海商法》第三条规定的船舶仅限于海船，关于内河船舶在海上航行是否适用海事赔偿责任限制制度，司法实践中存在争议。国务院批准施行的《责任限额规定》源于《海商法》第二百一十条的授权，其规定的"从事中华人民共和国港口之间货物运输或者沿海作业的船舶"仍应限定为海船。受利益驱动，近年来内河船舶非法从事海上运输的问题非常突出，严重威胁着人员、财产和环境的安全。最高人民法院在该案中进一步明确，内河船舶性质及准予航行航区不因该船实际航行区域而改变，对于规范航运秩序、统一类似案件裁判尺度具有积极意义。

【一审案号】（2016）闽 72 民特 90 号

【二审案号】（2016）闽民终 1587 号

【再审案号】（2018）最高法民再 453 号

**【案例二】陈某某与中国人民财产保险股份有限公司高淳支公司等通海水域保险合同纠纷案**

（1）基本案情

自 2014 年起,陈某某为其所有的"宁高鹏 3368"轮连续四年向中国人民财产保险股份有限公司高淳支公司(以下简称"人保高淳支公司")投保沿海内河船舶一切险,中国人民财产保险股份有限公司南京分公司(以下简称"人保南京分公司")根据陈某某的投保签发保险单,收取保险费并开具保险费发票。其中 2015 年的保险单载明被保险人为陈某某,投保险别为沿海内河船舶一切险。保险条件及特别约定部分第九条载明:附加船东对船员责任险,投保三人,每人保额 10 万元,并列明了三名船员的姓名和公民身份证号码。第十条载明:除以上特别约定外,其他条件严格按照《中国人民财产保险股份有限公司沿海内河船舶保险条款(2009 版)》执行。该保险条款第三条第一款规定,由于船舶不适航、不适拖(包括船舶技术状态、配员、装载等,拖船的拖带行为引起的被拖船舶的损失、责任和费用,非拖船的拖带行为所引起的一切损失、责任和费用)所造成的损失、责任及费用,保险人不负责赔偿。

2016 年 3 月 13 日,"宁高鹏 3368"轮在运输过程中,触碰位于长江中的中海油岳阳油库码头,造成趸船及钢引桥移位。事发时在船船员三人,均无适任证书。岳阳海事局认定该轮当班驾驶员未持有内河船舶船员适任证书,违规驾驶船舶,操作不当是造成事故的直接原因,该轮对上述事故负全部责任。陈某某就事故损失向人保高淳支公司提出保险理赔。人保南京分公司认为,船员操作不当是导致发生触碰的直接原因,且船员没有适任证书、船舶未达最低配员,船舶不适航属于除外责任,故有权拒绝赔偿。陈某某遂起诉人保南京分公司、人保高淳支公司及中国人民财产保险股份有限公司。

（2）裁判结果

天津海事法院一审认为,在航运实践中,船员取得适任证书是预防船舶驾驶操作不当、确保船舶安全的重要举措。根据海事行政部门的认定,船员操作不当是造成事故的直接原因。当班船员未持有内河船舶船员适任证书违规驾驶船舶是诱使该行为最主要的实质上的原因,故应认定当班驾驶员未持有内河船舶船员适任证书违规驾驶船舶对事故发生具有直接的因果关系,涉案船舶未配备适任船员,构成船舶不适航。根据《中国人民财产保险股份有限公司沿海内河船舶保险条款(2009 版)》第三条第一款,因船舶不适航造成的损失,保险人不负赔偿责任。故一审法院判决驳回陈某某的诉讼请求。当事人不服一审判决提起上诉,天津市高级人民法院维持一审判决。

（3）典型意义

长期以来,很多从事内河货物运输的企业、个人为降低经营成本,雇佣不持有适任证书的船员或不按最低配员标准配备船员,给内河航行安全造成了严重隐患,损害了内河航运经济健康有序地发展。2016 年,最高人民法院出台《关于为长江经济带发展提供司法服务和保障的意见》,提出要引导各类市场主体展开有序良性竞争,指引港口、航运、造船企业切实增强安全意识、质量意识,为平安黄金水道建设提供有力司法支撑。在该案审理中,人民法院依法认定涉案船舶未配备持有适任证书的船员属于船舶不适航,在船舶不适航与保险事故有因果关系的情况下,依照保险条款免除保险人的赔偿责任。该案对于强化内河航行安全意识、促进内河航运经济高质量发展具有积极意义。

【一审案号】（2018）津72民初53号

【二审案号】（2018）津民终392号

要求：

轮机员：①能够简述内河船员基本职业操守；②能够简述内河船员安全责任；③能通过案例进行船员权益分析。

# 第三节　安全及环保意识

## 一、内河船舶工作安全常识

安全作业方法除了各项安全规章制度外，还包括船员在长期的水上实践中总结出来的行之有效的通常做法。

**1. 船员日常防火防爆须知**

船舶防火防爆关系到船舶、人命和货物安全。火灾导致的船舶全损率高于碰撞和搁浅事故。船舶应经常进行消防培训、演习和消防设备检查，消除火灾和爆炸危险。

船舶防火防爆主要应防明火、烟火、电火、摩擦火、化学作用引起的火灾或爆炸。船舶装运易燃易爆货物时，应遵守危险货物运输的有关规定。

全体船员均应执行本须知，油船船员还应遵守《油船安全生产管理规则》：

（1）吸烟时，烟头、火柴杆必须熄灭后投入烟缸，不能乱丢或向舷外乱扔，也不准扔在垃圾桶内。离开房间时应随手关闭电灯和电扇等电器，风雨或风浪天气应将舷窗关闭严密，航行中禁止锁门睡觉。

（2）禁止在机舱、货舱、物料间或储藏室内吸烟，在卧室内禁止卧床吸烟。装卸货或加装燃油时禁止在甲板上吸烟。

（3）规定必须集中保管的易燃、易爆物品，不准私自存放；禁止任意烧纸或燃放烟花爆竹，严禁玩弄救生信号弹。

（4）禁止私自使用移动式明火电炉。使用电炉、电水壶、电熨斗、电烙铁等电热器具时，必须有人看管，离开时必须拔掉插头或切断电源。不准擅自接拆电气线路和电器，不准用纸或布遮盖电灯，不准在电热、蒸汽器具上烘烤衣服、鞋袜等。

（5）废弃的棉纱头、破布应放在指定的金属容器内，不得乱丢乱放；潮湿或油污的棉毛织物应及时处理，不准堆放在闷热的地方，以防自燃。

（6）货舱灯必须妥善保管。使用时要检查灯泡及护罩，如有损坏应及时换新。货舱灯电缆要通畅，防止被他物压坏，用后应放在指定地点妥善保管。

（7）明火作业须经船长同意（港内必须经海事管理机构批准），作业前须查清周围及上下邻近各舱有无易燃物，特别要查明焊接处是否通向油舱。当进行气焊作业时，要严防"回火"，为避免事故，须派专人备妥消防器材在旁监护。作业完毕后，要仔细检查有无残留火种及有无复燃的可能。

（8）油船除应遵守《油船安全生产管理规则》外，其货油泵间必须保持清洁，不得堆放杂物，污油应经常清除。货油泵要定期检查，并应按规定进行注油。装卸期间，司泵员或轮机员不得擅离值守；禁止使用闪光灯照相和在甲板阳光下戴老花镜。

（9）严格遵守与防火防爆有关的安全操作规程和有关规定。当发现任何不安全因素时，每个船员均有责任及时报告上级，对违章行为，人人有责及时制止。

## 2. 防止触电

触电是指人体触及带电的物体，受到较高电压和较大电流的伤害，而引起的局部受伤或死亡的现象。按伤害程度不同，可分为电伤（外伤）两类。电路放电时，电弧或飞溅物使人体外部发生烧伤、烫伤的现象叫电伤；人体触到带电物体，电流通过人体内部器官而造成的伤害叫电击。

触电的预防措施：

（1）不带电操作：电工应尽量不进行带电操作。特别是在危险的场所应禁止带电作业。若必须带电操作，应采取必要的安全措施，如有专人监护及采取相应的绝缘措施。

（2）对电气设备采取保护措施：电气设备的金属外壳（如电机、变压器等）可利用保护接零或保护接地等安全措施，但绝不允许在同一电力系统中一部分设备采用保护接零，另一部分设备采用保护接地。

（3）建立安全检查制度：各种电器，尤其是移动式电器应建立经常的与定期的检查制度，若发现不安全，应及时加以处理。

（4）严格执行安全操作规程：为了保证作业安全，必须在电源、开关或线路等处悬挂各种警告牌。电工操作应严格遵守操作规程和制度。

## 3. 进入密闭空间的注意事项

（1）进入封闭场所期间的安全防护措施

①进入舱室作业或检测时，必须安排监护人员。作业人员与监护人员应事先规定明确的联络信号，监护人员始终不得离开工作点，随时按规定的联络信号与作业人员取得联系。

②对作业过程中易发生氧气、二氧化碳浓度变化的舱室和作业过程长的舱室，应随时监视空气中的氧气、二氧化碳的浓度变化情况，应保持必要的检测次数或连续检测，并根据检测结果采取相应的通风换气措施。

③货舱内作业应严格遵守卸货程序规定。对必须定位分层拆卸作业的，要采取阶梯式拆卸方法，并检测每层、每处作业点的氧气浓度。

④作业中不得以任何理由离开工作场所和擅自进入货舱深处。作业工具落入舱内不准私自下舱拾取，必须重新领取使用。

⑤当处所内有人和在暂时休息期间，应继续保持通风。在休息结束再次进入之前，应对处所内再次进行测试。万一通风系统失灵，处所内所有人员应立即离开。

⑥万一出现紧急情况，在救助人员尚未到达和尚未对情况做出评估，确保进入处所进行救助作业的人员的安全之前，照应的船员无论如何都不得进入处所内。

⑦作业人员进入舱室前和离开舱室时，应清点人数。

（2）发生事故的应急防护措施

①当发现舱内有异常情况或有缺氧危险可能性（如发生不明原因的突然晕倒、坠落等）或

发生缺氧窒息事故时,必须立即停止作业,并组织作业人员迅速撤离现场,在安全处清点人数并迅速向有关机关报告。

②发生缺氧窒息事故时,港、船双方应积极营救遇险人员,对已患缺氧症的作业人员应立即在空气新鲜处施行现场抢救(人工心肺复苏),并尽快与医疗单位联系,以便进一步抢救和治疗。

③进舱抢救人员必须佩戴自给式空气呼吸器等救生用具,不允许佩戴过滤式防毒面具下舱救人。

④舱内发生缺氧窒息事故时应封锁通道,在危险解除前,非抢救人员以及未配备安全救护器的救护人员不得进入事故现场。

其他作业安全注意事项详见第三章第四节有关"轮机部各种作业安全注意事项"等内容。

## 二、内河船舶环保常识

环境意识的概念是随着人与自然的矛盾加剧而产生的,反映的是人们的一种心理,是对环境的认同感。在这种心理的作用下,人们会有意识地去关注环境变化和生态平衡,并且会自觉地维护生态系统的良性发展。环境意识不仅包括人们对环境的认识水平,即环境价值观念,还包括人们保护环境行为的自觉程度。

船舶对水域造成的污染将破坏水中生物的生存环境,影响渔业生产;水质量的降低直接影响人类生活环境并危害人体健康。防止水域污染,保持生态平衡,维护人民身体健康,是我国政府长期坚持的政策;保持江、河、湖泊水域的洁净是每个船员的社会责任。

在环保方面,内河船员应具备以下常识:

(1)内河船舶通常配置有符合国家海事管理机构规定的有关规范、标准,并经船舶检验机构检验、认可的防污染结构、设备和器材,船员应当保持其处于良好的技术状态。

(2)船舶上配有有效的防污染证书和文书,船舶在进行涉及污染物的作业过程中,应当按照规定在相应的记录簿上如实记录并规范填写。

(3)船员应当具有相应的防治船舶污染内河水域环境的专业知识和技能,熟悉船舶防污染程序和要求,并按照规定参加相应的培训、考试和评估,持有有效的职务适任证书和相应的培训合格证书。

(4)任何在内河水域航行、停泊和进行相关作业的船舶,都不得违反法律、行政法规和国务院交通主管部门的规定,向内河水域排放污染物。

禁止船舶在内河水域载运法律、行政法规和海事管理机构规定的不得在内河水域运输的危险化学品。禁止在船舶使用焚烧炉焚烧垃圾。来自疫区船舶的污染物、垃圾、压载水、生活污水,应当经检疫部门检查处理后方可处理。

(5)在海事管理机构设立特殊保护水域内航行、停泊、作业的船舶,应当遵守特殊保护水域有关防污染的规定、标准。

(6)航行于城市市区内河航道的挂桨机船舶,应当将挂桨机置于封闭装置之内或者采取其他等效措施,以降低机器运转产生的噪声对环境的危害。

(7)所有船舶、单位和个人均有维护内河水域环境的义务,在发现船舶存在污染内河水域环境的行为时,应当立即向海事管理机构报告。

（8）船舶载运污染危害性货物进出港口，有关单位应当按照法律、行政法规和国务院交通主管部门关于船舶载运危险货物的管理规定，事先向海事管理机构办理申报手续，经同意后，方可进出港口。

（9）从事船舶油料补给服务（作业）的船舶、单位，应当符合国家有关标准和要求，配备足够的防污染设备和器材，取得国家规定的经营资格。

（10）长江、珠江、黑龙江水系干线超过 300 总吨和其他内河水域超过 150 总吨的船舶从事下列活动，应当采取包括布设围油栏在内的防污染措施：

①散装持久性油类的装卸和过驳作业；

②散装比重小于 1（相对于水）、溶解度小于 0.1% 具有污染危害性货物的装卸和过驳作业；

③可能造成水域严重污染的其他作业。

布设围油栏方案应当在作业前报海事管理机构备案。因自然条件或其他原因限制，不适合布设围油栏的，可采用其他防污染措施，但应当将采取的替代措施及理由在作业前报海事管理机构备案。

（11）船舶在港口进行下列活动，应当事先按照有关规定报经海事管理机构批准：

①船舶排放压载水、洗舱水和机舱污水以及残油、含油污水等其他残余物质；

②船舶冲洗载运有毒有害物质、有粉尘的散装货物的甲板和舱室。

（12）载运污染危害性货物的船舶进出港口和通过桥区、交通管制区、通航密集区以及航行条件受限制的区域，必须采取海事管理机构规定的航行保障安全措施。

（13）船舶发生污染水域事故，应当立即向最近海事管理机构如实报告，同时按照污染事故应急计划的程序和要求，采取相应措施。在初始报告以后，船舶还应当根据事故的进展情况进一步做出补充报告。

船舶发生水上交通事故，存在沉没可能时，或者在船员弃船前，应当尽可能地关闭所有液货舱或者油舱（柜）管系的阀门，堵塞相关通气孔，防止溢漏，并且应当在事故报告书中，说明存油或者液货的数量以及通气孔的位置。

（14）发生船舶污染事故的当事方应当在 24 小时内，向事故发生地的海事管理机构提交污染事故报告书。报告书的内容包括：

①船舶或者设施的名称、呼号或者编号、国籍、所有人或者经营人名称及地址；

②发生事故的时间、地点、气象和水文情况；

③事故原因或者初步原因判断；

④污染物的种类和数量，或者预估数量及污染范围；

⑤已采取或者准备采取的防污措施及污染控制情况；

⑥援助或者救助要求；

⑦需要报告的其他事项。

（15）事故当事人及有关人员，应当接受海事管理机构调查，积极配合，如实陈述事故的有关情况和证据，不得谎报、隐匿或者毁灭证据。

（16）有关单位和个人对海事管理机构责令立即消除或者限期消除污染隐患的，应当立即或者按期消除隐患。否则，海事管理机构将采取责令其临时停航、停止作业，禁止进港、离港，责令驶往指定水域等强制性措施。

（17）对污染应急计划或者垃圾管理计划未得到落实的,海事管理机构将责令限期纠正,并给予警告或者处以2 000元以下罚款。

（18）若有下列行为之一的,海事管理机构处以警告或者10 000元以下罚款：

①船舶未持有有效的防污证书、防污文书,或者不按照规定记录操作情况的；

②船舶未配备防污设备或者防污设备存在重大缺陷,在海事管理机构限期内不予纠正的；

③船舶靠泊未按照规定配备防污设备或者防污设备存在重大缺陷的港口、装卸站的。

涉嫌构成犯罪的,将会依法移送国家司法机关。

（19）为了防止船舶对水域造成的污染,主要需要控制船舶产生的"含油污水""散装有毒液体物质""运输包装的有害物质""生活污水""船舶垃圾""发动机尾气排放""噪声""船舶装有防污底的底漆"等物质的污染。

详细内容,后面介绍。

## 三、防止船舶油污染

### （一）船舶含油污水的来源

船舶含油污水主要来自以下三个方面：

（1）船舶机舱的舱底水

内河船舶在营运过程中,由于机舱内各种阀件和管路中漏出的水与轮机在运转过程中滴漏的润滑油、燃烧油等混合在一起产生的污油水。为防止船舶含油舱底水污染水域,除不产生含油舱底水的驳船等船舶外,船舶应设置污油水舱(柜),将所产生的污油水贮存在船上,由岸上接收设施或污油水接收船接收,严禁将污油水直接排往舷外。

（2）运输油品船舶货油舱的洗舱水

油船进厂修理或更换运油品种前必须清洗货油舱。采用高压水清洗船舱产生的污油水称为船舶洗舱污油水。

（3）油船的压载水

若油船卸完油后,为确保安全航行和提高推进器的效率,在货油舱内或压舱内装一定量的水来压载,便会产生压载油污水。这些含油污水同样严禁直接排往舷外。

相关法规规定,凡150总吨及以上的油船、油驳和400总吨及以上的其他船舶,应制订《船上油污应急计划》,并配有船检规定的油类记录簿。

### （二）船舶油类作业规定

（1）作业前,必须检查管路、阀门,做好准备工作,堵好甲板排水孔,关好有关通海阀。

（2）检查油类作业的有关设备,使其处于良好状态。

（3）对可能发生溢漏的地方,要设置集油容器。

（4）供油、受油双方商定的联系信号,以受方为主,双方均应切实执行。

在供油、受油作业中检查项目主要包括：

①输油管是否完好；

②输油管是否接妥,并在结合处放置了集油容器；

③受油舱阀门是否已打开；

④主甲板的泄水孔是否已堵塞;

⑤双方如何约定的联系方式;

⑥双方是否安排了专人值班;

⑦双方的操作程序是否商定好;

⑧双方是否备妥了必要的吸油材料。

（5）作业中,要有足够人员值班,当班人员要坚守岗位,严格执行操作规程,掌握作业进度,防止跑油、漏油。

（6）停止作业时,必须关好阀门。

（7）收解输油软管时,必须事先用盲板将软管封好,或采取其他有效措施,防止软管存油倒流进入水域。

（8）正确记录油类记录簿。

### （三）内河船舶含油污水排放控制要求

船舶含油污水排放控制要求如表2-4所示。

表2-4　船舶含油污水排放控制要求

| 污水类别 | 船舶类别 | 排放控制要求 |
|---|---|---|
| 机器处所油污水 | 2021年1月1日之前建造的船舶 | 自2018年7月1日起,经船检认可的处理设备处理后排放,排放在船舶航行中进行;或收集并排入接收设施 |
| | 2021年1月1日及以后建造的船舶 | 收集并排入接收设施 |
| 含货油残余物的油污水 | 全部油船 | 自2018年7月1日起,收集并排入接收设施 |

### （四）油类记录簿填写说明

凡150总吨及以上的油船和400总吨及以上的非油船,均应备有油类记录簿第Ⅰ部分（机器处所的作业）。凡150总吨及以上的油船,还应备有油类记录簿第Ⅱ部分（货油/压载的作业）。

#### 1.油类记录簿的记载内容

所有船舶机器处所油类记录簿的记载,应按下列的记载细目一览表所规定的作业代号和细目数码填写。

1）油类记录簿第1部分——机器处所的作业

（1）150总吨及以上的油船和400总吨及以上的非油船,应备有机舱的作业记录的油类记录簿（第Ⅰ部分）。

（2）船舶进行下列任何一项机器处所的作业,应逐项填入油类记录簿:

①燃油舱的压载和清洗。

②燃油舱污压载水或洗舱水的排放。

③残油（油泥）的收集和处理。

④机器处所内积存的舱底水向舷外排放或处理。

⑤添加燃油或散装润滑油。

⑥意外或其他特殊情况下的排放。

2）油类记录簿第Ⅱ部分——货油/压载的作业

（1）凡150总吨及以上的油船,应备有货油/压载的作业需要记录的油类记录簿（第Ⅱ部分）。这种油类记录簿不论是作为船上的正式航海日志的一部分或作为其他文件,均应按本附则附录Ⅲ中所规定的格式。

（2）船舶进行下列任何一项货油/压载的作业时,应逐项填写油类记录簿第Ⅱ部分:

①货油的装载。

②航行中货油的内部转驳。

③货油的卸载。

④货油舱和清洁压载舱的压载。

⑤货油舱的清洗（包括原油洗舱）。

⑥压载水的排放,但从专用压载舱排放者除外。

⑦污油水舱的排放。

⑧污油水舱排放作业后,所使用的阀门或类似装置的关闭。

⑨污油水舱排放作业后,关闭清洁压载舱与货油和扫舱管路隔离所需阀门。

⑩残油的处理。

（3）对于150总吨以下的油船,主管机关制定有适合的油类记录簿。

## 2.油类记录簿格式

油类记录簿有统一规定的格式,每当船舶进行下列任何一项作业时,均应详细记入油类记录簿。通常在油类记录簿首页说明之后,是机器处所的作业细目一览表,其具体内容如表2-5所示。

表2-5　记载细目一览表

（A）燃油舱的压载或清洗

　　1.压载燃油舱的编号。

　　2.从上次装油后是否已清洗,如未清洗,说明上次所装的油类。

　　3.清洗过程:

　　　　.1清洗开始和结束的船位和时间;

　　　　.2注明采用哪种方法清洗油舱（用化学品清洗、蒸汽清洗、水涮;使用化学品种类和数量,以 $m^3$ 计）;

　　　　.3注明洗舱水驳入的油舱编号。

　　4.压载:

　　　　.1压载开始和结束时的船位和时间;

　　　　.2压载水的数量（如果油舱未予清洗）。

（B）从（A）项所述燃油舱排放污压载水或洗舱水

　　5.燃油舱的编号。

　　6.开始排放时的船位。

　　7.终止排放时的船位。

　　8.排放期间的船速。

　　9.排放的方法:

　　　　.1通过15ppm设备;

　　　　.2排入接收设备。

　　10.排放的数量。

(C)残油(油泥)的收集和处理

　　11.残油的收集。

　　留存在船上的残油(油泥或其他油渣)的数量。这个数量应每周记录一次(编者注:仅指在防止油污证书附录格式 A 和格式 B 中第3.1项所列的油舱),系指这个数量必须每周记录一次,无论该航次持续时间是否超过一周。

　　　　.1 注明油舱的编号;

　　　　.2 油舱的舱容以 m³ 计;

　　　　.3 留存残油的总量以 m³ 计;

　　　　.4 通过人工方式收集残油的数量以 m³ 计。

　　12.残油的处理方法。

　　　　.1 排入接收设备(注明港口)①;

　　　　.2 驳入另一(或其他)油舱(注明油舱编号及油舱总容量);

　　　　.3 已焚烧(注明焚烧作业的全部时间);

　　　　.4 其他方法(具体说明)。

(D)机器处所积存的舱底水非自动方式排出舷外或其他方法处理

　　13.排放或处理的数量,以 m³ 计。

　　14.排放或处理的时间(开始和结束)。

　　15.排放或处理的方法:

　　　　.1 通过 15ppm 设备(说明开始和结束时的船位);

　　　　.2 排入接收设备(注明港口);

　　　　.3 驳入污油水舱或储存柜(编者注:指在防止油污证书附录格式 A 和格式 B 中第3.3项所列的污水舱):注明油舱编号;注明留存在舱柜内的总量,以 m³ 计。

(E)机器处所积存的舱底水自动方式排出舷外或其他方法的处理

　　16.通过 15ppm 设备,将该系统定为自动向舷外排放方式时的时间和船位。

　　17.将该系统定为自动将舱底水输入储存柜(注明柜号)的作业方式时的时间。

　　18.将该系统定为手动作业方式时的时间。

(F)排油监控系统的状况

　　19.系统失效时间。

　　20.系统已修复运转时间。

　　21.故障原因。

(G)意外或其他异常的排油

　　22.发生的时间。

　　23.发生时船舶所在地点或船位。

　　24.油的种类和大概数量。

　　25.排放或溢漏的情况、原因和一般说明。

(H)加装燃油或散装润滑油

　　26.装油:

　　　　.1 加油的地点;

　　　　.2 加油的时间;

　　　　.3 燃油的种类和数量以及油舱的编号(说明加油的数量和油舱的总存量,以 t 计);

　　　　.4 润滑油的种类和数量以及油舱的编号(说明加油的数量和油舱的总存量,以 t 计)。

(I)补充的作业程序和一般说明

---

　　注:①船长应从包括油驳和油槽车在内的接收设备的操作人员处得到一份收据或证明,详细记录驳运的油舱冲洗水、污压载水、残油或含油混合物的数量,连同驳运的时间和日期。该收据或证明,如附于油类记录簿时,可有助于船长证明其船舶未涉及油污染事故。该收据或证明应与油类记录簿一同保存。

（1）填写格式

在油类记录簿的记载细目一览表之后，是每项作业的记载表，格式见表2-6。

表 2-6　油类记录簿填写举例

船名：

船舶编号或呼号：

~~货油/压载的作业（油船）~~ *  /机器处所的作业（所有船舶）

| 日期 | 代号（字母） | 细目（编号） | 作业记录/主管高级船员的签名 |
|---|---|---|---|
| 06-12-2019 | D | 13 | 0.5 m³ 污水来自机舱污水井 |
| | | 14 | 开始：0915　　结束：1020 |
| | | 15.3 | 驳入污水存储舱，总容量 30.05 m³，存 5.8 m³ |
| | | | 轮机长：袁成岗　　06-12-2019 |
| 08-12-2019 | D | 13 | 2.0 m³ 污水来自污水存储舱 |
| | | 14 | 开始：0805　　结束：1135 |
| | | 15.1 | 通过 15ppm 设备处理装置处理出海 |
| | | | 开始船位：东经 121°55.9′北纬 30°48.7′ |
| | | | 结束船位：东经 121°95.7′北纬 30°49.5′ |
| | | | 污水存储舱，总容量 30.05 m³，存 3.8 m³ |
| | | | 轮机长：袁成岗　　08-12-2019 |
| 10-12-2019 | D | 13 | 3.0 m³ 污水来自污水存储舱 |
| | | 14 | 开始：0815　　结束：1045 |
| | | 15.2 | 排入太仓港污水接收设施① |
| | | | 污水存储舱，总容量 30.05 m³，存 0.8 m³ |
| | | | 轮机长：袁成岗　　10-12-2019 |
| 10-12-2019 | H | 26.1 | 太仓港 |
| | | 26.2 | 开始：1300　　结束：1715 |
| | | 26.3 | 200 吨，含硫量 0.5% 的 0# 柴油，分别加入 |
| | | | 1 舱加入 98 t，现存 120 t |
| | | | 2 舱加入 102 t，现存 135 t |
| | | 26.4 | 1 000 L 主机润滑油加入滑油存储舱，总存量 1 500 L |
| | | | 轮机长：袁成岗　　10-12-2019 |

* 不适用者画去。船长签名：_____

①编者注：附港口的残油接收证明。

（2）填写格式和注意事项

①应在油类记录簿指定的页上描绘本船油水舱柜布置图，并填写各油水舱柜的容积（或直接粘贴舱柜布置图复印件），舱柜名称应按照防止油污证书中的格式记录。

②油类记录簿中每页的船名、登记号或呼号应认真填写，不得遗漏；非油船，应将每页之首的货油/压载作业（油船）的字样画线删除。

③填写油类记录簿第二栏和第三栏应采用记载细目一览表中规定的项号和序号,即除第四栏用文字写明外,其余三栏均应为字母或数字。

④对残油的处理操作,无论是用焚烧炉烧掉或排入接收设备都要详细记录,如排入岸上接收装置的,要向残油接收单位索要"残油接受证明"。

⑤油类记录簿应逐行、逐页使用,不得留有空白间隔;所要求的记载细节,应按年、月、印顺序记入空栏内,日期应以"日-月-年"格式记录,例如,06-12-2019;所有操作应按在船执行的时间顺序记录。

⑥如果已在油类记录簿中错误记录,应立即通过在错误文字中间画单横线方式删除,使错误记录仍然清晰可见。错误记录应签名并注明日期,下面附新的修正记录。

⑦一旦遗漏了以前的操作项目,补记时按表2-7格式进行。

表2-7　遗漏项目的补记

| 日期 | 代号(字母) | 细目(编号) | 作业记录/主管高级船员的签名 |
|---|---|---|---|
| 日-月-年(1) | I | | 前期遗漏操作记录补充记录 |
| 日-月-年(2) | D | 13 | 0.5 $m^3$ 污水来自机舱污水井 |
| | | 14 | 开始:0915　　结束:1020 |
| | | 15.3 | 驳入污水存储舱,总容量30.05 $m^3$,存5.8 $m^3$ |
| | | | 签名(1)(主管高级船员,姓名和职务)日-月-年 |
| | | | 签名(2)(主管高级船员,姓名和职务)日-月-年 |

说明:日期(1)应为以前的实际操作日期,日期(2)应为当前时间即补记日期,签名(1)补记者签署,签名(2)漏记者签署。

⑧所有项目由高级船员或与操作有关的主管高级船员填写和签字,每一页记录完毕应速交船长审阅、签字。

### 3. 法律效力

油类记录簿是船上重要的、享有法律效力的船舶防污文书。船舶进行含油污水操作应及时将每项作业详细地记入油类记录簿的第I部分或第II部分。船舶事故造成任何油类和油性混合物的排放,无论是有意的还是意外的,均应记入油类记录簿,并说明排放情况和理由。每项记录应由该项作业的操作负责人签字,每记完一页由船长签字。记完最后一页应留船保存3年。

国家海事主管部门可在其港口或附近装卸站对规定的任何船舶检查油类记录簿,并可将该记录簿中的任何记录制成副本,要求船长证明该副本是该项记录的正确副本。这样制成的副本,经船长证明为船上油类记录簿中某项记录的正确副本者,可在任何法律诉讼中作为该项记录中所述事实的证据。

### (五)船舶油污染事故等级标准(JT/T458-2001)

"船舶油污染事故等级标准"规定了船舶油污染事故等级的划分,作为各交通运输部门管理和统计船舶油污染事故的评定依据。标准适用于由油船和非油船所造成的水域油污染事故,但不适用于由各种原因引起的海损事故所造成的油污染事故。

船舶油污染事故以入水量和经济损失两项指标称量,其等级划分如表2-8所示。如油污染事故入水量和经济损失在表中同属一个事故等级时,即按所属事故等级划分;如油污染事故入水量和经济损失在表中不属同一事故等级时,应按所属事故等级中较大的一级为评定依据。

表 2-8　船舶油污染事故等级划分表

| 事故等级 | 油船 | 油船和非油船 | |
|---|---|---|---|
| | 货油 | 船用油 | 油性混合物 |
| 重大事故 | 入水量>10 t<br>经济损失>30 万元 | 入水量>1 t<br>经济损失>10 万元 | |
| 大事故 | 5 t<入水量≤10 t<br>10 万元<经济损失≤30 万元 | 0.1 t<入水量≤1 t<br>5 万元<经济损失≤10 万元 | 经济损失>5 万元 |
| 一般事故 | 0.5 t<入水量≤5 t<br>3 万元<经济损失≤10 万元 | 0.01 t<入水量≤0.1 t<br>2 万元<经济损失≤5 万元 | 2 万元<经济损失≤5 万元 |
| 小事故 | 入水量≤0.5 t<br>经济损失≤3 万元 | 入水量≤0.01 t<br>经济损失≤2 万元 | 经济损失≤2 万元 |

### (六)内河船舶防止油污证书

有关证书样本,如图 2-21 所示。

图 2-21　内河船舶防止油污证书(样本)

## 四、内河船舶生活污水、船舶垃圾的日常处理方法

### (一)内河船舶生活污水日常处理方法

船舶生活污水,指任何型式的厕所以及厕所排水口的排出物和其他废物;医务室的面盆、洗澡盆和这些处所排水孔的排出物;装有活的动物处所的排出物;或者混有上述排出物的其他废水。

#### 1.生活污水排放规定

为防止船舶生活污水污染水域,船舶应符合下列要求之一:

(1)配备生活污水贮存舱(柜),该贮存舱(柜)应有足够的容积以贮存船舶产生的生活污水,并应将生活污水排往接收设施。

（2）配备生活污水处理装置,该装置对船舶产生的生活污水进行预处理或最终处理,最终处理达到排放标准后,方可排往水域。配套装设生活污水储存舱柜,其舱柜应具有足够容积以储存船舶停泊期间或在禁止排放生活污水水域航行期间产生的生活污水。

（3）装设打包收集设施(免冲),将船舶产生的生活污水打包收集,打包后的生活污水应送到接收设施。

经过处理的船舶生活污水的排放应避开取水源;经过处理的船舶生活污水的排放应进行控制,不应顷刻排放;排放应在船舶航行中进行;航行于京杭运河、漓江等要求生活污水零排放水域的船舶,生活污水排放控制措施应符合(1)或(3)的要求。

**2. 生活污水排放控制要求**

自 2018 年 7 月 1 日起,400 总吨及以上的船舶,以及 400 总吨以下且经核定许可载运 15人及以上的船舶,在不同水域船舶生活污水的排放控制应按以下要求执行。

（1）内河船舶生活污水应采用下列方式之一进行处理,不得直接排入环境水体:

①利用船载收集装置收集,排入接收设施。

②利用船载生活污水处理装置处理,达到要求后在航行中排放。

根据船舶类别和安装(含更换)生活污水处理装置的时间,利用船载生活污水处理装置处理的船舶生活污水分别执行相应的污染物排放限值:

在 2012 年 1 月 1 日以前安装(含更换)生活污水处理装置的船舶,向环境水体排放生活污水,其污染物排放限值按表 2-9 规定执行。

表 2-9　船舶生活污水污染物排放限值(一)

| 序号 | 污染物项目 | 限值 | 污染物排放监控位置 |
|---|---|---|---|
| 1 | 五日生化需氧量($BOD_5$)($mg/L$) | 50 | |
| 2 | 悬浮物($SS$)($mg/L$) | 150 | 生活污水处理装置出水口 |
| 3 | 耐热大肠菌群数(个/$L$) | 2 500 | |

在 2012 年 1 月 1 日以后安装(含更换)生活污水处理装置的船舶,向环境水体排放生活污水,其污染物排放控制按表 2-10 规定执行,应执行第(3)点排放控制要求的船舶除外。

表 2-10　船舶生活污水污染物排放限值(二)

| 序号 | 污染物项目 | 限值 | 污染物排放监控位置 |
|---|---|---|---|
| 1 | 五日生化需氧量($BOD_5$)($mg/L$) | 25 | |
| 2 | 悬浮物($SS$)($mg/L$) | 35 | |
| 3 | 耐热大肠菌群数(个/$L$) | 1 000 | 生活污水处理装置出水口 |
| 4 | 化学需氧量($COD_{Cr}$)($mg/L$) | 125 | |
| 5 | pH 值(无量纲) | 6~8.5 | |
| 6 | 总氯(总余氯)($mg/L$) | < 0.5 | |

③在 2021 年 1 月 1 日及以后安装(含更换)生活污水处理装置的客运船舶,向内河排放生活污水,其污染物排放控制按表 2-11 规定执行。

表 2-11　船舶活污水污染物排放限值(三)

| 序号 | 污染物项目 | 限值 | 污染物排放监控位置 |
|---|---|---|---|
| 1 | 五日生化需氧量(BOD$_5$)(mg/L) | 20 | 生活污水处理装置出水口 |
| 2 | 悬浮物(SS)(mg/L) | 20 | |
| 3 | 耐热大肠菌群数(个/L) | 1 000 | |
| 4 | 化学需氧量(COD$_{Cr}$)(mg/L) | 60 | |
| 5 | pH 值(无量纲) | 6~8.5 | |
| 6 | 总氯(总余氯)(mg/L) | < 0.5 | |
| 7 | 总氮(mg/L) | 20 | |
| 8 | 氨氮(mg/L) | 15 | |
| 9 | 总磷(mg/L) | 1.0 | |

在饮用水水源保护区内,不得排放生活污水,并按规定对控制措施进行记录。

(2)生活污水标准排放接头

为了使接收设备的管子能与船上生活污水的排放管路相连接,在这两组管路上应配有如图 2-22 所示的标准排放接头,标准排放接头应能快速方便与接收设施相连。

①标准接头的法兰应能接收最大内径不大于 100 mm 的管子。

②标准接头应能承受 0.6 MPa 的压力。

③法兰螺栓为 4×$\Phi$16 mm。

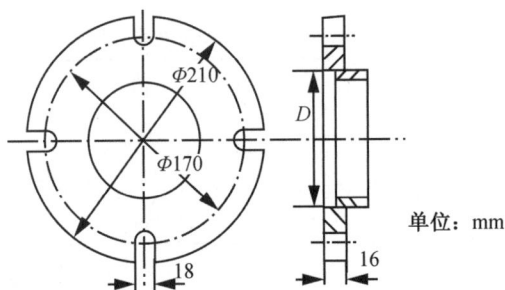

图 2-22　生活污水标准排放接头

### (二)船舶垃圾日常处理方法

船舶垃圾指船舶在日常活动中产生的生活废弃物、垫舱和扫舱物料,以及船上其他固体废物等。

#### 1.垃圾排放控制

内河禁止倾倒船舶垃圾。所有船舶垃圾应储存在垃圾收集装置中,定期由船/岸有关部门予以接收。

#### 2.垃圾处理要求

(1)内河船舶应当配备有盖、不渗漏、不外溢的垃圾储存容器,或者实行袋装,以满足航行过程存储船舶垃圾的需要。

(2)船舶垃圾在船舶离港前应尽可能排放到港口接收设施或由垃圾接收单位接收处理,

以减少船上垃圾的存量。

（3）进行垃圾处理作业时按要求如实填写船舶垃圾记录簿。

（4）全体船员应尽量少携带容易产生垃圾的物品上船。

（5）船舶及其成员应尽量选用可重复使用的包装和容器,进行物品的包装或储存,以减少垃圾的产生量,尽可能选用可重复使用的盖布、垫板、衬板和填充材料。

### 3. 告示牌、垃圾记录簿和垃圾管理计划

（1）垃圾告示牌

凡船长为 12 m 及以上的所有船舶,应设置告示牌以便船员及乘客知道关于船舶垃圾处理的规定,告示牌的规格、内容及安装位置应符合海事机构的有关规定,如图 2-23 所示。

---

**垃圾告示牌**

1. 禁止向内河水域排放船舶垃圾,船舶垃圾必须排放到港口接收设施或者由垃圾接收单位接收处理。

2. 本船配备的垃圾收集容器分为三类,其标识及功能分别为:

食品类船舶垃圾:用于收集食品废弃物。

塑料类船舶垃圾:用于收集塑料和混有塑料制品的垃圾。

其他船舶垃圾:用于收集其他垃圾。

船舶上所产生的垃圾(包括旅客登船期间产生的垃圾)均应按照上述原则分类,并分别存储在相应的储存容器中。

3. 来自疫区船舶的船舶垃圾应当经检疫部门检疫合格后,方可进行接收和处理。

4. 对带有病菌的食品废弃物及其用品有毒有害垃圾,应与其他垃圾分开,储存在专用容器中妥善保存,有条件的要先进行消毒。到港后按照有关规定送往港口接收设施处理。

5. 违反规定处理船舶垃圾的,海事管理机构将依据有关法律、法规,视情节不同将处 3 000 元以上 20 万元以下罚款。

注:垃圾分类按当地政府颁布垃圾分类最新要求调整。

---

**图 2-23　垃圾告示牌**

（2）对于 100 总吨及以上的所有船舶,以及核准载运船上人员 15 人及以上的船舶,应备有一份经海事机构签注的垃圾记录簿,以记录每次排放作业情况。

垃圾记录簿(样本)如图 2-24 所示。

---

**垃　圾　记　录　簿**

**（内河船舶适用）**

船名:

船舶登记号:

船籍港:

使用期自:　　　　　至:

签注机关(印章)

年　　月　　日

---

**图 2-24　垃圾记录簿(样本)**

（3）垃圾管理计划

对于 100 总吨及以上的所有船舶，以及核准载运船上人员 15 人及以上的船舶，应备有一份垃圾管理计划，该计划应对垃圾收集、储存、处理提供书面程序，且应指定负责执行该计划的人员。

船舶垃圾管理计划（样本），可参考图 2-25 制订。

---

船舶垃圾管理计划（内河船舶适用）


船　　名：⋯⋯⋯⋯⋯⋯⋯⋯⋯⋯


船 籍 港：⋯⋯⋯⋯⋯⋯⋯⋯


（封面）

---

前　言

1. 本计划根据《中华人民共和国水污染防治法》《中华人民共和国海洋环境保护法》《防治船舶污染海洋环境管理条例》《中华人民共和国防治船舶污染内河水域环境管理规定》《船舶水污染物排放控制标准》及其他有关法律、法规编写。

2. 本计划的目的旨在指导船员正确管理和处置船舶垃圾，防止船舶垃圾污染水域，保护水域环境。

3. 本船全体船员应严格按本计划的要求，认真管理和处置船舶垃圾，防止船舶垃圾污染水域。

4. 本计划供本船船员在船上使用。

第 1 页

---

船　舶　概　况

| 船舶种类 | |
|---|---|
| 船舶识别号 | |
| 船体材料 | |
| 建造厂 | |
| 建造年用 | |
| 总长 | |
| 型宽 | |
| 型深 | |

| 总吨 | |
|---|---|
| 航速 | |
| 定员 | |
| 核定航区 | |
| 乘客定额 | |
| 所有人 | |
| 经营人 | |

第 2 页

目　　录

第 3 页

**图 2-25　船舶垃圾管理计划（样本）**

## （三）垃圾管理计划具体内容

垃圾管理计划各章内容参照以下原则编制。

### 1. 管理要求

（1）船上设置的符合格式要求的垃圾告示牌，应张贴在明显的位置。

（2）垃圾管理计划应被船员所了解和熟悉。

（3）垃圾记录簿的记录要求：

①每次排放操作，均要记录在垃圾记录簿上并签字，每页用完后，需要船长签字。

②每次排放至港口接收设施或接收船舶，须在垃圾记录簿中填写垃圾接收日期、时间，港口接收设施或接收船舶的名称、垃圾的分类、每类垃圾的估算量（以 m³ 计）。

③垃圾记录簿应作为文件存放在船上便于检查所需，并从最后一则记录日期起在船上保存两年。

④垃圾因意外或其他异常情况排放或落失水域时，应在垃圾记录簿中记录该排放或落失水域时的日期、时间、港口或船位（经纬度和水深）、原因、种类和估算量，以及为防止和尽量减少该排放或意外落失业已采取的合理措施和大致说明。

### 2.《船舶垃圾管理计划》实施人员及职责

（1）总负责人

船舶垃圾管理计划总负责人是本船船长（或履行船长职责的人员），职责为：

①负责垃圾管理计划在船上的全面贯彻实施；

②指定实施《船舶垃圾管理计划》的具体负责人员；

③负责组织全体船员进行有关船舶垃圾管理和处置的培训、教育工作；

④船舶发生垃圾污染事故时，组织船员进行应急处理并及时报告主管机关。

（2）具体实施负责人

具体实施负责人由总负责人指定，职责为：

①负责指定船舶垃圾管理与处置人员，并监督其工作的执行情况；

②负责组织船舶垃圾管理人员具体实施本船垃圾管理计划；

③负责本船垃圾管理人员的垃圾管理培训、训练、演习等工作；

④船舶发生垃圾污染事故时，作为现场指挥，组织进行应急处理工作；

⑤负责联系船舶垃圾的陆上接收处理事宜；

⑥负责船舶垃圾记录簿的记录和保管；

⑦负责对船员、旅客进行防止船舶垃圾污染水域的宣传工作。

（3）垃圾管理与处置人员

垃圾管理与处置人员由具体实施负责人指定，职责为：

①负责日常垃圾收集、处理工作；

②负责分类、收集处理垃圾；

③保持垃圾收集容器、垃圾储存点的卫生，防止发生污染，或产生腐烂、恶臭气味；

④负责所分管的垃圾管理与处置设备的维修与保养，使其处于良好技术状态，并严格按照垃圾管理程序进行操作；

⑤船舶发生垃圾污染事故时，按现场指挥的指令参加应急处理工作。

### 3. 船舶垃圾分类及说明

船舶垃圾分类，应按当地政府颁布垃圾分类最新要求进行布置与安排，并加以说明。

### 4. 船舶垃圾管理与处置的原则

参考本条（二）船舶垃圾日常处理方法编制。

### 5. 船舶垃圾的收集和处置

（1）本船在＿＿＿＿＿＿＿＿＿＿等处按规定设置垃圾告示牌。

（2）本船配备垃圾收集容器＿＿＿＿＿＿＿＿＿只，分别放在＿＿＿＿＿＿＿＿＿等处所。

（3）本船配备的垃圾收集容器分为三类，其标识及功能分别为：

食品类船舶垃圾：用于收集食品废弃物。

塑料类船舶垃圾：用于收集塑料和混有塑料制品的垃圾。

其他船舶垃圾：用于收集其他垃圾。

一般为：红色存放塑料垃圾、蓝色存放食品垃圾、绿色存放生活垃圾、黑色存放油类垃圾、黄色存放化学品类垃圾。

（4）船舶上所产生的垃圾均应按照上述原则分类，并分别存储在相应的储存容器中。

（5）船舶将含有有毒有害物质或者其他危险成分的垃圾排入港口接收设施或者委托船舶污染物接收单位接收的，应当提前向对方提供此类垃圾所含物质的名称、性质和数量等信息。

（6）船舶到港前，船舶垃圾管理计划实施负责人做好垃圾接收计划，到港后及时将垃圾排放到港口接收设施或交付船舶垃圾接收单位处理。

（7）船舶垃圾交付垃圾接收单位的，垃圾管理计划实施负责人应向接收方索要接收处理凭证，并在船舶垃圾记录簿上做好记录。

**6. 发生垃圾污染事故时的应急反应**

（1）当发生垃圾污染事故时，应及时向就近的海事主管机关报告。

（2）报告的主要内容有以下几项：船名、船籍港、船舶位置、污染发生的时间、污染状况（垃圾种类及估计数量）、污染的原因和已经采取的应急措施以及拟采取的措施。

（3）船舶《垃圾管理计划》具体实施负责人应立即组织有关人员进行应急反应行动。采取措施防止污染范围的扩大，并尽可能及时对入水的垃圾进行打捞。

（4）对于带有病菌的食品废弃物及其用具、有毒有害垃圾造成的污染，应按照垃圾种类采取防止污染扩大的措施，避免污染事故对人类及其他生物造成危害。

**7. 培训、教育与演习**

（1）船上定期组织全体船员学习《船舶垃圾管理计划》有关内容及国家关于船舶垃圾管理的法律、法规，教育全体船员严格贯彻落实国家的法律、法规，按《船舶垃圾管理计划》要求管理和处置船舶垃圾。

（2）首次到达一个新的港口时，《船舶垃圾管理计划》实施总负责人应及时组织向全体船员宣传港口对垃圾管理的规定和特殊要求等。

（3）对主管垃圾处理设备的船员，须先经培训后再上岗工作。对新到岗的船员应及时进行船舶垃圾管理的教育。

（4）船上定期组织船舶垃圾污染水域应急处置演习。

**8. 附录**

附录1　本船垃圾管理计划实施人员名单

| 《船舶垃圾管理计划》实施总负责人<br><br>　　姓名：＿＿＿＿＿＿＿＿＿＿　　职务：＿＿＿＿＿＿＿＿＿＿ |
|---|
| 《船舶垃圾管理计划》具体实施负责人<br><br>　　姓名：＿＿＿＿＿＿＿＿＿＿　　职务：＿＿＿＿＿＿＿＿＿＿ |
| 垃圾管理与处置人员<br><br>　　姓名：＿＿＿＿＿＿＿＿＿＿　　职务：＿＿＿＿＿＿＿＿＿＿<br><br>　　姓名：＿＿＿＿＿＿＿＿＿＿　　职务：＿＿＿＿＿＿＿＿＿＿<br><br>　　姓名：＿＿＿＿＿＿＿＿＿＿　　职务：＿＿＿＿＿＿＿＿＿＿ |

**附录 2　内河水域各有关港口船舶垃圾接收单位及联系名录**

| 单位名称 | 地　址 | 联系电话 | 联系人 |
|---|---|---|---|
| | | | |
| | | | |
| | | | |

**附录 3　内河海事管理机构联系名录**

| 机构名称 | 地　址 | 联系电话 |
|---|---|---|
| | | |
| | | |
| | | |

**附录 4　内河船舶防止垃圾污染证书样本**

样本

格式 ZLJ

中华人民共和国

内河船舶防止垃圾污染证书

船名　　船舶识别号　　船检登记号

| | | | |
|---|---|---|---|
| 活动式垃圾收集容器数量 | 3 | 活动式垃圾收集容器总容积（m3） | 0.40 |
| 固定式垃圾收集容器数量 | — | 固定式垃圾收集容器总容积（m3） | — |
| 垃圾压制装置型式 | — | | |

一、根据　年　《内河船舶法定检验技术规则》，于　在　港，对本船进行检验，查明本船的防止垃圾污染的结构和设备符合上述规范的有关规定。

二、本证书有效期至　2020年04月10日　止

三、记事：

—

发证单位：中国船级社　办事处　　主任验船师：

检验编号：　2　发证日期：2018年11月16日　发证地点：

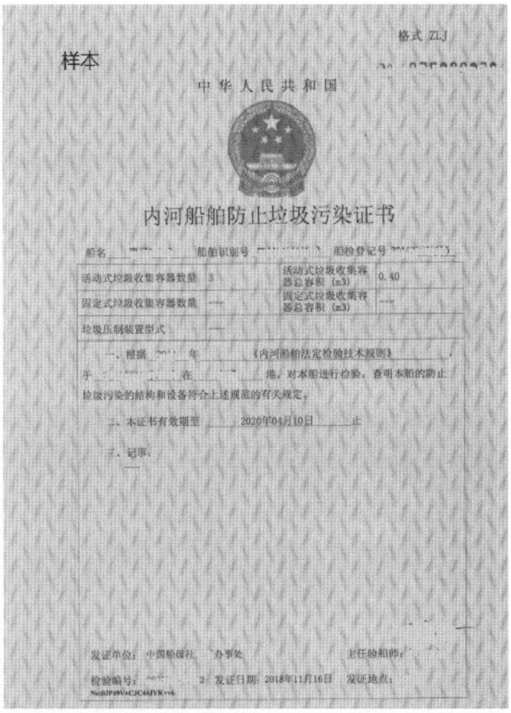

## 五、内河船舶噪声和排烟污染控制

### （一）噪声污染

凡是干扰人们正常休息、学习和工作的干扰声音统称为噪声。噪声不但会干扰人们的正常生活和工作，严重的甚至会对听力造成损伤、诱发多种疾病。

#### 1. 噪声控制方式

噪声主要控制方式为对噪声源、噪声的传播路径及接收者三者进行隔离或防护。

（1）吸收或阻断噪声源

将噪声的能量做阻绝或吸收。例如给产生噪声源的发动机加装防振弹簧或橡胶，吸收振动，或者包覆整个发动机隔离噪声。

（2）阻断传播路径

传播路径一般都是使用隔音墙阻绝噪声的传播。

（3）对接受者防护

接收者一般采用隔音窗或戴耳塞、耳罩或头盔等护耳器加强防护。

### 2. 内河船舶防治噪声污染

例如，航行于京杭运河的船舶防噪声污染应满足以下要求：

（1）应采取适当措施降低船舶航行时发出的噪声，特别是发动机的进、排气噪声。

（2）船舶穿越人口稠密地区的水域时，船舶发出的噪声的声压级在距船侧横向距离 25 m 处应不超过 70 dB(A)。

（3）机舱内噪声不得大于 105 dB(A)，船员进入机舱应采取保护措施，机舱入口处应设置明显的告示牌"进入高噪声区，必须戴耳保护器"。

例如，航行于漓江的各类游览船的乘客休息室内任意一点的噪声不应超过表 2-12 的要求：

表 2-12　游览船乘客休息室内噪声标准（最大值）

| 游览船类别 | 船长大于或等于 20 m，逆水航行时间为 4 h 及以上 | 船长小于 20 m，逆水航行时间为 4 h 及以上 | 船长大于或等于 20 m，逆水航行时间为 4 h 以下 | 船长小于 20 m，逆水航行时间为 4 h 以下的船舶（含"两江四湖"航行船舶） |
|---|---|---|---|---|
| 休息室噪声 dB(A) | 70 | 72 | 74 | 76 |

注："两江四湖"中的"两江"，指漓江的市区段和桃花江的市区段；"四湖"，指市中心的杉湖、榕湖、桂湖、木龙湖。

### 3. 相关法律及规定

（1）《中华人民共和国环境噪声污染防治法》。

（2）《船舶噪声控制设计规程》（JT/T 781—2010）。

### （二）船舶大气污染

由于现代工业不断发展，对大气的污染日益严重，使人类的生存环境日趋恶化。排气污染物对大气环境的影响主要表现在烟雾、酸雨、臭氧层减薄、温室效应方面。随着人类环境意识的增强，各种环保法规陆续出台，对各种有害排放形成了有效控制。

### 1. 柴油机有害排放物造成的主要危害

（1）氮氧化物（$NO_x$）

氮氧化物通常用 $NO_x$ 表示。柴油机排气中的氮氧化物绝大部分（90%以上）是 NO，少量是 $NO_2$。NO 是无色气体，本身毒性不大，通过光化学反应会破坏大气臭氧层，并且在大气中会缓慢氧化成 $NO_2$。$NO_2$ 是一种棕色的刺激性气体，其浓度为 100~120ppm 时，会也现很强的毒性，如破坏人体的黏膜、引起肺癌、导致人体组织缺氧乃至窒息；若浓度达到 200ppm，会立刻致人死亡。

（2）碳氢化合物（HC）

HC 包括未燃和未完全燃烧的燃油、润滑油以及其裂解和部分氧化产物,如烷烃、烯烃、芳香烃、醛、酮、酸等数百种成分。烷烃基本上无味,对人体健康不产生直接影响;烯烃略带甜味,有麻醉作用,对黏膜有刺激作用;烯烃是与氮氧化物一起在太阳光的紫外线作用下形成有毒的光化学烟雾的罪魁祸首之一;芳香烃对血液和神经系统有害,特别是多环芳香烃（PAH）及其衍生物有致癌作用;醛类是刺激性物质,对眼、呼吸道、血液有毒害。

（3）颗粒（PM）

颗粒的主要组分是碳、凝结的碳氢化合物、硫酸盐和缔合水。柴油机排出的颗粒大多小于 $0.3~\mu m$ ,人在呼吸时,可被吸入肺部,并在肺里滑动,会造成肺组织的伤害。另外,颗粒碳核在吸附的其他有毒物质被吸入人体,也会对人体造成损害。

（4）一氧化碳（CO）

CO 是无色、无味的有毒气体。CO 与血红蛋白的亲和力大约是氧气的 200 倍,吸入人体后能与血红蛋白结合成碳氧血红蛋白,导致人体组织缺氧,发生恶心、头晕等,严重时窒息死亡。在柴油机的排气中 CO 含量较少,只在高负荷运转时排放量较高。

（5）硫氧化物（$SO_x$）

$SO_x$ 是燃油中的硫分在燃烧中的产物,主要包括 $SO_2$ 和 $SO_3$。排气中 $SO_x$ 与燃油中的含硫量有关,如果燃油中的含硫量为 3.0%,燃烧每吨燃油大约可以产生 63.6 kg 的 $SO_x$。$SO_2$ 具有刺激性,与水结合后生成亚硫酸,直接危害人的眼鼻和喉黏膜,引起呼吸器官炎症。另外,$SO_2$ 进一步氧化的产物 $SO_3$ 与水分作用形成硫酸,$SO_x$ 排入大气形成的酸雨对土壤和植物有害。

**2. 船舶大气污染控制措施**

2018 年 11 月 30 日,交通运输部出台《船舶大气污染物排放控制区实施方案》（以下简称《实施方案》）,于 2019 年 1 月 1 日实施,对内河船舶而言,该方案要点如下:

1）设置内河排放控制区范围

内河排放控制区范围为长江干线（云南水富至江苏浏河口）、西江干线（广西南宁至广东肇庆）的通航水域,起止点位坐标见表 2-13。

表 2-13  内河排放控制区起止点坐标

| 内河控制点 | 边界名称 | 地名 | 点位详细描述 | 点位序号 | 经度 | 纬度 |
|---|---|---|---|---|---|---|
| 长江干线 | 起点 | 云南水富 | 向家坝大桥 | B1 | 104°24′30.60″ | 28°38′22.38″ |
| | | | | B2 | 104°24′35.94″ | 28°38′27.84″ |
| | 终点 | 江苏浏河口 | 浏河口下游的浏黑屋与崇明岛施翘河下游的施信杆的连线 | B3 | 121°18′54.00″ | 31°30′52.00″ |
| | | | | B4 | 121°22′30.00″ | 31°37′34.00″ |
| 西江干线 | 起点 | 广西南宁 | 南宁民生码头 | B5 | 108°18′19.77″ | 22°48′48.60″ |
| | | | | B6 | 108°18′26.72″ | 22°48′39.76″ |
| | 终点 | 广东肇庆 | 西江千流金利下铁线角与五顶岗涌口上咀连线 | B7 | 112°48′30.00″ | 23°08′45.00″ |
| | | | | B8 | 112°47′19.00″ | 23°08′01.00″ |

2)对内河柴油机进行了分类

柴油机指以液体或双燃料运行的任何船用往复式内燃机,包括增压/复合系统(如适用)。在2019年1月1日或以后建造的船舶上安装的气体燃料发动机或在该日期或以后安装的新增气体燃料发动机或非完全相同替代的气体燃料发动机也视为船用柴油机。

第1类柴油机——指额定功率大于或等于37 kW并且单缸排量小于5 L的船用柴油机。

第2类柴油机——指单缸排量大于或等于5 L且小于30 L的船用柴油机。

第3类柴油机——指单缸排量大于或等于30 L的船用柴油机。

柴油机大修——指对船用柴油机或船用柴油机的一部分进行拆卸、检查和/或零部件替换,重新组装船用柴油机或船用柴油机系统,提高船机的寿命。

3)控制要求采用分阶段进行

大型内河船舶和江海直达船舶用油应按照2018年年底修订的《船用燃料油》标准执行,其他内河船舶应使用符合国家标准的柴油的要求。

要求2020年1月1日起进入内河排放控制区的海船应使用硫含量不大于0.1%m/m的船用燃料油(见表2-14)。

表2-14　内河船舶硫氧化物排放控制时间表

| 船舶类型 | 燃油硫含量≤(%m/m) | 内河控制区 |
| --- | --- | --- |
| 大型内河船 | 使用符合新修订的船用燃料油国标要求的燃油 | 2019.1.1起 |
| 其他内河船 | 符合GB252标准规定的普通柴油 | 2019.1.1起 |

新改建船舶要执行《国际防止船舶造成污染公约》第三阶段氮氧化物排放限值要求。

4)对船舶靠港使用岸电的要求

2019年1月1日及以后建造的中国籍公务船、内河船舶(液货船除外)和特定航线江海直达船舶,应具备船舶岸电系统船载装置。2020年1月1日及以后建造的一定类型和尺度的中国籍沿海航行船舶应具备船舶岸电系统船载装置。自2019年7月1日起,要求具备船舶岸电系统船载装置的船舶在沿海控制区内具备岸电供应能力的码头泊位停泊超过3小时,或者在内河控制区内具备岸电供应能力的码头泊位停泊超过2小时,且不使用其他等效措施的,应强制使用岸电。

对于已具备船舶岸电系统船载装置的现有船舶(液货船除外),《实施方案》提出了强制使用岸电的要求。对于不具备船舶岸电系统船载装置的现有船舶,《实施方案》采用了选择性追溯的方式,即现有船舶必须满足船舶发动机氮氧化物控制要求或者具备船舶岸电系统船载装置,要求自2022年1月1日起,船上最大单台发动机输出功率大于130 kW,且不满足《国际防止船舶造成污染公约》第二阶段氮氧化物排放限值要求的一定类型和尺度的中国籍船舶,应具备船舶岸电系统船载装置,并按照有关规定使用岸电。

5)排放控制

(1)柴油机排气污染物

新建船舶上第1类和第2类柴油机,其排气污染物中的一氧化碳(CO)、碳氢化合物(HC)、氮氧化物(NO$_x$)和颗粒物(PM)的总加权排放量,应不超出表2-15规定的限值。

表 2-15　船舶柴油机排气污染物第一阶段排放限值

| 发动机类型 | 单缸排量(SV)/(L/缸) | 额定功率(P)/kW | CO/(g/kW·h) | HC+NO$_x$/(g/kW·h) | PM/(g/kW·h) |
|---|---|---|---|---|---|
| 第1类 | SV<0.9 | P≥37 | 5.0 | 7.5 | 0.40 |
| | 0.9≤SV<1.2 | | 5.0 | 7.2 | 0.30 |
| | 1.2≤SV<5 | | 5.0 | 7.2 | 0.20 |
| 第2类 | 5≤SV<15 | | 5.0 | 7.8 | 0.27 |
| | 15≤SV<20 | P<3 300 | 5.0 | 8.7 | 0.50 |
| | | P≥3 300 | 5.0 | 9.8 | 0.50 |
| | 20≤SV<25 | | 5.0 | 9.8 | 0.50 |
| | 25≤SV<30 | | 5.0 | 11.0 | 0.50 |

额定净功率 37 kW 以下的船用柴油机的排放应满足表 2-16 的要求。

表 2-16　船舶柴油机排气污染物排放限值(额定净功率 37 kW 以下)

| 额定功率(P)(kW) | CO(g/kW·h) | HC+NO$_x$(g/kW·h) | PM(g/kW·h) |
|---|---|---|---|
| P<37 | 5.5 | 7.5 | 0.60 |

船舶发动机进行大修、更换船舶发动机或新增安装船舶发动机应满足以下要求。

①当对船舶发动机进行大修时,大修过的发动机排放水平应不低于大修前型式检验的排放水平;

②当船舶更换额定功率在 37 kW 及以上且单缸排量在 30 L 以下的非完全相同的柴油机时,应更换符合本法规当时阶段排放要求的发动机;

③当船舶新增安装发动机时,应安装符合本法规当时阶段排放要求的发动机;

④不适用于船舶装用的应急发动机、安装在救生艇上或只在应急情况下使用的任何设备或装置上的发动机。

(2)硫氧化物(SO$_x$)

船上应使用满足船用燃料油国家标准要求的内河船用燃料油。

船上应备有证明所使用燃料的书面证据供船舶检查人员核查。

**(三)内河船舶防止空气污染证书样本**

内河船舶防止空气污染证书如图 2-26 所示。

**(四)案例分析、责任划分**

**【案例一】北海"5·16""捷安达 2"轮侧翻事故调查**

**1.事故概要**

2014 年 5 月 16 日约 1100 时,北海籍滚装船"捷安达 2"轮载运 29 台车辆在北海涠洲岛西角客货码头卸车时发生侧翻。事故造成 3 人死亡(1 名船员、2 名司机),2 人受伤,20 辆货车随船沉入海里,有少量油污,直接经济损失约 905.7 万元,构成重大水上交通事故。

图2-26 内河船舶防止空气污染证书(样本)

**2. 事故船舶、船员概况**

（1）船舶概况

船　　名:捷安达2　　　　船籍港:广西北海

船舶种类:滚装船　　　　曾用名:永华

总　　吨:2 93　　　　　净　吨:1 452

（2）船员情况

根据船舶最低配员要求,当航行时间不超过8 h时,该船需配备船长1名、大副1名、水手2名、轮机长1名、大管轮1名、机工2名、1名专职或2名兼职GMDSS通用操作员。本航次该船缺1名大管轮、1名专职GMDSS通用操作员,不满足船舶最低配员要求。

**3. 气象情况**

综合分析,对事故当时的气象认定为:多云,东北风2~3级,轻浪,能见度良好。

**4. 事故经过**

"捷安达2"轮于2014年5月16日0116时离开码头开往涠洲岛,船长、大副均未对船舶吃水进行查看。船长及公司管理人员没有按规定事先到海事部门办理船舶出港签证。当时船上有船员为12人,随船司机为21人,随船司机人数超过该轮海上货船适航证书标明的准载车辆押运人员10人的限额,超员达110%。

0833时,船舶抵达涠洲岛西角客货码头附近抛锚。

1045时,该船船头靠上涠洲岛西角客货码头滚装泊位,开始卸车作业。卸车由大副及1名水手指挥,其余水手在车辆舱松开车辆系固尼龙绳,船长在驾驶台。大副现场指挥先卸中间两个车道的车辆,从"捷安达2"轮倾覆前监控录像看,自第七辆货车卸车时开始出现明显的右倾并缓慢横摇。

1059时,当卸下第九辆车时,横倾角进一步加大。此时,船上开始紧急启动中间第二车道的第十台重型自卸货车向左前方移动,试图调整船舶状态,这时船舶开始向左舷横倾,在驶出到船首附近时,车轮发生打滑,车尾出现向左侧摆动现象,随即船舶迅速向左发生倾斜,其他车辆因已松开系固尼龙绳,均向左舷滑移,船舶加速横倾,数秒后,船舶向左侧翻90°坐沉,未能卸上岸的20台车辆随船沉入水中,船舶及车辆均未载有危险品及海洋污染物,大部分船员及汽车驾驶员通过自行脱险获救。

**5. 事故原因分析及责任认定**

1）事故原因分析

（1）直接原因："捷安达2"轮完整稳性丧失

①通过船员笔录得知，船员在调整船舶压载水时，未按照《船舶稳性计算书》进行压载，也未对船舶压载后的完整稳性进行计算，仅将压载水调整到船舶平衡即停止，在满载状态下未将第3#、5#、6#压载水舱压满水，且航行过程中有排放压载水情况，船舶有横倾现象。

②从现场视频看，"捷安达2"轮卸载车辆时，左右重量稍有不均，船舶立即偏向较重的一侧。当船舶横倾角达到一定数值（约15°），引起其他车辆的滑移，车辆移动力矩进一步加大，打破船舶随遇平衡，造成了船舶不可逆转的侧翻。

（2）间接原因：车辆超重

根据资料，钢板与橡胶轮胎之间的静摩擦角约为15°，而在钢板潮湿或钢板与轮胎之间有沙石类物质时，这个角度还将降低，在船舶靠泊卸车时，所有车辆都松开了系固，一旦船舶有横倾，容易使车辆倾侧或滑移，船舶的横倾角将会进一步加大，加上船舶压载不足，丧失了稳性，最终导致船舶侧翻。

管理原因：

①北海市捷安达物流有限公司未履行安全管理主体责任，在"捷安达2"轮开航时未配齐足额适任的船员，船舶出港未办理出港签证，船舶未备有《装载手册》，未编制《系固手册》，未取得燃油污染损害民事责任保险或其他财务保证证书的情况下指令船舶开航，属违规运营。

②北部湾港股份有限公司作为北海港海角作业区滚装码头经营单位，在"捷安达2"轮于2014年5月15日靠泊北海港海角作业区滚装码头时，未向海事部门报告码头靠泊计划。按照港口安全作业规则，存在对滚装码头安全生产管理不到位的情况。

③北海新奥航务有限公司作为涠洲岛西角客运码头经营单位，在"捷安达2"轮于2014年5月16日靠泊涠洲岛西角客货码头时，未向海事部门报告码头靠泊计划。按照港口安全作业规则，存在对滚装码头安全生产管理不到位的情况。

④北海海事局作为海上交通安全监督主管机关，对辖区未正式运营的船舶实施全天候全方位监管的力度不足，未时刻掌握该船船舶动态。

⑤北海市航务管理处未严格履行日常监督检查工作，未对该船管理公司经营资质的有效维持情况进行监督。

⑥北海市港务管理局作为港口行政管理部门，对涠洲岛西角客货码头、北海港海角作业区滚装码头管理松散问题未能及时发现并督促整改；对旅客集中、货物装卸量较大或者特殊用途的码头未能实施有效监督检查。

⑦涠洲岛旅游区管理委员会对船舶载运大宗建筑材料运输上岛没有通报相关部门，监控不到位。

2）事故性质及责任认定

综上所述，本起事故系因船员不熟悉本船稳性情况，操作不当导致稳性丧失并侧翻的单方责任事故。

3）违法事实认定

（1）船舶证书不全。"捷安达2"轮未办理《燃油污染损害民事责任保险或其他财务保证证书》。[《中华人民共和国船舶油污损害民事责任保险实施办法》第十三条第(四)项规定1 000总吨以上载运非油类货物船舶须持有。]

（2）未办理进出港签证。"捷安达2"轮未办理进出港签证,擅自开航。[《中华人民共和国船舶签证管理规则》第五条第(一)项、第(二)项,船舶由港内驶出港外或由港外驶出港内均需办理船舶进出港签证。]

（3）船舶配员不足。按照该轮船舶最低安全配员证书要求,该船缺少1名大管轮、1名专职GMDSS通用操作员。[《中华人民共和国海上交通安全法》第六条、《中华人民共和国船舶最低安全配员规则》第十五条的规定。]

（4）船员不了解该船稳性要求,根本不知道3#、5#、6#压载舱为固定压载舱,投入营运时必须压满,不要盲目开船、压水、排水。

（5）船舶经营人对船舶安全管理不到位。船舶经营人在该船开航时未配齐足额适任的船员,船舶出港未办理出港签证,船舶未取得《燃油污染损害民事责任保险或其他财务保证证书》违规运营;指示船舶逃避海事监管,违规开航;发生事故未及时向主管部门报告;未对船员进行安全操作培训。[《中华人民共和国海上交通安全法》第六条、《中华人民共和国船舶油污损害民事责任保险实施办法》第十三条的规定。]

（来源:DOI:10.16831/j.cnki.issn1673-2278.2019.07.010）

【案例二】上海港提前实施在航船舶排放控制措施后船舶硫含量超标案例

1. 背景

自2015年年底交通运输部印发通知确定三个船舶排放排制区域后,关于船舶使用燃油的硫含量得到了进一步的明确,为了贯彻绿色发展理念,打赢蓝天保卫战,在长三角区域核心港口(包括上海港、宁波舟山港、苏州港、南通港)船舶靠泊停泊期间实施排放控制措施的基础上,上海海事局、上海市地方海事局于8月27日联合发布了《上海海事局、上海市地方海事局关于上海港提前实施在航船舶排放控制措施的通告》,即上海港自2018年10月1日起,较原定方案(自2019年1月1日起,海船进入排放控制区,应使用硫含量不大于0.5%m/m的船用燃油)提前3个月实施在航船舶的排放控制措施,国际航行船舶和国内沿海航行船舶在上海港内行驶及靠岸停泊期间,使用的燃油也应符合硫含量不大于0.5%m/m的标准,内河船舶和江海直达船舶应当使用符合标准的柴油。

然而该措施实施后并未得到全面贯彻,船方、船公司等采取了如继续使用高硫油、加装燃油均为高硫油、不配合检测、靠港前换油等多种手段逃避海事监管,存在侥幸心理和博弈行为,为该措施的推行带来了不便。为有效推进船舶排放控制措施,海事部门在执法过程中配备了燃油含硫量快速检测仪,通过该检测仪可以在两分钟内迅速检测燃油含硫量。2018年11月14日,笔者在海事现场监督检查过程中借助燃油含硫量快速检测仪查获一起沿海船舶在上海港航行期间使用超标含硫量燃油案件,具体如下:

2. 案件分析

2018年11月14日,洋山港海事局执法人员在对辖区某泊位一艘沿海航行船舶进行排放控制检查,在查看轮机日志换油记录时发现,该船于11月13日2205时航行中对主机进行了换油操作(将4#燃料油转换为含硫量较低的轻柴油),2240时锚泊后完车。执法人员对直通主机燃油泵的4#燃料油日用油柜进行取样并检测含硫量,发现该油样含硫量为1.3%,随即对船舶航海日志、洋山 VTS 系统和船讯网三者进行比对和轨迹回放后，发现该船于 11 月 13 日 2205 时已经进入上海港排放控制区，违反了排放控制相关规定。在调查取证过程中，通过查看该船油类记录簿和加油单证，发现该船持有的 4#燃料油油品检测报告含硫量为 0.35%，与现场检测数据有较大差距。执法人员按照检查程序进行油样取样并送专业检查机构检验，经检验后发现该油样实际含硫量为 1.56%，根据检测结果，海事执法人员对该船进行了后续调查。

在后续调查取证和询问责任船员时，该船负责人承认了海事部门送检结果，表示该船加装燃油时未进行硫含量检测，以加油方提供的含硫量数据为依据，不清楚是否超标，已对船上留存的燃油进行送检。

### 3. 原因分析

经现场检查过程及后续调查可得出，导致燃油硫含量检测超标的几个突出原因集中于以下几个方面：

（1）船舶加装燃油不符合标准

众所周知，高硫燃油与低硫燃油价格差距较大，我国船舶用油普遍质量不高，具有加装高质量燃油资质的公司较少，低硫燃油对船舶营运成本的提升会促使一部分船东和船公司用高硫燃油代替低硫燃油，此类以生态效益换经济效益的做法并不可取。

（2）船员未按规定进行燃油转换

船方存在未按规定进行燃油转换，存有于靠港前换好燃油便不会被发现的投机想法，然而经燃油转换记录信息、船位变化、日志数据计算等可得出是否符合排放控制区换油要求，未按照规程操作必有漏洞。随着排放要求逐步提高，硫含量检测设备的发展将愈加多样化，更加适应不同环境，同时也会一步步增加准确性，此类漏洞终会打好"补丁"。

（3）船员对上海港提前实施在航船舶排放控制措施涉及的港区水域范围理解模糊

该范围包括金丝娘桥—金山深漕—大戢山灯塔—长江口灯船—鸡骨礁灯桩—佘山灯塔—崇明北支河口中间点顺崇明北支河中线向东南方向延伸与鸡骨礁和佘山灯塔延长线相交处所连成的主体范围，以及洋山港区和几个锚地。对于偶尔进入上海港的船舶，其船员未主动搜寻最新规定文件，也未被动接受宣传，对排放控制措施涉及的港区水域范围模糊，给换油程序带来了很大影响，此问题也提醒海事部门需进一步强化宣传效果，在现场执法和船员可接触到的信息流通渠道上保障重要信息全面覆盖。

### 4. 建议

对于国内航行海船，尤其是中小型船舶，更易发生燃油硫含量超标问题，在船舶排放控制要求越来越严格的形势下，需要监管部门、船东、燃油供应公司等共同的努力来实现绿色航运的愿景。

（1）关于海事部门

一是进一步加强船舶排放控制监管，对靠港及在航船舶的硫含量检测加大检查频率，以检查高频率减少违法基数，形成震慑效果，且重点监测中小型船舶含硫量数据。二是对于有违法嫌疑的船舶，应全面核实各类数据，以导助航系统、船讯网等明确其航行轨迹和重要时间点，利用船舶回放功能，跟踪进线前后换油情况。三是适当提升处罚力度，建议单独形成一项监督等级的评估项目，在查处到硫含量超标船舶后，将其风险评估等级提高，增加加装低硫油的违法成本。四是加强宣传,尽量减少甚至杜绝船员、船公司对于新法律、法规、规定等文件的不知晓情况,注重现场执法人员讲解和船舶办理港建费时政务中心工作人员宣传,在船员可能接触到的地方设置宣传点,避免因不知晓具体范围而导致未及时换油的可规避行为再次发生。

（2）关于船东、船公司及供油单位

在当前大环境中,污染物排放控制会愈加靠近国际标准,船舶硫含量控制势必越来越严。一是燃料供给单位提供的低硫燃油质量问题对公司信誉影响较大,从减少污染和企业发展方面考虑,需要公司严格把控低硫油品质,且低硫趋势会反向推动船方选择资质更好的燃油供应公司,机遇和挑战并存。二是船东要顺应大趋势的发展,投机取巧、在广泛使用低硫油的局面中做逆行者的做法不可取,蓝天绿色是我们共同的责任。三是对于主动加装低硫油的船舶,也应定期对本船加装燃油进行取样送检,避免发现问题的时间延后,带来更多次生问题。

（3）其他方面

一是市场监管部门对于燃油含硫量的控制再精细,确保市场中低硫油的高质保证,从输出源头把控质量。二是不止现有的硫含量检测仪需要进一步优化,检测设备也应与时俱进,如借鉴欧洲地区丹麦海事部门的管理经验,引进固定式遥感检测设备,再补充移动式的红外感应设备,如无人机携带尾气监测设备等,从多方面监测燃油及排放超标问题。

（来源:DOI:10.16831/j.cnki.issn1673-2278.2019.03.017）

要求:

轮机长:能结合案例进行安全及环保责任分析。

轮机员:①能够解释内河船舶工作安全责任要素;②能够识别船舶防污染证书,并了解船舶防污染的相关法规;③能够正确填写油类记录簿;④能描述生活污水、船舶垃圾处理原则与程序。

## 六、法律、法规意识

所谓法治观念,是指人们对法律的性质、地位、作用等问题的认识和看法,也就是依靠法律管理国家、管理经济和治理社会的观念。法治观念的实质是指法律至上、以法治国的理念、意识与精神。

依法治国是我国治理国家的基本方略。为确保船舶航行、作业、停泊安全,防治船舶污染水域环境,目前已形成相对完善的内河水运法规体系,其内容和要求基本涵盖了港口法规体系、航道法规体系、航运法规体系、船舶法规体系、船员法规体系、水上交通安全管理法规体系和船舶防污染法规体系。这些法规体系对维护船员权益、保障水上交通安全和环境提供了法理和政策依据,也推动了内河水运业的健康快速发展。广大船员不仅在适任培训时加强法律、法规和规章的学习,而且应该自觉地学习以增强法制观念,以便能够清醒地认识到哪些事能够做,哪些事应坚决不做,哪些事能够促进船舶安全,哪些事会危害船舶安全、损害他人和社会的利益。为便于船员学习,表2-3列出了目前与船员相关的法律、法规、规章。

要求:

轮机长、轮机员:①能够简述《内河船舶船员考试发证规则》《船员违法记分办法》的主要内容;②能够正确查阅相关法律法规,并运用相关法律维护自身权益;③能列出涉及内河船员管理的主要法律、法规文件名称。

# 第三章
# 安全值班

## 第一节 ● 保持正常安全值班

为了加强内河船舶船员值班管理,规范船员值班行为,保障内河交通安全,保护内河水域环境,根据《中华人民共和国内河船舶船员值班规则》相关规定,100总吨及以上的内河船舶所有人、船舶经营人、船舶管理人和船长应当编制船舶值班制度,公示在船舶的显著位置,并要求全体船员遵守执行。

### 一、轮机部船员职务及职责

目前,内河二、三类船舶轮机部职务船员按类别分为轮机长和轮机员。按照《中华人民共和国船员条例》等相关规定,轮机部船员应按照工作分工,切实担负起各自岗位职责,严格遵守国家有关法律法规和船舶的各项规章制度以及机电设备操作规程,确保船舶安全,防止船舶造成水域污染。

#### 1. 轮机长职责

(1)轮机长是轮机部的负责人,在船长领导下负责全船机电设备管理、维修和保养工作,保持机电设备处于良好的工作状态。

(2)负责全船各种机电设备的技术管理与安全运转,努力提高机电设备的工作效力,节约能源,减少物料和机件的消耗。

(3)负责对轮机人员进行思想、安全、环保等方面教育,提高轮机人员的技术业务水平和管理能力,指导轮机人员进行正确的操作,检查轮机人员履行职责等方面的情况。

（4）负责编制轮机部值班制度，指导并监督值班人员严格遵守机舱工作制度。

（5）负责编制全船机电设备的保养检修分工明细表以及检修年度、月度计划，组织领导轮机部船员按期、按计划进行维修保养和自修工作，监督自修质量，确保机电设备正常使用。

（6）负责水线以下设备（包括轴系、推进器、海底阀）、水密门、机舱安全消防设备、油污水处理设备的保养、修理工作。

（7）负责编制轮机部设备计划修理申请书、修理单、航次及机损修理单，组织领导轮机部船员做好厂修配合工作和修理质量的监督验收工作。

（8）检查并签署轮机日志和各种记录簿；负责保管各种技术文件、图纸、说明书等，领导进行主辅机主要零部件的拆装测量，研究分析不正常的磨损原因，做好记录。

（9）制订燃润料、物料、工具和机电设备配件的领用计划，督促轮机部船员做好领取、保管、储存和节约使用等工作，编制燃润料、物料、材物料的消耗报表，保管测量器具和专用工具。

（10）船舶进出港、靠离码头或在复杂水道航行时，轮机长应亲临机舱操作或指导；当机电设备发生事故时，应当及时查明原因，立即组织抢修，防止事故进一步扩大，并如实地向有关部门报告，填写事故报告，不得隐瞒或虚报。

（11）当船舶遇到海损事故或其他危急情况时，按照驾驶台命令指挥机舱人员按应变部署进行施救。在接到船长的弃船命令时，应当采取安全措施，组织机舱人员撤离，亲自携带轮机日志、车钟记录簿以及重要技术资料最后离开机舱。

（12）在船长领导下，轮流值航行值班和护船班。轮机员不在船时，应担负起轮机员的工作。

（13）轮机长调离时，要向新任轮机长介绍本船机械、电气设备的性能及特点，将有关资料、图纸、备用机件、工具和油料移交清楚，并在轮机日志上签字。

**2. 轮机员职责**

（1）在轮机长领导下，负责管理主、辅机以及所分管的机电设备，做好日常保养和清洁工作，保证设备正常使用。

（2）认真贯彻执行船舶各项安全生产法律、法规和规章制度，积极参加船上各种应急反应行动。

（3）配合轮机部人员按年度、月度计划及时对机电设备进行养护和自修工作，严格执行操作规程，遵守劳动纪律以及其他规章制度。

（4）协助轮机长编制计划修理申请书、修理单，做好厂修配合工作，负责修理质量的监督验收。

（5）负责轮机部属具、零配件、物料、燃润料领取和保管工作。

（6）填写轮机日志、油类记录簿、《船舶设备日常维护保养记录》等轮机部各种记录簿。

（7）负责燃润料及轮机部常用配件、材物料、工属具的领取和使用、保管工作。

（8）当轮机设备运转不正常时，应迅速采取有效措施，防止事故发生，并及时报告值班驾驶员。发生机损事故时，应迅速判断，正确处理，详细检查受损部位，全力抢修，并及时向轮机长及有关部门汇报。

（9）在轮机长领导下，轮流值航行值班和护船班。轮机长不在船时，应履行轮机长的职责。

## 二、轮机值班安排和相关要求

轮机长负责轮机部船员值班安排,并明确值班船员的具体职责及要求。

(1)值班安排应当符合保证船舶、货物、人员安全及保护水域环境的要求,考虑值班船员资格和经验,根据情况合理安排值班船员,并保证值班船员得到充分休息,防止疲劳值班。

未满 500 kW 内河货船,轮机值班每班至少 1 名值班船员。

未满 500 kW 内河客、渡船,轮机值班每班至少 1 名轮机长或者轮机员。

(2)参与轮机值班的所有船员应当熟悉被指派的值班职责,并掌握本船内部通信系统、机舱逃生通道、机舱报警系统、机舱的消防设备和破损控制装置的数量、位置、种类和使用方法,以及应当遵守的各种安全预防措施。

(3)值班船员不得擅离岗位,不得从事与值班无关的事项,应当按规定记载轮机日志等法定文书。轮机长应当按规定进行审核并签名。

(4)值班船员应当按照要求记录值班期间发生的重要事项,对值班安全产生怀疑时,应当立即告知船长、轮机长和负责值班的高级船员。

(5)船舶航行和作业期间,若进行临水作业时,应当规范穿着救生衣。

(6)值班船员在值班前 4 小时内及值班期间禁止饮酒,且值班期间血液中的酒精浓度不得超过 0.05% 或者呼吸中酒精浓度不高于 0.25 mg/L。严禁值班船员服用可能导致不能安全值班的药物。严禁船员有吸毒行为。

## 三、航行值班内容和相关要求

船舶航行中,轮机值班船员应当严格遵守各项值班规定和操作规程,保持主、辅机安全和正常运行。

1)轮机值班船员负责对船舶机电设备进行安全有效的操作、检查、测试和保养,维持既定的正常值班安排,保证安全值班。

2)参与轮机值班的所有船员应当熟悉被指派的值班职责,并掌握本船的内部通信系统、机舱逃生通道、机舱报警系统以及机舱的消防设备和破损控制装置的数量、位置、种类和使用方法,以及应当遵守的各种安全预防措施。

3)轮机值班开始时,值班船员应当对所有机电设备的工作情况、工况参数进行检查,以保持在正常范围之内。

4)轮机长应当每天对重要机电设备、轮机值班情况检查一次,检查结果记入轮机日志。遇下列情况应当到机舱指挥:

(1)进、出港口;

(2)通过桥区水域、弯窄浅险航段;

(3)机电设备发生危及安全的故障;

(4)遇恶劣天气或者船舶应急反应时;

(5)船长指令或者值班船员有需求时。

5)轮机值班船员应当严格按照机电设备的操作规程进行操作,确保各项设备技术状况良好、运转正常。轮机值班船员应当准确、及时地执行驾驶台有关变速、换向的指令。

6) 轮机值班船员每班应当对机舱运行的设备和舵机至少检查两次,对机电设备运转异常情况及时采取措施,并详细记录。

7) 机舱无人值守的,轮机值班船员在获知报警、呼叫时,应当立即到达机舱。主机状态由机舱人工操控时,轮机值班船员应当在操纵台值守。

8) 轮机值班船员应当严格按照防污染规定进行操作,并在油类记录簿或者轮机日志上记录相关作业情况。

9) 轮机值班船员应当及时做好油、水、汽、气、电的供应以及油、水的调驳等工作,并做好相应记录。

10) 在保证安全值班的前提下,轮机值班船员在配合日常维修人员进行设备的修理、测试、转换使用时,应当做好下列工作:

(1) 对要进行处理的机电设备采取安全防护措施;

(2) 在维修期间,将其他的设备调节至充分和安全地发挥功能的状态;

(3) 在轮机日志或者其他适当的文件上详细记录已维修保养的设备、测试结果、使用时间以及采取的安全措施。

11) 机电设备出现故障危及船舶航行安全的,轮机值班船员应当果断采取有效措施予以排除。需要减速或者停车的,应当先征得值班驾驶人员同意,但发生危及人身、机电设备安全的紧急情况的,可先行停车,并立即报告值班驾驶人员和轮机长。

12) 机舱发生火灾、进水、爆炸等紧急情况的,轮机值班船员应当立即报警,同时报告轮机长和值班驾驶人员,并及时采取有效措施防止损害扩大。

13) 发生下列情形的,轮机值班船员应当立即通知轮机长到机舱,并根据情况采取措施:

(1) 机电设备情况异常可能危及安全运转;

(2) 值班工作有疑难无法自行解决;

(3) 发生机舱进水、机损、火警、失电以及人身伤亡等紧急情况。

## 四、停泊值班内容和相关要求

船舶到港后以完车的时间为准,由航行值班转为停泊值班。交班船员应按操作规程停止主机运转,做好交班准备工作,此时由停泊值班船员进行接班。交接双方如有争议,由轮机长处理。

(1) 船舶停泊期间,轮机值班船员应当经常巡回检查机电设备运转状况,确保所需的油、水、气、电等的供应。在机电设备出现异常时应当立即采取紧急措施并报告轮机长,在轮机日志上做好相应记录。

(2) 轮机值班船员应当严格遵守防污染规定,防止机舱油污水、生活污水、垃圾等污染水域。

(3) 轮机值班船员应当严格遵守电、气焊等明火作业规定,并协助日常检修项目负责人落实各项安全措施。

(4) 机舱发生火灾、抢险等紧急情况的,轮机值班船员应当在驾驶台的统一指挥下实施自救。

(5) 轮机值班船员应当根据船长或者值班驾驶人员的通知,及时做好移泊的各项准备。

（6）轮机值班船员应当对机舱保持有效监控,每天全面巡视检查机舱内各项机电设备至少一次,并记入轮机日志。

（7）船舶进厂修理期间,轮机值班船员应当配合厂方做好机舱防火、防盗、防进水、防冻、防机件损坏和人身伤亡等安全工作,并做好记录。

（8）主机试车前轮机值班船员应通知并征得值班驾驶员的同意。

（9）负责处理轮机部的日常工作和接待事务。

## 五、轮机交接班制度和要求

1）接班人员应当提前 15 分钟到达机舱巡视检查,做好接班前的准备。

2）航行中,轮机交接班应当交接清楚下列事项:

（1）驾驶台和轮机长的指令;

（2）机电设备的运转情况;

（3）本班发生的问题及处理情况;

（4）下一班应当继续完成的工作和注意事项。

3）航行中,轮机接班船员接班后应当对运转中的机电设备进行全面的检查。检查主要事项包括:

（1）主、辅机的运转和润滑情况,温度、压力等参数是否正常;

（2）轴系的运转和润滑情况;

（3）舵机运转、使用情况及应急舵备用状态;

（4）配电板、充电机、蓄电池等电气设备的仪表读数和各开关的使用情况;

（5）锅炉燃烧、汽压、水位是否正常;

（6）日用燃、润油柜的油位显示、油量储存、残水排放及阀门启、闭情况,各类管系有无阻塞和泄漏现象;

（7）舱底水位情况;

（8）轮机日志的记载情况。

4）停泊中交接班时,轮机交接班船员应当交接清楚下列事项:

（1）正在使用的机电设备运转情况;

（2）本班发生的问题和处理情况;

（3）下一班应当继续完成的工作和注意事项;

（4）驾驶台和轮机长的指令;

（5）其他需要交接的事项。

5）发生下列情形的,暂不进行交接:

（1）机电设备发生严重故障或者正处于紧急操作状态;

（2）接班船员对交接事项不明或者有疑虑;

（3）交接班时间已到但无人接班;

（4）交班船员认为接班船员状态不适合接班。

发生上述第三、第四种情形的,交班船员应当报告轮机长。

6）交接班过程中的安全责任由交班船员负责。交接清楚后,双方在轮机日志上签字。交接过程如有争议,由轮机长协调解决。

## 六、轮机日志填写

轮机日志是反映船舶机电设备运行和轮机管理工作的原始记录,是船舶法定文件之一,必须妥善保管。船长命令弃船时,轮机日志应由轮机长(或轮机员)携带离船。

轮机日志的记载必须真实,不得弄虚作假、隐瞒重要事实、故意涂改内容。

### 1. 轮机日志记载的主要内容

轮机日志记录表格按右、左两台主机编制。如系一台主机,其参数一律在右主机栏内记载。主要内容包括:

(1)船长、轮机长的命令,值班驾驶员的通知。

(2)主机启动、停止的时间,正常运行时的转速。

(3)船舶靠离码头、进出港区、航行于危险航区及进行编解队作业的时间、地点和必须记载的车钟令。

(4)柴油发电机组、辅助锅炉及其他重要机电设备的启动、停止时间。

(5)驳油、驳水情况,燃油舱(柜)转换情况及轻重燃油转换的时间。

(6)机电设备发生故障及恢复正常的时间。

(7)其他需要记载的事项。

### 2. 轮机日志记载的注意事项

(1)轮机日志应依时间顺序逐页连续记载,不得间断,不得遗漏,不得撕毁或增补。

(2)轮机日志应使用不褪色的蓝色或黑色墨水填写。填写时数字和文字要准确,字体端正清楚。如果记错,应当将错写字句标以括号并画一横线(被删字句仍应清晰可见),然后在括号后面或上方重写,并签字。

(3)计量单位,一律采用国家法定计量单位。

(4)轮机长全面负责监督审查轮机日志的记载及其保管。

(5)轮机长必须每日定时认真查阅轮机日志的记载情况,对各栏目内的内容进行审核,确认无误后签字。轮机长离任时,应由离任轮机长和新任轮机长在轮机日志上签字。

(6)轮机日志内页所列船舶主要资料和轮机部人员姓名表经轮机长审定后由大管轮负责填写。

(7)记录数据的精度应按该仪表的精度等级记载。

(8)轮机日志至少应每两小时记载一次。

(9)航行中,由值班轮机员负责填写并签字;停泊中,由值班人员负责填写并签字。

## 七、驾驶、轮机联系制度

### 1. 开航前驾驶、轮机联系制度

(1)船长应当提前将预计开航时间通知轮机长,轮机长应向船长报告主要机电设备情况、燃油储量。开航时间如有变更,须及时更正。

(2)开航前1小时,值班驾驶员应会同值班轮机员核对船钟、车钟、试舵等,并分别将情况记入航海日志、轮机日志以及车钟记录簿内。

（3）主机冲车、试车前，值班轮机员应征得值班驾驶员同意。待主机备妥后，值班轮机员应通知值班驾驶员。

**2. 航行中驾驶、轮机联系制度**

（1）每天中午，驾驶台和机舱校对时钟、车钟并互换船舶位置、存油存水量等信息。

（2）如遇船舶进出港，通过浅滩、狭窄水道、大桥以及进出船闸或抛锚等需备车航行时，或遇大雾、暴雨、大风等突发情况时，驾驶台应及时通知机舱做好准备。轮机值班船员接到通知后应当尽快备妥。

（3）因机电设备故障不能执行航行命令时，轮机值班船员应当立即通知驾驶台，轮机长应当立即报告船长，并组织抢修。故障发生和排除情况应当记入航行日志和轮机日志。

（4）轮机值班如需调换发电机、并电等需要暂时停电的，应当事先征得驾驶台同意。

（5）在应变情况下，值班轮机员应立即执行驾驶台发出的紧急指令，及时提供所要求的油、水、气、电等。

（6）船长和轮机长共同商定的主机各种车速，除非另有指示，值班驾驶员和值班轮机员都应严格执行。

（7）船舶在到港前，轮机长应将本船存油情况告知船长。

**3. 停泊中驾驶、轮机联系制度**

（1）抵港后，船长应告之轮机长本船的预计动态，以便安排工作。动态如有变化，应及时联系；机舱若需检修影响主机运转的动车设备，轮机长应事先将工作内容和所需时间报告船长，取得同意后方可进行。

（2）值班驾驶员应将装载货物情况随时通知轮机值班船员，以确保安全供电。在装卸重大件或特种危险品或使用重吊之前，值班驾驶人员应通知轮机长派人检查起货机等设备，必要时还应派人职守。

（3）如因装卸作业造成船舶过度倾斜，影响机舱正常工作时，轮机值班船员应通知值班驾驶人员采取有效措施予以纠正。

（4）对船舶压载的调整以及可能涉及水域污染的任何操作，驾驶部和轮机部之间应当建立起有效的联系制度，包括书面通知和相应的记录。

（5）加装燃油前，轮机长应当将本船的存油情况和加装计划告知值班驾驶人员，以便计算稳性、水尺和调整吃水差。

## 八、船上内部通信系统的使用

船舶内部通信系统主要有甚高频无线电话（VHF）和无线电对讲机，主要用于船舶与沿航线港口的进出港联系，船舶与沿航线航标站航道情况联系，船舶与船舶之间的航行联系以及船舶内部的通信联系，具有体积小、便于携带等特点，给船舶安全航行、海事管理、海难救助、港口生产和船舶内部联系带来了极大的方便。无线电对讲机在使用时应注意下列事项：

（1）每当开机时应检查使用的信道是否正确，以免造成不必要的失误。

（2）使用对讲机通话时，应保持对讲机垂直，话筒离口部保持 3~5 cm。

（3）使用对讲机时应避免高温、潮湿、可燃气体等环境，船舶加油时应远离。

（4）使用对讲机时，动作要轻，不要用手提对讲机的天线部位，以免造成天线损坏，影响通话。

（5）发射时耗电量大，接听时耗电量小，守候时要省电。

（6）充电时，第一次充电最好超过8 h，否则影响日后的充电效率以及电池的寿命。

（7）使用过程式中不要进行多次的开关机动作，同时把音量调节到适合的听觉位置。

（8）只能使用厂家原配或认可的天线，未经认可或经改装的天线可能会损坏对讲机或违反信息产业无线电管理委员会的规定。

（9）对讲机无线不能拧下使用，否则在发射时容易损坏其功率管。

（10）不要使用损坏的天线，在发射时，如果损坏的天线接触到皮肤，可能引起轻微的灼伤。

（11）电池须用厂家原装电池或认可的电池，且在充电时应在5~40 ℃的环境中进行，如果超过此温度范围，电池的使用寿命将受到影响，同时也有可能充不满额定容量。

（12）避免电磁干扰或电磁兼容引起的问题，请在贴有"关闭对讲机"标识的场合关闭对讲机。

（13）对讲机长期使用后，按键控制旋钮和机壳很容易变脏，请从对讲机上取下控制旋钮，并用中性洗涤剂和湿布清洁机壳。避免使用除污剂、酒精、喷雾剂等化学药品，其可能造成对讲机表面和外壳的损坏。

## 九、特殊航行工况下机舱管理注意事项

### 1. 大风浪中航行注意事项

（1）轮机部船员应坚守岗位，集中精力，加强检查，确保机电设备正常运转。

（2）适当降低主机负荷，调整好主机的限速装置，防止主机飞车和超负荷。

（3）关闭机舱门窗和一切可关闭的通孔，防止浪水灌入机舱。

（4）密切注意主、副机润滑及冷却系统的工作情况，防止因船舶横摇和纵摇使供油、供水失常。

（5）适当将燃油调拨集中舱柜以减少自由液面。

（6）保持日用油柜高油位，加强放残和放水。

（7）注意保持燃油、滑油压力，及时清洗燃油、滑油滤器。

（8）及时排除机舱舱底水。

（9）注意要将大型备件、油桶、工具等绑扎固定，防止移动、翻倒。

### 2. 船舶雾航注意事项

（1）船舶雾航前，轮机部船员应按照船舶安全管理体系的相关规定，加强机舱巡回检查，确保雾航中机电设备能够运转正常。

（2）机舱接到备车通知后，值班轮机员应严格执行驾驶台指令，立即做好操纵主机的一切准备工作，并报告轮机长。

（3）及时关注气象变化以及水上交管中心发布的雾航警报，做好各种复杂条件下的应急预案，并向轮机人员交代清楚。

（4）轮机长应按船长要求备足供主机变速的燃油。

（5）督促有关人员检查排水和水密设备，使之处于良好状态。

（6）所采取的各项措施应记入轮机日志。

### 3. 机舱冬季防冻注意事项

（1）冬季天气寒冷，柴油机停止运转后，应将各系统中的冷却水及时放掉，防止冻裂管系及部件。

（2）如机舱无须通风，应关闭通风筒，以防冷空气进入使舱内存水结冰。

（3）做好消防设施防冻措施，将消防水管中的残水放掉后关闭消防栓或阀门。

（4）小型柴油机以及救生艇发动机应将冷却水放掉。淡水箱水量不超过四分之三，可用棉被或帆布包裹，以防机器冻裂。

# 第二节 ◉ 柴油机的应急处理

## 一、柴油机滑油温度过高、滑油失压的原因及应急处理措施

### 1. 滑油温度过高的原因及应急处理措施

柴油机润滑油温度过高，可以从以下几个方面进行检查，并采取相应的应急处理措施。

（1）柴油机本身负荷过大，使油温过高。此时应降低负荷。

（2）进入摩擦面的滑油量过少，使滑油温度升高。此时应检查滑油油位是否正常、滑油泵工作是否可靠，润滑系统是否堵塞、泄漏等；若旁通阀开启过大或失灵而造成进入冷却器的滑油流量不足，也会使油温升高。

（3）滑油冷却器冷却效率降低，使滑油温度升高。应检查滑油冷却器的水腔和油腔是否积垢或堵塞。

（4）进入滑油冷却器的冷却水量不足，冷却效果下降，导致油温升高。此时应检查冷却水泵工作是否正常和冷却系统是否泄漏。

### 2. 滑油失压的原因及应急处理措施

导致滑油压力降低可能有以下原因，应根据具体情况采取相应措施予以解决。

（1）油底壳或循环油柜油位过低。油位过低，单位时间滑油循环次数过多，油温将升高，滑油容易泄漏，导致油压下降。若缺油严重，还会发生油压突降的断油危险。运转中油位突降，有可能是油底壳泄漏引起；油位突然升高，则有可能是冷却水漏入所致。

（2）润滑管系泄漏。润滑系统管路因振动使紧固螺母松动、油管破裂，造成滑油压力突然降低。曲轴与主轴瓦和连杆轴瓦等摩擦表面处配合间隙过大，会导致滑油泄漏，并无法在其间形成油膜，滑油压力也会随之下降。应注意排查，消除故障。

（3）滑油滤器脏堵。滑油滤器的作用是过滤很小的机械杂质，随着使用时间变长，被过滤出的机械杂质积存在滤芯上，滤芯外表面积存的机械杂质数量增多，堵塞润滑油流动通道，致使润滑部位滑油压力减小。应根据滤器前后的压差变化进行清洗。油泵吸口粗滤网或透气管

脏堵后,易导致油泵吸入端真空度增加,导致油泵发生气蚀故障,使油压下降。

（4）滑油冷却器脏堵。滑油冷却器的滑油管内壁黏附有机械杂质或胶质,不仅会造成滑油散热不良,同时还会使滑油的流通截面减小,严重时会出现堵塞现象,从而导致润滑部位滑油压力降低,而冷却水管路脏堵,会使冷却效果变差,使滑油温度上升,一般情况下,滑油温度每上升 3℃,滑油压力就会降低 7 kPa。应定期清洗。

（5）滑油泵故障。由于磨损使油泵泵轴与衬套之间的间隙、齿轮断面与泵盖之间的间隙、齿侧间隙或径向间隙超过允许值,建立不起油压,导致压力偏低。应注意维护保养。

（6）调压阀（旁通阀）失灵。调压阀若调节的压力太低、阀卡滞、泄漏或弹簧折断,会造成滑油系统压力不足或压力丧失。应注意维护保养。

（7）压力表或压力传感器故障。压力表或滑油压力传感器是用来反映柴油机润滑系统的滑油压力大小,若发生故障,反映的压力值便会失真,误以为润滑系统发生故障,出现误报警。应定期校正压力表、检查传感器效用。

## 二、柴油机冷却水温度过高的原因及应急处理措施

柴油机冷却系统是为了保证柴油机在最适宜的温度状态下运转,避免运动部件磨损和损坏。因此,冷却水温过高将不利于柴油机正常运行,严重时会产生故障。

### 1. 柴油机冷却水温度过高的原因

当主柴油机冷却水温过高时,首先应降低柴油机转速,然后从冷却系统本身以及其他方面来分析原因,排除故障。

（1）冷却系统本身的原因

主要有:舷外水泵损坏,节温器失效或拆除后运转柴油机使冷却液大循环受阻,水套水垢沉积过多或分水管堵塞分水不畅,气缸垫烧蚀或缸体出现裂缝,使高温高压气体进入冷却系统。冷却系统匹配不到。

（2）其他原因

主要有严重超载或长时间超负荷工作,供油时间过迟导致后燃严重,燃烧室积炭过多,润滑油量不足或滑油冷却器工作不良等。

### 2. 应急处理措施

（1）主机负荷的稳定性

当主机在起动和机动操作时,因其负荷（尤其是热负荷）不稳定,由淡水冷却主机,冷却水温就可能不稳定;当主机全负荷或因主机故障导致热负荷上升时,冷却水温就会升高。故分析处理水温变化时,应考虑主机热负荷的变化。

（2）冷却主机的淡水量

当膨胀水箱水位不足、缸套水泵故障、淡水管路阻塞或泄漏等（水位下降过快,表示泄漏）,都会使进入主机的淡水量减少,使水温增高,应逐一排查、消除。

（3）温度传感器与恒温阀的效用

通常情况下,冷却水温度降低时,恒温阀则关小通向冷却器的水路,减少通往冷却器的水量,大量水经水泵直接到柴油机进行"小循环";水温高时恒温阀开大通向冷却器的水路,大量冷却水进入冷却器后再经水泵对柴油机进行冷却。故恒温阀可以自动调节流经冷却器的淡水

流量,调节并维持正常水温。若温度传感器、恒温阀失灵,必然导致水温异常,故应检查温度传感器与恒温阀功效,确保其正常。

(4)缸套水(淡水)冷却器的功效

冷却器阻塞、破损或积垢会导致冷却器冷却效率下降,淡水温度升高,应排查、消除。

(5)开式冷却的舷外水水量

若舷外水量减少,进入冷却器的水量减少,冷却器冷却效果就会下降,淡水温度升高。应观察舷外水出水口水量变化情况,若减少应检查海底阀滤网和滤器是否阻塞,江水泵是否失效(参见辅机离心泵)、江水管路是否泄漏等,逐一排查,处理相关问题。

## 三、柴油机拉缸的原因及应急处理措施

柴油机拉缸是指活塞(活塞环或活塞裙部)与气缸套摩擦面之间润滑油膜丧失发生了金属的直接接触,两个相对运动表面因干摩擦造成的表面损伤的现象。此种损伤按照程度不同可分为划伤、拉伤和咬缸,广义上都称为拉缸。

### (一)拉缸现象及原因

活塞环与缸套之间的拉缸通常发生在运转初期,即磨合期。磨合完毕后,几乎不再发生此种拉缸。而活塞裙与缸套之间的拉缸,则往往发生在稳定运转数千小时后。拉缸时活塞与缸套表面会出现高温,致使摩擦表面金属呈现出红色或蓝色,且沿气缸中心线方向出现拉痕。严重时滑动部位完全黏着或卡住甚至会在两个表面的薄弱部位产生裂纹,即咬缸。

拉缸损伤的原因大多是由于滑动表面的润滑油膜受到局部破坏,使运动表面的突起部位发生金属直接接触导致干摩擦。管理上若发生下列情形,则可能会导致拉缸。

(1)磨合不良。活塞、活塞环和缸套换新时,必须进行有效磨合,且磨合期负荷不能过重,否则容易导致拉缸。

(2)冷却不良。当冷却不良时,活塞与缸套正常的配合间隙会发生改变,容易导致摩擦面金属的直接接触而引发拉缸。

(3)活塞环折断。折断的碎片容易引起拉缸甚至咬死,折断导致的燃气泄漏也会破坏油膜,使表面温度过高引发拉缸。

(4)刮油环刮油过多,引起摩擦面滑油不足,使气缸润滑不良,活塞与缸套过热,引起拉缸。

(5)长期超负荷运转,会使热负荷增加,活塞过热膨胀,引起拉缸。

(6)活塞安装时对中不良,容易破坏正常的配合间隙,引起拉缸。

### (二)拉缸时的征兆

拉缸初期,柴油机会表现出下列征兆:

(1)气缸冷却水出口温度会增高。

(2)气缸内会出现活塞与气缸壁的干摩擦的异常响声。

(3)该缸活塞越过上止点位置时将发生敲击声。此时柴油机转速会迅速下降或自行停车。

(4)曲轴箱温度升高,甚至有烟气冒出。

### （三）拉缸时的应急处理

拉缸时,应急处理主要有以下方法:

（1）当发现拉缸过热时,必须迅速降低转速,必要时可单缸停油,然后停车,同时进行盘车。此时切勿加强气缸冷却,否则会使拉缸加剧,使事故更加恶化。

（2）如因活塞咬死而不能盘车时,可待活塞冷却一段时间后,再行盘车使之活动。

（3）停车后,若活塞咬死的情况比较严重时,可向气缸内注入煤油,待活塞冷却后撬动飞轮或盘车。如活塞仍不能动作时,可将起吊螺栓装在活塞顶上用吊车吊出活塞。起吊时应边注入煤油,边用软金属敲打活塞顶,慢慢吊出活塞,防止起吊螺栓拉断或起吊螺孔拉坏。

（4）吊出活塞后,应将活塞与缸套表面上的拉缸痕迹用油石仔细磨平。损坏的活塞环必须换新。若活塞和缸套损坏严重,也应予以换新。

（5）活塞装复后,应进行有效的磨合,磨合时应从低负荷开始逐渐地加负荷并连续运转。

（6）如拉缸事故不能修复或不允许修复时,可采取封缸方法继续运行。

## 四、柴油机敲缸的类别、原因及应急措施

柴油机在运行中产生有规律性的不正常的响声或敲击声,这种现象称为敲缸。

### （一）敲缸类别及原因

敲缸常分为燃烧敲缸（或热敲缸）和机械敲缸（或冷敲缸）。

#### 1. 燃烧敲缸（或热敲缸）及原因

由于燃烧方面的原因,在上止点发出的尖锐金属敲击声称为燃烧敲缸或热敲缸。在发生燃烧敲缸时,柴油机的最高爆发压力异常地增高,各部件冲击性机械应力增大,容易导致运动部件磨损加快或损坏。其特征是敲击声尖锐,仅发生在活塞的上止点部位;原因是压力上升速度过快,爆发压力过高。

#### 2. 机械敲缸（或冷敲缸）及原因

由于运动部件或轴承间隙不正常所引起的钝重的敲击声或摩擦声,这种现象称为机械敲缸或冷敲缸。其特征是敲击声钝重,部位在上、下止点或气缸中部位置。原因是运动部件之间配合间隙过大所致。柴油机冷车起动时,气缸内可能发生冷敲缸,但这种情况会随着温度的升高得到改善或消失,属于正常情况。

#### 3. 燃烧敲缸和机械敲缸的区别方法

除了可用听诊棒辨别敲击声发生的部位来判断之外,可采取降速或切断该缸供油（专用工具抬起高压油泵滚轮）的方法判断。单缸断油后,若敲击声随即消除,则说明是燃烧敲缸;若敲击声依然存在,则可能是机械敲缸。

### （二）敲缸的应急措施

首先采取降速运行的措施,避免部件损坏。

如判定是燃烧敲缸,停车后应进行如下检查与修复:

（1）检查喷油器启阀压力和雾化质量,进行试压和调整,必要时予以换新。

（2）检查喷油泵的供油量是否过大,必须时调整其有效行程。

（3）检查喷油定时是否过早（提前角过大），必要时予以调整。

如因气缸或活塞过热产生沉重而又逐渐加重的敲击声，在未进行降速前，会出现转速随之自行下降的现象，按过热拉缸措施进行处理。

因机械缺陷造成敲击，一般没有应急调整方法，只有更换备件进行修理。若没有备件或不能修理时，可降低到某个安全的转速继续航行。

若机件损坏影响安全运行又无备件可以更换，则可采取封缸措施继续航行。

## 五、柴油机排温过高的原因及应急处理

柴油机排气温度的高低反映了柴油机气缸内负荷的大小（燃烧油量的多少）和燃油燃烧质量的好坏，在船上可用排气温度来衡量热负荷的大小。柴油机排温过高，不但标志着热负荷过大，而且还说明有大量热量流失，使柴油机经济性下降。此外，高温废气还会造成排气阀和增压器涡轮叶片等零件的损坏故障，使可靠性下降。因此，排气温度是柴油机运行管理中应重点监测的参数。为保证柴油机可靠运行，通常应将船用柴油机最高排气温度限制在 550 ℃以内。

### （一）主柴油机排温过高的原因分析及处理原则

柴油机排气温度与气缸内燃油着火点的位置和燃烧过程的长短有关。一般情况下，当燃油着火点后移、燃烧过程延长，排温就会增高。

（1）在正常情况下，柴油机燃烧的油量多，燃烧过程时间长，排温便会升高，即柴油机的排温与负荷成正比。通过改变柴油机的供油量，便可调整排温的高低。换句话说，控制油门过大，便可避免柴油机超负荷。

（2）由柴油机工作原理可知，喷入柴油机的燃油与空气组成的可燃混合气依靠缸内空气压缩形成的高温引燃、自行发火并迅速燃烧产生热量。因此，在非正常情况下，如压缩压力降低、喷油时刻延后（喷油提前角过小）、可燃混合气质量不好，均会导致排温升高。此时应根据具体情况，加以解决。

①影响压缩压力最主要的因素是气缸的密封性。当个别气缸活塞环、气阀或缸盖密封面漏气，则压缩压力会降低，燃油着火点将会后移，导致个别气缸排温增高。此外，增压柴油机增压压力不足，也会引起所有缸的压缩压力下降，导致柴油机整机排温升高。应根据故障现象查明原因，予以排除。

②各缸喷油定时，由决定凸轮轴安装位置的定时齿轮确定，运行中出问题的概率较低。但个别缸高压油泵套筒与柱塞相对位置改变时，比如凸轮与滚轮过度磨损，或因喷油泵和出油阀密封不良时，喷油器开启喷油的时刻会延迟，个别气缸排温会升高，应逐项进行排查。

③可燃混合气质量的影响因素有油品质量、喷射雾化质量、换气质量等。当油品质量差、换气质量不好（气量不足、扰动不好），燃油不但不易着火，而且燃烧速度下降；不但着火点后移，而且燃烧所需时间也会延长，导致整机排温将升高。而喷油雾化质量差，可能还意味着个别缸喷油器出现故障，导致个别缸排温上升。

柴油机排温异常原因及处理措施，如表 3-1 所示。

表 3-1　柴油机排温异常原因及处理措施

| 故障现象 | 采取措施 | 影响因素 | 可能的原因 | 措施 |
|---|---|---|---|---|
| 整机排温过高 | 减速运行，避免热负荷过大 | 换气质量下降，导致燃烧不良，排温增高 | ①空滤器脏污，进气阻力增大，进气量减少；②排气烟道、消音器脏污，排气受阻，废气排不干净，导致进气量减少；③气阀定时齿轮安装错误，换气质量下降 | ①清洗或更换空气滤器；②清理烟道；③校正气阀定时 |
| | | 增压器转速下降、增压压力不足 | ①喷嘴环变形、排气管膨胀接头漏气；②增压器轴承损坏、轴封结炭或漏气、气封漏气等 | 停车后修复 |
| | | 燃油系统故障 | ①燃油质量差；②喷油定时齿轮安装错误，喷油提前角过小；③喷油量过大（负荷重） | ①检查燃油品质，分离燃油水分；②校正定时；③减小油门降速 |
| 个别缸排温过高 | ①减速；②测爆发压力、压缩压力确认故障；③单缸减油或断油（封缸） | 换气系统故障 | 个别缸气阀密封不良，气阀间隙不合要求 | 停车后修复 |
| | | 压缩压力不足 | ①个别缸燃烧室漏气（活塞环与缸套、气阀与阀座密封性下降、缸盖未上紧）；②压缩比 | 通过检查各缸压缩压力判断，处理 |
| | | 燃油喷射系统故障 | ①个别缸高压油泵密封性差；②个别缸喷油器雾化质量差等；③各缸油门开度（油泵齿条刻度）不同 | |

### （二）检查调整排气温度注意事项

（1）检查、评定排气温度，应使柴油机处于稳定负荷工况状态，确保测试、调整条件稳定不变，即船舶航行状态，如船速、风浪、水流方向、航道深度等基本维持不变。

（2）当供油量调整过多时，将影响到爆发压力的变化。因此，因调整排温而供油量改变较多时，需复测各缸爆发压力，必要时用调整喷油定时来互相补偿。

（3）调整后，喷油泵在"零位"时，柴油机应能可靠停车，起动位置冲车时，示功阀应无油雾冒出，低速运转时各缸都能发火。在运行过程中可用断油法对比转速变化情况，进一步检验调整的正确性。

一般情况下，经修理后的柴油机，压缩压力和燃油的喷射处于正常的状态，可以直接调整每循环的供油量，使各缸排温接近，满足负荷平衡的要求。但对于经长时间运行的柴油机，各缸排温相差过大，在调整供油量时，应结合爆发压力、压缩压力和排气温度表的误差等因素进行综合考虑。调整前，条件许可应先测量各缸爆发压力和压缩压力，结合排烟和高压油管的脉动情况，有无敲缸现象或打开气缸试验观察，对比各缸燃烧情况综合考虑，做到有的放矢。

## 六、柴油机封缸运行的应急处理措施

柴油机运行中若一个或一个以上的气缸发生故障而又一时无法修复，此时可采取停止故障气缸运转的措施，即封缸运行。根据相关规定，六缸及以下柴油机应能保证在停掉一个气缸的情况下继续运转;六缸及以上应能保证在停掉两个气缸的情况下继续运转。

### (一)封缸运行的具体措施

#### 1.停止该缸供油发火

如果柴油机油一只气缸发生故障,如喷射系统故障、气阀咬死、气缸漏气等,这些故障只是使气缸不能发火而运动部件尚能运转。在此情况下,根据柴油机的具体情况可提起喷油泵滚轮,使喷油泵停止工作或打开喷油器的回油阀,使燃油停止喷入气缸。值得注意的是,不能关闭喷油泵的进口阀,以免造成喷油泵偶件干摩擦而咬死。该种封缸也称为减缸运行或停缸运行。

#### 2.拆出活塞、连杆组件

如果是柴油机活塞、气缸造成裂纹或损坏无法修复使用,则必须拆掉活塞、连杆组件,并采取下列措施:

(1)提起喷油泵滚轮停止泵油。
(2)封闭活塞冷却系统。
(3)拆下气缸启动阀控制空气管并封住。
(4)拆下气缸启动阀启动空气管并封住。
(5)关闭该缸气缸冷却水的进出口阀。
(6)活塞、连杆组件拆除后重新安装气缸盖。

### (二)封缸运行的应急处理

封缸运行时应酌情降低柴油机的运行速度,可按下列原则选择适宜的运转速度来维持船舶航行。

(1)各缸排气温度不允许超过标定值。
(2)废气涡轮增压器不发生喘振。
(3)船体或机体不发生异常振动。

另外,在机动操纵时如发生柴油机启动困难(被封气缸恰好处于启动位置),可先向相反转向短暂启动一下使曲轴改变位置,然后再换向启动。此外亦应向驾驶台说明,尽量减少启动次数。

## 七、柴油机曲轴箱爆炸的原因、应急处理及预防措施

曲轴箱爆炸就是指在曲轴箱有限的空间内发生了剧烈的燃烧,其温度、压力迅速上升,产生强烈的冲击波的现象。曲轴箱爆炸属于恶性事故,不仅使柴油机受到冲击破坏,而且还可能导致人员伤亡,因此应给予足够重视。

### (一)曲轴箱爆炸的原因

柴油机正常运行时,虽然曲轴箱内充满了油气,但油气与空气混合的比例不一定处于可爆燃的混合比。即便是达到了爆燃的混合比,若无高温热源出现,也不会发生爆炸。但是工作中若发生下列情况,容易导致曲轴箱发生爆炸。

#### 1.燃油漏入滑油中

燃油漏入滑油中,不但降低了滑油的着火温度,使滑油容易燃烧,而且在高温下容易蒸发

形成大量油气。

### 2.曲轴箱中出现了热源

轴承过热或烧熔、活塞环漏气使燃气下窜、拉缸等都会使曲轴箱内出现高温热源。高温不但加速滑油蒸发成油气，而且还会引爆可燃混合气。

### 3.空气大量进入曲轴箱

正常情况下，曲轴箱安装有带有止回阀的透气孔。若止回阀漏装或曲轴箱过热时贸然打开曲轴箱道门，会导致空气大量进入曲轴箱，使其达到爆炸极限范围。

### (二)曲轴箱爆炸应急处理

(1)若发现曲轴箱有爆炸的任何迹象，如曲轴箱过热、透气管冒出大量油气和嗅到油焦味，或者油雾检测器发出警报。此时应立即降低负荷、降速运行，加强润滑。机舱人员应远离主机防爆门的一侧，防止防爆门弹开时，高温气体伤人。

(2)如因曲轴箱内某些机件发热而停车，至少等停车 15 min 后再开道门检查，以免新鲜空气进入而引起爆炸。

(3)若曲轴箱防爆门已经弹开，应立即停车，并按机舱灭火规定施救。切忌立即打开道门，防止二次爆炸。

(4)机舱灭火选用灭火剂应慎重，不可轻易在曲轴箱内部使用灭火剂，以避免其对金属造成腐蚀。

采取降速或停车等应急措施时，一般情况下应征得驾驶台的同意。但在紧急情况下，可在采取措施的同时通知驾驶台。

### (三)曲轴箱爆炸的预防措施

加强柴油机的维护管理，及时发现并处理故障隐患，就能在很大程度上避免曲轴箱发生爆炸。为此，常采用的预防措施有：

### 1.避免曲轴箱出现热源

管理上，应保证运动机件正确的相对位置和间隙，保持正常的润滑和冷却，以免运动部件过热、轴承合金烧熔、燃气泄漏等。运行中值班人员应定期探摸曲轴箱的温度。

### 2.保证曲轴箱透气装置工作正常

为了保证润滑油蒸汽浓度低于燃爆下限，柴油机曲轴箱上装有透气管，用以将油气引出机舱外，防止油气积聚。透气装置装有止回阀，以防新鲜空气流入曲轴箱。

### 3.保证曲轴箱防爆门启闭灵活

在曲轴箱的排气侧盖上装有防爆门，根据国家规定其开启压力一般不大于 0.02 MPa。当曲轴箱内压力高到一定程度时，防爆门应能够开启，释放曲轴箱内的气体，随后能够自动关闭，以防止曲轴箱爆炸时发生严重事故。

此外，若主机功率大于 2 250 kW 或缸径超过 300 mm，应注意检查曲轴箱的油雾探测器，确保其能够连续监测箱内油雾浓度的变化，在油雾浓度达到着火下限之前发出警报。

## 八、增压器运行故障的应急处理

废气涡轮增压器是高速回转机械。船舶在航行中,若增压器发生严重故障,既无法继续使用又不能及时修复,则需要采取相应的应急措施保障柴油机继续运行。

**1. 增压器损坏后的应急措施**

(1)若船舶处于不允许停车的特殊情况下,应以消除异响、使排气温度符合规定为标准,大幅降低主机转速。

(2)若船舶允许短时停车,可采用随机的专用工具,按说明书要求从两端锁住转子,如图3-1所示。转子锁住后,增压器壳体继续冷却,轴承的润滑可停止,主机降速运行。

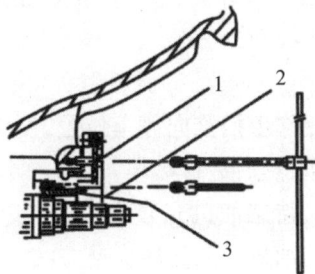

**图3-1 转子锁紧装置**
1—连接螺钉;2—夹紧螺钉;3—夹紧圈

(3)若船舶允许长时间停车,拆除转子。当允许长时间停车时,应将转子抽出,采用利用盖板将壳体两端封住的办法进行应急,如图3-2所示,以保证柴油机仍可继续低速运转,并且可以避免转子长时间受高温废气作用而变形。

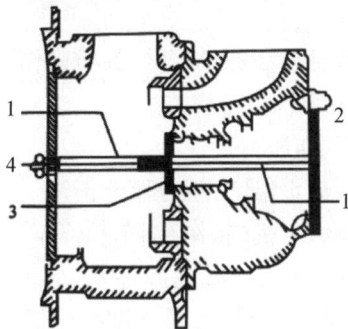

**图3-2 增压器转子拆除后装加封闭盖板**
1—拉杆;2、3、4—盖板

**2. 停增压器后的主机操作**

增压柴油机停增压器后运行时,相当于非增压柴油机。但是,由于气缸充气量大幅降低,而且增压柴油机相关设备的定时(气阀定时、气阀重叠角、喷油定时等)与非增压柴油机区别较大,使得停掉增压器的柴油机燃烧质量将恶化,排气温度将升高。因此,必须通过减速来降低排气温度,这就使得柴油机的功率和转速都大幅度下降。

对于带有轴带发电机的主柴油机,停增压器后,轴带发电机将不能运行。此时应采用柴油发电机并网供电保证船舶安全航行。

主柴油机停增压器后,如需长期运转,可采取则适当增大压缩比提高压缩压力的方法,降低排气温度。当值轮机员必须加强动力装置的监管,密切关注排气温度和排烟颜色,并依据柴油机排气温度、颜色及运转情况需要,视情降低负荷。当发生异常情况时,应立即向驾驶台和轮机长报告。

## 九、柴油机紧急停车操作

柴油机在运转中,出现下列情况之一的,应立即停车:
(1)柴油机运转已危及人身安全或导致机损时。
(2)滑油、燃油管系破裂,大量油类外泄,造成严重污染并危及柴油机安全时。
(3)曲轴箱爆炸时。
(4)柴油机"飞车"时。

紧急停车时,应立即将油门操作手柄推向停车位置,使柴油机停车。如停不了则应迅速关闭燃油阀或堵死进气口,使其停车,然后进行盘车,保持淡水冷却与滑油系统继续运转一段时间进行冷却。停车后至少15 min,待柴油机充分冷却后,方可进行检查,分析原因,排除故障。确定情况良好后,才能重新启动柴油机投入运转。

## 十、主机应急机旁操纵

当船舶操纵系统出现故障,驾驶台不能正确操纵主机时,为了保证船舶航行安全,轮机长应立即下机舱,带领轮机部人员,严格执行驾驶台车令,及时、正确操作主机,并对主机各系统参数进行密切监视和调整,以确保柴油机安全运转。

### 1. 机旁操纵工作程序

(1)轮机长应亲临机舱监督轮机值班人员进行各项操作,监控各设备运行状况,及时与驾驶台取得联系,及时处理各种突发事件。
(2)启动空压机补足起动空气瓶压力。
(3)保持滑油温度、压力和冷却水温度、压力稳定正常。
(4)严格执行驾驶台车令,操纵主机(正车、倒车和停车)。
(5)快速、及时处理突发故障,如需要减速或停车,应先征得驾驶台同意,如发生危及人身、机器设备安全的紧急情况时,可先行停车,并立即报告驾驶台。

### 2. 机旁操纵注意事项

(1)轮机值班人员除了处理紧急故障之外,不得远离机舱。
(2)机旁操纵时,应严格控制好油门,避免超速和主机超负荷。
(3)机旁操纵期间,应随时注意配电板各仪表的工作情况;注意观察和调节冷却水、滑油的温度和压力;注意保持空气瓶压力在允许的范围之内;若滑油压力在15 s内未建立,应立即停车检查。
(4)注意各缸排气温度的变化,注意各主要设备的工作状态。若有严重的漏油、漏水、漏气或异常敲击声或震动时,应停车检查。

（5）起动操作应熟练迅速，避免过多消耗起动空气或蓄电池电量。若连续三次起动失败，应查清原因排除故障后再起动。

（6）起动时，若需换用备用气瓶，应先关闭供气气瓶，再开启备用气瓶。

# 第三节 ● 船舶应急应变

## 一、船舶搁浅应急措施

船舶发生搁浅、擦底或触礁时，应迅速备车并按船长命令正确操纵主机。其应急措施如下：

（1）轮机长应立即下机舱，主机操作方式由"驾控"转为"机舱控制"，及时正确地执行驾驶台的命令，机舱设备处于"备车"状态，随时泵足压缩空气，确保主机起动需要。

（2）密切注意主机负荷情况，并根据其负荷大小，适时降低主机转速。操纵主机时使用机动操纵或系泊试验转速，防止主机超负荷。紧急用车时，应尽最大可能安全开出，尽力依靠本船动力脱险。

（3）检查舱底水是否增加，准备好舱底泵及其他抽水设备，随时准备抽出舱底水，同时经常测量油舱，检查油位是否上涨或下降，特别注意机舱内双层底隔舱。

（4）按船长指示，排出压载水、日用水，或调拨柴油和压载水以调整船舶前后吃水。

（5）根据搁浅船体下沉的水位，转换合适的海底阀，既需防止吸入空气或中断主机冷却水，也需防止江水冷却系统吸进大量泥沙阻塞管系。必要时打开应急吸口。

（6）防止螺旋桨因触碰障碍物受损、折断，或使柴油机受到冲击性超负荷作用受损；防止螺旋桨因露出水面突然卸去负荷，造成主机飞车而损伤机器。

（7）防止机舱中放置的重物倾倒而损坏机器或打伤人员。

（8）脱险后，应检查轴系状态，检查轴系是否有不正常的温度、跳动或异声。防止因搁浅、擦浅而使柴油机发生故障。

（9）采取的应急措施等情况记入轮机日志。

（10）若自主脱险失效，完车后应测量曲轴臂距差，必要时松开主机输出轴联轴器的连接螺栓。

## 二、船舶碰撞应急措施

船舶碰撞发生后，应迅速备车使主机处于随时可操纵状态。如碰撞发生在机舱或机舱以后的部位，且有进水现象，应按机舱进水处理。

应急措施如下：

（1）值班人员应立即报告驾驶台，并通知轮机长和全体轮机部人员下机舱，按照"应变部署表"的规定，各负其责，坚守岗位，及时正确地执行驾驶台的命令，紧急用车时，应尽最大可能安全开出，随时泵足压缩空气保证主机频繁起动的需要，尽力依靠本船动力脱险。

（2）尽可能启动一切可能排水的设备进行排水,同时检查舱底水是否增加,经常测量油舱,检查油位是否上涨或下降,特别注意机舱内的双层底隔舱。

（3）如机舱或轴隧触碰进水,应关紧机舱通往轴隧的水密门,触碰的部位配合驾驶部人员共同设法堵漏,动作越快越好。

（4）即使情况再严重、再恶劣,也要想尽一切办法,采取一切有效措施来维持主、副机的正常运转,以满足抢救的需要和保证排水自救的动力和时间。

（5）在抢救过程中随时与驾驶台保持密切联系,非到万不得已,绝对不能放弃抢救的努力。

（6）如机舱大量进水,进水量已大于排水量,堵漏未能成功,又不能采取搁浅、冲滩等安全措施,直至因船身倾斜过大,主机或者发电原动机无法工作或机舱进水剧增。主机、柴油发电机组确已不能坚持运转时,报告船长经批准后关闭主机和柴油发电机组,轮机长指挥做好善后措施,轮机部人员才能撤离机舱,轮机长携带轮机日志和车钟记录簿最后一个离开机舱。

## 三、船舶溢油污染事故应急措施

船舶污染事故是指由于船上的油类及油性混合物、船舶垃圾、生活污水、含有毒有害物质的污水等进入水体或周围环境,导致环境破坏的事故。对内河船舶而言,主要是控制溢油污染事故。

船舶发生溢油污染事故时,应急措施如下：

1) 首先采取停泵、打开或关闭相关阀门、调驳舱柜存油、封堵溢油出口等减少溢油的措施,防止油类物质继续溢漏。

2) 采用缆绳、网具、围油栏等可漂浮在水面的物品,将溢油控制在较小的范围,阻止其进一步扩散和漂移,以控制溢油的扩散。

3) 采用锯末、毛毡、吸油毯等吸油材料吸附水面残油。

4) 在采取上述控制和消除污染措施的同时,应当在事故发生后24 h内向事故发生地的海事管理机构提交"船舶污染事故报告书",因特殊情况不能在规定时间内提交的,经海事管理机构同意可以适当延迟,但最长不得超过48 h。

"船舶污染事故报告书"应当至少包括以下内容：

（1）船舶名称、国籍、呼号或者编号。

（2）船舶所有人、经营人或者管理人的名称、地址。

（3）发生事故的时间、地点以及相关气象和水文情况。

（4）事故原因或者事故原因的初步判断。

（5）船上污染物的种类、数量、装载位置等概况。

（6）事故污染情况。

（7）应急处置情况。

（8）船舶污染损害责任保险情况。

5) 当船舶有沉没危险,在离船前,应当尽可能地关闭所有液货舱或者油舱（柜）管系的阀门,堵塞相关通气孔,防止溢漏,并向海事管理机构报告船舶燃油、污染危害性货物以及其他污染物的性质、数量、种类、装载位置等情况。

## 四、全船失电应急措施

船舶电站突然中断对船舶主要设备及系统的电力供应,称为全船失电。

**1. 全船失电时可能导致的后果**

根据船舶类型、主机及其动力系统的特点不同,全船失电时可能导致的后果不同。

(1)主机可能停车

部分中型柴油机,其燃油系统、滑油系统、冷却水系统等涉及的输送泵由电动机独立驱动,一旦失电,则主机将自动停车。若上述输送泵由主机曲轴驱动,则主机可维持运行。

(2)舵机失灵

(3)助航设备失灵

**2. 全船失电时的应急措施**

应根据船舶航行状态不同采取不同措施。

1)船舶正常航行中突然失电时的安全措施

(1)立即告知驾驶台,通知轮机长下机舱,停止主机运转。但若船舶处于急需用车避让等特殊情况时,应执行驾驶台命令,维持主机短期运转。

(2)迅速起动备用发电机,尽快合闸恢复供电。若备用发电机组也不能起动,应急发电机此时能够自动起动为导航设备和舵机供电。

(3)恢复正常供电后,起动为主机服务的各电动泵后,再起动主机,保持正常航行。

2)船舶在狭水道或进出港航行中全船失电的安全措施

(1)迅速起动备用发电机,尽快恢复供电,同时立即通知驾驶台并停止主机运转。如情况危急船长必须用车时,可按车令强制主机运行而不考虑主机后果。

(2)应急处理过程中必须有人坚守主机操纵台,随时与驾驶台联系。

3)船舶在系泊或锚泊状态下全船失电的安全措施

(1)起动备用发电机,恢复正常供电。

(2)必要时,切除非重要负载,如起货机、通风机等。

上述几种情况的船舶失电,应在恢复正常供电后,再仔细分析检查故障原因并予以排除。

**3. 防止船舶失电的安全措施**

(1)平时做好配电板、控制箱的维护保养工作。

(2)做好各个电动机及其驱动设备的维护保养工作,及时修理、更换有关部件。

(3)做好发电机及其驱动发电机的副机的维护保养工作。

(4)船舶在狭水道、进出港等机动航行时,增开一台发电机并联运行,以确保安全,同时尽量避免配电板操作,尽量避免同时起动大功率用电设备。

## 五、机舱进水应急措施

船舶若发生意外,尤其是当机舱部位发生碰撞事故后,容易导致机舱进水。轮机值班人员一旦发现机舱进水,应立即发出警报并报告轮机长和驾驶台,同时应迅速采取紧急措施,不得擅离机舱。轮机长或值班轮机员接报后,应立即进入机舱检查并按应变部署的安排组织并落实排水、堵漏及必要的报告等应急抢救措施。

**1. 机舱进水时的应急排水措施**

（1）尽力保持船舶电站正常供电，必要时起动应急发电机。

（2）根据进水情况，使用舱底水泵或应急排水系统排水。若进水量较大，应做好应急吸口及总用泵系的应急操作。

（3）根据进水部位和进水速度，判断排水措施是否有效，再决定采取下一步行动。

**2. 机舱进水的应急堵漏措施**

在采取应急排水的同时，船长、轮机长应组织人员摸清破损的部位、进水流量，再采取有效的堵漏措施。

（1）风浪天气，应关好水密门窗及通风口。

（2）若艉轴管及其密封装置破损，应酌情关闭轴隧水密门。

（3）若海底阀及阀箱、出水阀或应急吸入阀等破损，应关闭相应的阀，选用有效的堵漏器材进行封堵。

（4）若冷却器、滤器或管路破损，则关闭相应的阀，组织修复或堵漏。

**3. 机舱进水的事故报告**

事故发生时，值班人员将情况报告轮机长，轮机长报告船长。

轮机长组织抢修、抢救过程中，应报告船长进展情况，船长再向当地海事部门和公司报告。事后，船长向海事部门再次报告结果。

## 六、机舱火灾应急措施

船舶机舱储存大量的燃油和润滑油，一旦发生火灾，危害极大。因此，轮机长在船长领导下，立即行使机舱应急消防现场指挥职责，组织机舱全体人员按照应急部署要求进行灭火。

（1）立即报告驾驶台，发出报警信号，以便船员按消防部署来协助施救。

（2）迅速查明火灾的来源、性质、种类和周围环境，使用相应的灭火器材进行扑救，力争控制火势的蔓延，将火灾扑灭在初起阶段。

（3）灭火时应指派专人维持主、辅机的正常运转。

（4）若火势继续扩大，则需关闭部分通往火场的门窗和通风装置，将火场附近的易燃品，尤其是能引起爆炸的物品迅速搬开，使可燃物和助燃物的来源中断；启动消防水泵，用水枪保护消防人员和对可能蔓延到的设备、油柜、舱壁等进行冷却，并对准火源下方喷射；若空气瓶受到威胁，必须采取排气降压措施；启动舱底水应急排水系统。

（5）机舱内已无力灭火时，由轮机长请示船长启动固定灭火系统灭火。启动前应发出信号，通知所有人员撤离机舱，并及时将设备断油、断电或在机舱外应急关掉电源、切断油路，尽快封舱，起动固定灭火系统，同时争取外援。

（6）火灾扑灭后，继续封舱一段时间，然后仔细检查火场附近的情况，防止复燃。

## 七、舵机失灵应急措施

船舶在定速或机动航行过程中，舵机无舵效或舵效不能达到设计要求时的舵机故障，称为舵机失灵。船舶舵机可能因为船舶失电、液压舵机动力系统故障、轴承故障等使舵机无法正常工作;也可能因为船舶擦底或搁浅,致使舵机、舵叶发生损坏而失去功能等。

船舶航行中舵机失灵应采取下列措施:

(1)船舶在航行中舵机失灵,驾驶台可转为辅助操舵系统,并通知船长和轮机值班船员。

(2)轮机值班人员立即起动辅助或应急操舵装置,同时通知轮机长。值班轮机员不能远离操纵台,按车令操纵主机,执行船长和轮机长的指令。

(3)在航行中舵机若因电源故障或控制系统故障失灵,驾驶台失去对舵机的控制,轮机长或指派专人赴舵机间,接听驾驶台舵令并操纵应急操舵装置。

(4)小型船舶若不具备应急舵装置,可使用两部主机通过变换车速或变换倒顺车来控制船舶转向。顶推船队可以用驳船来操舵,但应该减速航行。若是单车船,可以利用倒顺车操纵或制作临时舵来操纵,帮助控制船的航向。

(5)舵机失灵后,不论采取哪一种操纵方法,都必须尽快将船摆向缓流抛锚,进行抢修。排除故障后才可继续航行。

(6)舵机失灵时,应急措施主要是驾驶部通过操纵手柄来完成。但轮机管理人员必须集中精力很好地配合,认真地进行检查,迅速排除故障,恢复后放行。

# 第四节 ◉ 轮机部日常工作

## 一、轮机部日常工作安排

轮机部日常工作安排主要做好船舶在航行、停泊期间机电设备的管理与维护,做好安全值班和防污染等各项工作,确保船舶安全,防止水域污染。

### 1.航行期间

(1)船舶航行中每天开工前,轮机长应召开班前会,将当天的检修计划及人员安排、工作重点以及注意事项交代清楚。

(2)船舶航行中值班人员应确保船舶设备及其系统安全有效运行。其他值班人员须服从当值轮机员的安排,同样要执行本值班职责。

(3)确保本班人员熟悉值班区域内消防设备的所在位置、使用方法及安全注意事项。

(4)按时巡回检查各机械设备的运行状况,发现异常应及时处理,如不能处理应及时报告轮机长。随时清除油污、废弃的棉纱破布和其他易燃物。

(5)迅速准确地执行驾驶台指令,根据船长的通知进行注、排压载水及洗舱水,应特别注意正确操纵系统和阀门,严格防止压载水倒灌,并将起止时间记入轮机日志。

(6)根据轮机长的安排,按计划执行、安排督促和记录影响航行安全的日常检查、维修保养工作。

(7)严格执行国家有关防污染方面的法律法规,认真做好防污染工作,严禁将污油、污水和生活污水排放入水,严禁乱扔生活垃圾。值班人员要将污水打入污水柜,垃圾要分类放入各自有盖的垃圾桶内。

**2. 停泊期间**

（1）轮机部人员要及时掌握和了解所在港口有关安全管理和防污染方面的最新规定。督促值班人员执行相关规定，做好运行设备及其系统的检查工作和记录，确保机电设备正常运行。

（2）确保本班人员熟悉值班区域内消防设备的所在位置、使用方法及安全注意事项。

（3）迅速准确地执行驾驶台的指令，根据船长的通知进行注、排压载水及洗舱水，应特别注意正确操纵系统和阀门，严格防止压载水倒灌，并将起止时间记入轮机日志。

（4）每日早上和晚上就寝前应巡回检查机舱和舵机房的安全状况及各机电设备的运行情况。

（5）发生紧急情况时，以最快的方式向驾驶台报告并根据自己的判断决定是否发出警报声响，然后采取一切可行的措施防止船舶、货物和船员的损失。若轮机长和船长不在船，则听从轮机员或值班驾驶员的统一指挥，组织轮机部所有在船人员全力投入抢救工作。

（6）根据船长和值班驾驶员的通知，准备做好移泊和备车准备，并具体负责移泊。主机试车前必须征得值班驾驶员的同意。

（7）船舶在厂修期间，要严格监督落实安全生产和防火防爆方面的有关规定。了解在发生火灾或船员受伤等紧急情况时同厂方有关部门紧急通信联系的途径和方法。

（8）根据轮机长的安排，参加日常维修保养工作。

（9）做好各项防污染工作，严禁将污油、污水和生活污水排放入水，严禁乱扔生活垃圾。值班人员要将污水打入污水柜，垃圾要分类放入各自有盖的垃圾桶内。同时要维持生活污水处理装置的正常运转，严禁将生活污水直接排放水中。

（10）船舶停泊期间每天开工前，轮机长应召开班前会，将当天的检修计划及人员安排、工作重点以及注意事项交代清楚。

## 二、轮机部各种作业安全注意事项

### （一）拆装作业

（1）检修主机时，必须在主机操纵处悬挂"禁止动车"的警告牌，有离合器的应脱开离合，防止水流带动螺旋桨使主机转动。检修中如需转车，须征得值班驾驶员同意。此外应发出信号或提醒周围人员注意，检查各有关部位是否有影响转车的物品和构件，以防转车时伤人或损坏部件。

（2）检修副机和各种辅机及其附属设备时，应在各相应的操纵处或电源控制部位悬挂"禁止使用"或"禁止合闸"的警告牌，如有可能还应取出控制箱的保险丝。

（3）检修管路及阀门时，应事先按需要将有关阀门置于"正确"状态，在这些阀门处悬挂"禁动"的警告牌，必要时用锁链或铁丝将阀扎住。

（4）在油水舱等内部舱室工作时，应同时打开两个及以上导门给予足够通风。作业期间应经常保持空气流通并悬挂"有人工作"的警告牌；应派专人守望配合，注意在内部工作人员的情况。在机器、舱柜等内部工作时，应使用可携式低压照明灯，但在油柜内应使用防爆式照明灯，使用前必须认真检查并确保处于良好状态。

（5）检修空气瓶、压力柜及有压力的管道时应先泄放压力,禁止在有压力时作业。柴油机在运转中如发现喷油器故障并需立即更换时,应先停车,打开放气阀,泄放气缸内压力。禁止在运转中或气缸尚有残存压力时拆卸喷油器。

（6）拆装高温受热部件时应穿着长袖工作衣裤并佩戴隔热手套。

（7）试验柴油机喷油器时,禁止用手探摸喷油器的油嘴或油雾。

（8）裸露的高压带电部位必须悬挂危险警告牌或用油漆书写危险标记。除非绝对必要,严禁带电作业;确需带电作业时必须使用绝缘良好的工具,禁止单人作业。维修作业时注意防止工具、螺栓、螺帽等物件掉入电器或控制箱内。看守人员应密切注意工作人员的操作情况,随时准备采取切断电源等安全措施。作业完毕后,应再认真检查。

（9）因检修移走栏杆、花铁板或盖板后,应在其周围用绳子拦住,以防人员不慎踏空造成伤亡。

（10）一切电气设备,除主管人员外,任何人不得自行拆修。禁止使用超过额定电流的保险丝。

（11）一切警告牌均由检修负责人挂卸,其他任何人不得乱动。

**（二）吊运作业**

（1）严禁超负荷使用起吊工具。在吊运部件或较重的物件前,应认真检查起吊工具、吊索、吊钩以及受吊处,确认牢固后方可吊运。禁止使用断股钢丝、霉烂绳索或残损的起吊工具。吊起的部件应在稳妥可靠的地方放下,并衬垫绑系稳固。

（2）起吊时,应先用低速将吊索绷紧,然后摇晃绳索,注意观察是否牢固、均衡,起吊物是否已经松动,再慢慢起吊。如发现起吊吃力,应立即停止,进行检查或采取相应措施,防止超负荷。

（3）在吊运过程中禁止任何人员在下方通过;非必要也不得在吊起的部件下方进行工作;如确属必需,应采取各种有效的防范措施。

**（三）上高作业和多层作业**

（1）按规定离基准面2 m以上的作业为高空作业。对于作业用具如系索、滑车、脚手架、座板、保险带、移动式扶梯等,使用前必须严格检查,确认良好。脚手架上应铺防滑的帆布或麻袋。

（2）上高作业人员应穿防滑软底鞋、系好保险带并系挂在牢固的地方。必要时应在作业处下方铺设安全网。

（3）上高作业和多层作业时,上层作业所有的工具和所拆装的零部件应放在工具袋或桶内,或用软细绳索缚住,以防落下伤人或砸坏部件。

（4）当上层有人作业时,应尽量避免在其下方停留或作业。如确属必要,则应佩戴安全帽。

**（四）车、钳工作业**

（1）在车床、钻床作业时严格遵守操作规程,工件应夹持牢固,夹头扳手用完应立即从夹头取下。操作者衣着要紧身,袖口要扣好,戴好防护眼镜,禁止戴手套操作。

（2）在磨制工具与砂轮作业时（包括除锈除炭时）,作业者应戴防护眼镜和口罩,禁戴手套,所站位置与砂轮旋转方向应略偏一定角度。

（3）禁止使用手柄不牢的手锤。

**（五）清洗和油漆作业**

**1. 清洗作业**

（1）油管及过滤器、加热器等如有泄漏应尽快清除，并注意防止漏油流散。

（2）机舱地板上的油污必须随时抹去。在用水冲洗机舱底部时，要防止水柱或水珠冲到电机设备上而引起损坏，并防止人员滑倒跌伤。

（3）使用易燃或有刺激性的液体清洗部件时，一般应在艉部甲板等下风处进行，不宜在机舱进行，同时要注意防止发生污染水面的事故。

（4）在处理酸、碱或其他化学品，或进入有毒气处所时，需相应地佩戴手套、防护眼镜、口罩、面罩等。

（5）清洗油舱（柜）时应杜绝明火，加强通风；油舱（柜）内侧不许用棉纱清洗、擦拭。

**2. 油漆作业**

（1）在机舱、舵机房、工具间等处刷油漆时，应注意加强通风，禁止明火并留出必要的行走通道。

（2）对机舱及设备涂刷油漆时，应先彻底清洁，然后分多次涂漆，每一次不能涂得过厚，以防止漆层脱皮。

（3）狭小空间内部或其他封闭处所不能多人同时作业，且时间不能太久，应轮流作业并相互照顾，防止油漆中毒。

**（六）焊接作业**

**1. 焊接守则**

（1）船舶靠码头或在装卸作业期间如须进行焊接，必须遵守海事管理部门有关规定并征得同意后方可进行。

（2）在任何部位施焊均必须先清理现场，现场不得有任何易燃物品，并注意周围环境有无易燃物品和气体，必要时应予挪移和通风，并根据不同环境备妥适当的灭火器材。

（3）施焊时，必须有两人作业，一人操作，一人监守。作业人员应穿长袖衣裤，戴手套、眼镜，必要时还应戴防护面具。电焊时必须使用面罩，不得用墨镜代替。

（4）严禁对存有压力的容器、未经清洁和通风的油柜、油管进行施焊。

（5）在狭窄舱、柜内或其他空气不够流通的部位施焊要特别注意通风，施焊持续时间不应太久。照明灯具应使用低压型并注意电线不能距离施焊处过近。

（6）焊件的焊处应清洁、干燥，防止焊后产生裂缝。焊接大件时，应先预热以消除内应力，必要时可加装夹具。

（7）对有色金属或合金施焊时，应注意通风，作业人员应在上风位置或戴防护面具，以防中毒。

（8）敲打焊渣时，必须戴眼镜并注意角度，以防碎屑飞溅伤眼。

（9）焊件未冷，作业人员不应离开现场，如属必要，应采取防范措施，防止误触烫伤。

（10）施焊完毕，应将工具整理好并复归原处，现场打扫清洁，仔细检查周围有无火种隐患，确认无患后方可离开。

（11）如由船厂工人施焊时，应由主管部门同意，派专人备妥消防器材，并监督施焊以防止发生火灾；如认为施焊不安全时，有权停止其作业，施焊完毕后应仔细检查，特别应注意施焊物的背面有无隐患，待施焊物完全冷却后方可离去。

### 2. 电焊时注意事项

（1）严格遵守电焊机的使用操作规程，开机时应逐步启动开关，不可过快，注意防止焊夹和焊条碰地。

（2）经常检查焊机温度及运转是否正常，禁止在施焊时调整电流。

（3）禁止在运转中的机电设备、起重用的钢丝绳或乙炔氧气管或钢瓶上通过电焊线。

（4）电焊完毕或较长时间停焊应切断焊机电源。

### 3. 气焊时注意事项

1）连接各部分焊具前，应先吹净阀口，检查并确认各阀门并无漏气。任何时候，气瓶阀口和焊枪喷嘴均不应指向人。

2）连接胶管时（尤其应注意焊枪一端）要注意颜色标志，接氧气的应是蓝色或黑色，接乙炔的应是黄色或红色，不能反接。

3）胶管要牢固，接口要紧密，不宜用铁丝捆扎胶管接口，以防扎孔或断裂。烧焊时胶管不应拉得过紧，并尽量远离火焰和焊件。

4）一般情况下，气瓶总阀的开度不应超过 1/2，以便应急关闭。

5）气焊结束后，应先关掉焊枪上的控制阀，然后关闭气瓶总阀。

6）点火、熄火、回火：

（1）点火。打开钢瓶上的阀门，转动减压器的调节螺丝，将氧气和乙炔调到工作压力（氧气为 0.3~0.5 MPa，乙炔为 0.01~0.05 MPa）。然后打开焊枪上的乙炔阀门，稍开氧气阀，在喷嘴的侧面点火。点着后慢慢开大氧气阀，将火焰调到中性焰（或碳化焰、氧化焰）。

氧化焰的焰芯短小且呈蓝白色，外焰看不清，同时发出急剧的"嘶嘶"声响，常被用来焊接黄铜材料。

中性焰的焰芯较圆且呈蓝白色，轮廓清楚，外焰中长呈淡橘红色，这种火焰常被用来焊接低碳钢材料。

碳化焰的焰芯较长且尖，呈绿白色，轮廓不清楚，外焰很长呈橘红色，常被用来焊接铸铁、高碳钢和焊接硬质合金。

（2）熄火。先将氧气阀关小，再将乙炔阀关闭，火即熄灭。然后关闭氧气阀（如使用割炬时，则先关切割氧气阀，再关乙炔和预热氧气阀）。

（3）回火。施焊中有时会出现爆响，随之火焰熄灭，同时焊枪有"吱吱"响声，这种现象称回火。如遇回火，应速将胶管曲折握紧，先关闭焊枪上的氧气阀，再关闭乙炔阀，回火即可消除。处理回火时动作要迅速、准确，防止气瓶爆炸酿成重大事故。

## 【实操训练】

### 轮机值班实操训练

（一）根据机舱布置图安排机舱巡回检查路线

（二）规范填写轮机日志

（三）备车航行操作训练

要求：

轮机长：①能够按照值班规则的要求，监督和指导轮机值班，遵守安全值班相关规定和要求；②能够在特殊航行工况下，对主辅机进行正确操作和参数调整。

轮机员：①能够有效开展航行值班、停泊值班，简述各种值班、交接班的工作内容与要求；②值班中能够及时与驾驶台保持紧密联系，按驾驶台要求正确操纵主辅机；③能按值班规则要求巡回检查机电设备并正确记入轮机日志；④能在特殊航行工况下对主辅机等机电设备进行管理并能简述相关注意事项。

实操训练：

1. 柴油机运行中滑油温度、压力异常现象分析和应急处理步骤。

2. 柴油机运行中冷却水温过高原因分析和应急处理步骤。

3. 柴油机运行中敲缸原因判断和应急处理步骤。

4. 柴油机紧急停车操作步骤。

实操训练：

组织船舶搁浅、碰撞、污染和机舱进水、灭火、舵机失灵演习。

要求：

轮机长、轮机员：①能按应急应变部署要求做好船舶搁浅、碰撞、进水、污染事故后机舱设备和各系统检查及应对措施；②能按应急应变部署要求做好全船失电后进行应急供电及正确应对措施；③能按应急应变部署要求做好机舱灭火应急措施；④能按应急应变部署要求做好舵机失灵所采取的应急措施。

要求：

轮机长：①能做好轮机部日常工作安排；②能按说明书对机舱机电设备进行日常检修；③能对轮机部人员进行安全教育。

轮机员：①能按规范要求对管路及阀件、油舱、水舱等进行日常检修；②能正确简述各种作业的安全注意事项。

# 第四章
# 船舶修理

对轮机而言,船舶修理是指当机电设备性能下降、状态不良或发生故障失效时,保持或恢复原有技术性能所采取的技术措施。在机电设备的修理过程中,必然涉及机电设备重要技术文件图纸、设备使用的材料、失效原因分析、修复工艺和修复过程等相关的基础知识。

## 第一节 ◉ 基础知识

### 一、机械识图

#### (一)视图基本知识

机械图样是设计、制造、使用和维修机械设备的重要技术文件,是工程界的"技术语言"。学习机械制图,首先应掌握机械制图国家标准以及几何作图的基本知识。

#### 1.机械制图国家标准中比例的概念

图样中机件要素的线性尺寸与实际机件相应要素的线性尺寸之比,称为比例。国标规定绘制图样时一般应采用表4-1中规定的比例。

绘图时,应尽可能按机件的实际大小画出,即1:1的比例。这样可从图上直接看出机件的真实大小。根据机件的大小及形状复杂程度的不同,也可采用放大或缩小的比例。对大而简单的机件可采用缩小的比例;对小而复杂的机件则采用放大的比例。无论采用何种比例,图中所注尺寸数字均应是物体的真实大小,与比例无关。

表 4-1　绘图的比例

| 原值比例 | $1:1$ | | | | |
|---|---|---|---|---|---|
| 放大比例 | $5:1$ | $2:1$ | $5\times10^n:1$ | $2\times10^n:1$ | $1\times10^n:1$ |
| 缩小比例 | $1:2$ | $1:5$ | $1:10$ | $1:2\times10^n$ | $1:5\times10^n$ | $1:1\times10^n$ |

**2. 正投影与三视图**

（1）正投影

正投影是指投影光线与投影平面垂直时,在投影平面上得到的物体视图的方法,如图 4-1 所示。

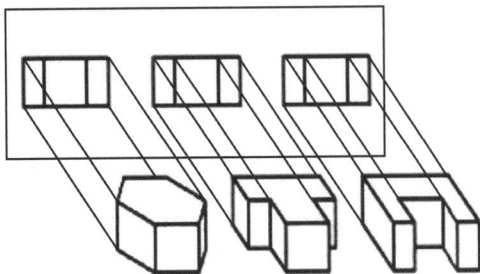

图 4-1　正投影示意图

从图 4-1 可以看出,三个不同的物体在同一投影面上的视图完全相同。因此,要确定物体结构形状,需要采用多面正投影。

（2）三视图

为了确定物体的空间形状,常常需要三个投影。当我们用视线代替投影线,并把所看到的投影图叫作视图时,便是"三视图"。

①三视图的形成及名称

将物体放在三个投影面中,并尽可能使物体的各主要表面平行或垂直于其中的一个投影面,保持物体不动,将物体分别向三个投影面作正投影,就得到物体的三视图,如图 4-2 所示。

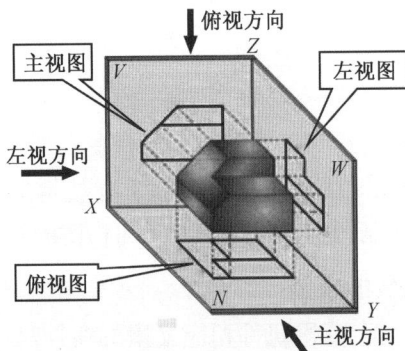

图 4-2　正投影与三视图

从前向后看,在 $V$ 平面上得到的视图为主视图;

从左向右看,在 $W$ 平面上得到的视图为左视图;

从上向下看,在 $H$ 平面上得到的视图为俯视图。

②三视图的展开及其位置

将三个投影面按图 4-3 方式展开,得到三视图成图。

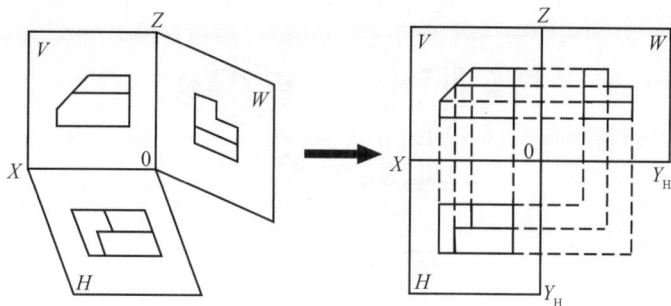

**图 4-3　三视图成图**

从图 4-3,可以看出三视图成图的规律是:

主视图、俯视图,长对正;

主视图、左视图,高平齐;

左视图、俯视图,宽相等。

## (二)零件图

零件图是用来表达零件结构形状、尺寸大小和技术要求的图样;是加工制造零件的依据,反映了设计者的意图,表达了机器或部件对零件的要求;是生产中最重要的技术文件之一。在零件设计制造、安装、使用和维修及技术革新、技术交流等过程中,常常需要识别零件图。技术人员必须具备阅读零件图的能力,要弄清零件图所表达的零件的结构形状、尺寸和技术要求,以便指导和解决有关的技术问题。

### 1. 识别零件图的基本要求

(1)了解零件的名称、用途和材料;

(2)分析零件各组成部分的几何形状、结构特点及作用;

(3)分析零件各部分的定型尺寸和各部分之间的定位尺寸;

(4)熟悉零件的各项技术要求。

### 2. 零件图的基本知识

(1)制图线型

粗实线:一般应用于可见轮廓线和可见棱边线。

细实线:一般应用于尺寸线及尺寸界线、可见过渡线、剖面线、螺纹的底牙线和齿轮的齿根线、指引线和基准线、分解线及范围线、辅助线等。

虚线:一般应用于不可见轮廓线和不可见棱边线。

细点划线:一般应用于轴线、对称中心线、分度圆线。

(2)常见视图

为了清楚地表达零件的外貌,零件图除了上述的三视图外,设计者有时还采用局部视图或局部放大视图。零件上不可见的内部结构形状较复杂时,为了避免虚线过多,设计者常采用剖视图来表达内部结构。

①局部视图

采用补充基本视图未表达清楚的部分。局部视图上方用大写的字母标识视图名称,并用箭头表示投射的方向和部位,如图4-4所示。

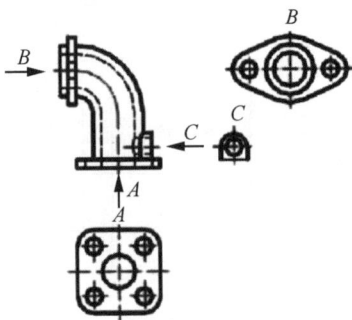

图4-4　局部视图

②局部放大视图

采用局部放大视图,反映原图中表达不清或不便于标注的尺寸,如图4-5所示。

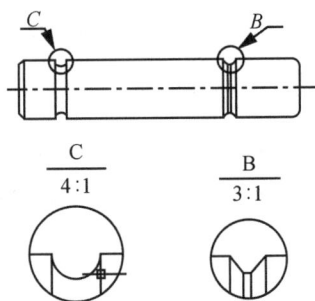

图4-5　局部放大视图

③全剖视图

全剖视图是指采用剖切面将零件完全剖开所得到的视图,如图4-6所示。

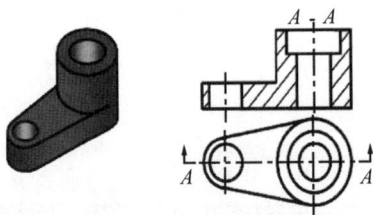

图4-6　全剖视图

④半剖视图

半剖视图一般是对称零件,以对称中心为界一半画成剖面,一半画成视图,如图4-7所示。

⑤局部剖视图

局部剖视图是指采用剖切平面将零件局部剖开所得的剖视图,如图4-8所示。

（3）形状和位置公差

表示零件形状和位置的公差符号,如表4-2所示。

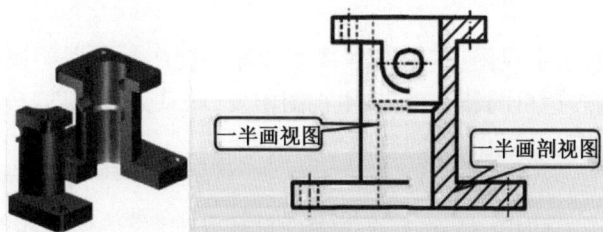

图 4-7　半剖视图

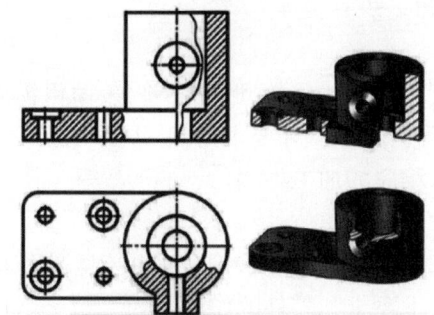

图 4-8　局部剖视图

表 4-2　形状和位置公差符号

| 公差 | | 特征 | 符号 | 有无基准要求 |
|---|---|---|---|---|
| 形状 | 形状 | 直线度 | — | 无 |
| | | 平面度 | ▱ | 无 |
| | | 圆度 | ○ | 无 |
| | | 圆柱度 | ⌀ | 无 |
| | 轮廓 | 线轮廓度 | ⌒ | 有或无 |
| | | 面轮廓度 | ⌓ | 有或无 |
| 位置 | 定向 | 平行度 | // | 有 |
| | | 垂直度 | ⊥ | 有 |
| | | 倾斜度 | ∠ | 有 |
| | 定位 | 位置度 | ⊕ | 有或无 |
| | | 同轴度 | ◎ | 有 |
| | | 对称度 | ＝ | 有 |
| | 跳动 | 圆跳动 | ↗ | 有 |
| | | 全跳动 | ↗↗ | 有 |

### 3.识别零件图的方法与步骤

（1）先看零件图标题栏

通过零件图标题栏,了解零件名称、材料、数量、比例等,并浏览视图,初步了解零件用途和形体概貌。

（2）视图分析

分析视图布局，找出主视图、其他基本视图和辅助视图。根据剖视、断面的剖切方法、位置，分析剖视、断面的表达目的和作用；从主视图出发，联系其他视图，分析零件各部分的结构形状，结合零件结构功能，想象零件的整体形状结构。

（3）尺寸分析

根据各视图，分析零件长、宽、高三个方向的尺寸基准；弄清楚哪些面或线是主要基准，然后从基准出发找到主要尺寸；再找出各部分定形尺寸和定位尺寸。注意检查是否有多余和遗漏尺寸、尺寸是否符合设计和工艺要求。

（4）查看技术要求

分析零件图上标注的尺寸和尺寸公差、形位公差、表面粗糙度、热处理及表面处理等技术要求，了解各项质量指标。弄清哪些尺寸要求高，哪些要求低；弄清哪些表面要求高，哪些要求低，哪些不需加工，以便考虑相应的加工方法。

（5）归纳总结

综合上述分析，将图形、尺寸和技术要求等全面系统地联系起来思考，并参阅相关资料，识别零件的整体结构、尺寸、技术要求和零件的作用。

说明：采用上述步骤识图，往往是穿插进行的。对较复杂的零件图，经常需要参考有关技术资料（如装配图等）、说明书等，才能完全识别零件。对个别表达不够清晰的零件图，需反复仔细地分析，才能真正弄清楚。

**4. 零件图识别举例**

如图 4-9 所示，从标题栏中可看出零件的名称是液压油缸的缸体，它用来安装活塞、缸盖和活塞杆等零件，缸体的材料为铸铁，牌号 $HT200$，属于箱体类零件。

从视图分析可以看出，零件图采用了三个基本视图。主视图采用全剖视图，表达缸体内腔结构形状；内腔右端是空刀部分，直径 $\Phi8$ 凸台起到限定活塞工作位置的作用；上部左、右两个 $M12\times1.5-6H$ 螺孔［$M$ 为公称直径，1.5 为螺距（不写则为标准螺距），$6H$ 为公差等级］是连接油管用的螺孔。俯视图表达了底板形状和四个沉头孔、两个圆锥销孔的分布情况以及两个螺孔所在凸台的形状。左视图采用 $A-A$ 半剖视图和局部剖视图，表达了圆柱形缸体与底板连接情况，连接缸盖螺孔的分布和底板上的沉头孔、圆锥销孔。

从尺寸分析可知：缸体长度方向的尺寸基准是左端面，从基准出发标注定位尺寸 80、15 等，定形尺寸 95、30 等，并以辅助基准标注了缸体和底板上的定位尺寸 10、20、40，定形尺寸 60、$R10$；宽度方向尺寸基准是缸体前后对称面的中心线，并注出底板上的定位尺寸 72 和定形尺寸 92、50；高度方向的尺寸基准是缸体底面，并注出定位尺寸 40，定形尺寸 5、12、75；以缸体的轴线为辅助基准标注径向尺寸 $\Phi55$、$\Phi52$、$\Phi40$ 等。

从技术要求分析可知，缸体活塞孔 $\phi35_0^{+0.039}$ 和圆锥销孔，前者是工作面并要求防止泄漏，后者是定位面，所以表面结构要求 $Ra$ 的上限值为 3.2；其次是安装缸盖的左端面，为密封平面，$Ra$ 值 1.6。$\phi35_0^{+0.039}$ 的轴线与底板安装面 B 的平行度公差为 0.06；左端面与 $\phi35_0^{+0.039}$ 的轴线垂直度公差为 0.025。因为油缸的工作介质是压力油，所以缸体不应有缩孔，加工后还要进行保压试验。

综合归纳：在以上分析的基础上，对零件的形状、大小和技术要求进行综合归纳，形成一个清晰的认识。有条件时还应参考有关资料和图样，如产品说明书、装配图和相关零件图等，以

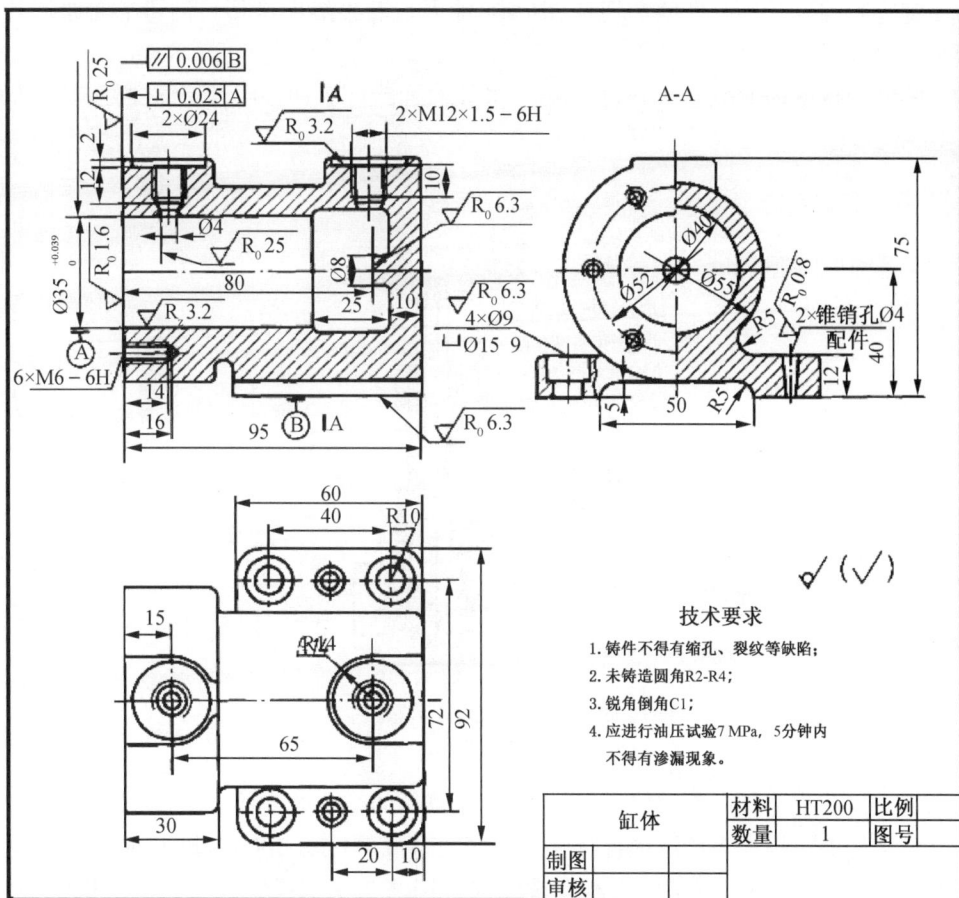

图 4-9　油缸体零件图

对零件的作用、工作情况及加工工艺进一步了解。

　　总结上述内容并进行综合分析,对缸体的结构形状特点、尺寸标注和技术要求等有比较全面的了解。

### (三)装配图

　　装配图是表达机器或部件的工作原理、运动方式、零件间的连接及其装配关系的图样,它是生产中的主要技术文件之一。在对现有的机器和部件检修工作中,装配图是必不可少的技术资料。

### 1. 读装配图的基本要求

　　(1)了解部件的名称、用途、性能和工作原理。

　　(2)弄清各零件间的相对位置、装配关系和装拆顺序。

　　(3)弄懂各零件的结构形状及作用。

### 2. 装配图的规定画法、特殊画法

　　(1)规定画法

　　同一零件的剖面线在各个视图中保持一致;两个相邻金属零件的剖面线方向相反或间距不同,如剖视图、断面图、局部视图等;

对于螺纹紧固件及实心件(轴、连杆、键、销、球等)，若按纵向剖切且剖切平面通过其对称中心时，不画剖面线；

两个零件的接触面或配合面只画一条线，非接触面或配合面之间存有间隙处画成两条线，如图4-10所示。

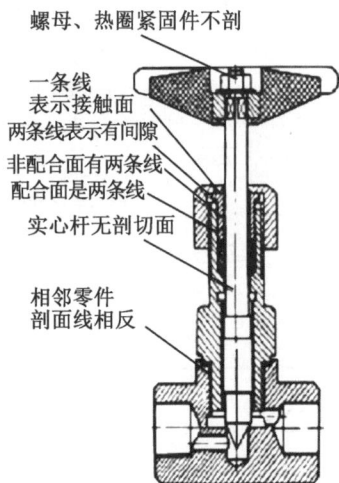

图4-10　规定画法示意图

(2)特殊画法

为了表达机器或部件内部结构，可假想沿某些零件的结合面剖切，剖切处不画剖面线；

当某个零件的结构未表达清楚且对理解装配关系或部件功能有影响时，应单独画出该零件并在上方注明："零件××方向"，在相应视图附近用箭头指明投影方向并注明相应字母，如图4-11所示。

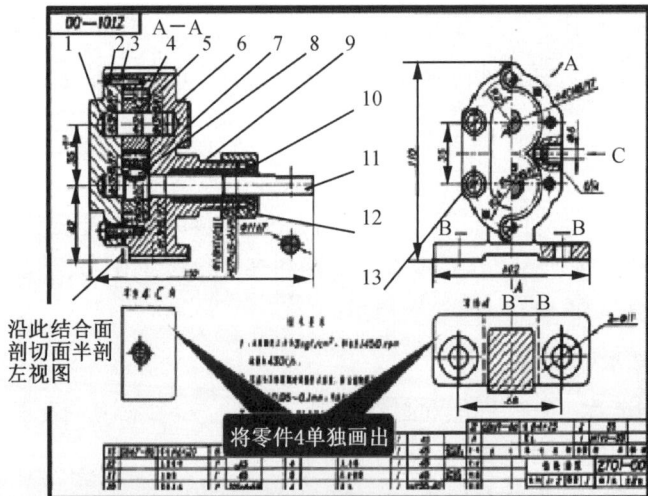

图4-11　齿轮泵装配图

当某些零件遮挡了主要的装配关系或其他零件时，可假想拆去某些零件后，画出欲表达部分的视图，并在其上方注明"拆去××"，但拆去的零件应在其他视图中表达清楚，如图4-12所示。

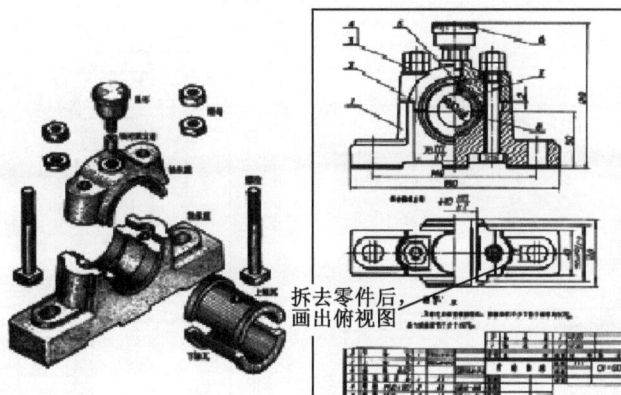

图 4-12　拆卸画法示意图

对于孔的直径、薄片的尺寸或间隙在图形上小于等于 2 mm 时，可以不按原比例而将其夸大画出，如图 4-13 所示。

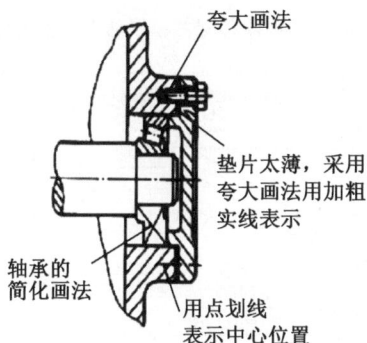

图 4-13　夸大画法示意图

为了表示运动零件的运动范围或极限位置，或部件有装配关系的其他相邻部件时，可将运动极限或相邻零部件用双点划线画出其主要轮廓，如图 4-14 所示。

**2. 读装配图的方法和步骤**

（1）概括了解

由标题栏、明细栏了解部件的名称、用途以及各组成零件的名称、数量、材料，如图 4-15 所示。

（2）分析各视图及其所表达的内容

读装配图首先要明确采用了哪些表达方法；找到剖视图的剖切位置及投射方向；搞清各视图的表达重点；结合图中所标注的尺寸，可以想象出机器或部件主要零件的主要结构形状。

（3）弄懂工作原理和零件间的装配关系

此环节是读装配图的重要步骤。先从主视图着手，沿各条传动干线，按投影关系找到各个零件的轮廓，并确定它们的准确位置。要先分析清楚运动部件及其运动情况，如哪些是运动件、运动形式如何、运动是如何传递的。再对其他零件间的连接各固定情况进行分析，找出其固定方式和连接关系等。对固定不动的零件，要弄清楚它们的固定与连接方式，继而分析清楚与其相关的零件在部件中的位置和作用等。

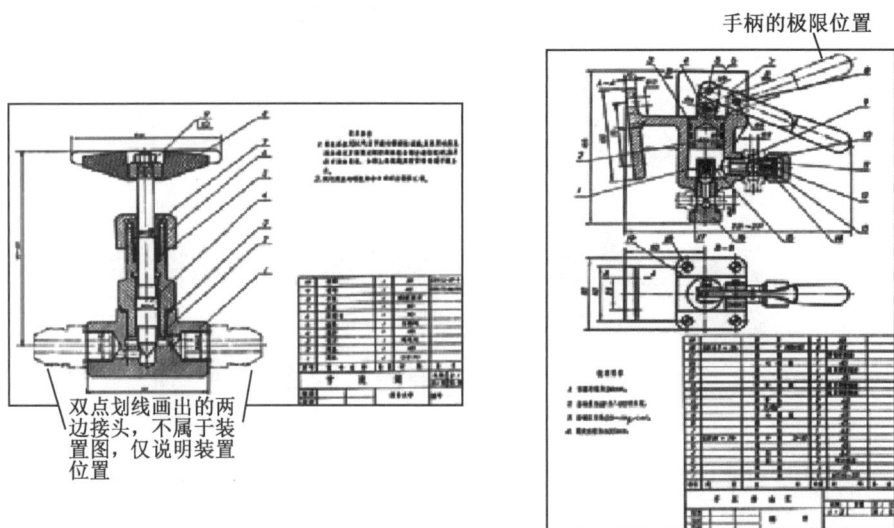

双点划线画出的两边接头，不属于装置图，仅说明装置位置

图 4-14　零件装配关系及极限位置示意图

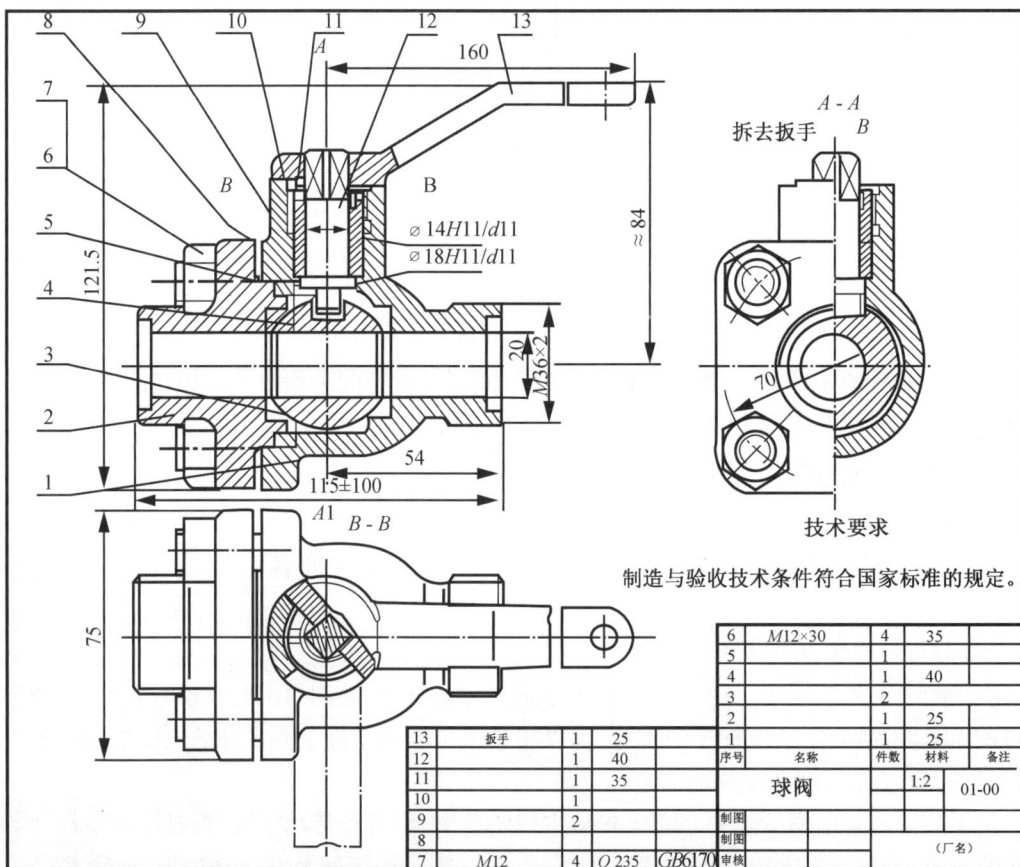

图 4-15　球阀装配图

（4）分析尺寸

分析装配图上注出的尺寸，有助于进一步了解部件的规格，零件间的配合要求、外形大小

以及安装情况等。

(5)分析零件的结构形状

分析和想象各组成零件的结构形状,有助于分析零件间的装配关系、深入理解机器或部件的工作原理和性能。一般先从主要零件开始,然后再看其他零件。

(6)归纳总结

在完成上述分析的基础上,应认真思考,对下述问题进行一定的总结:

①机器的传动系统、润滑系统、密封系统。

②机器中各零件间的连接、固定、定位和调整。

③机器的装配关系、拆装方法和顺序。

④机器的工作原理、性能和使用特点。

⑤机器的外连接和安装方法。

要求:

轮机长:能按说明书要求正确识读装配图。

轮机员:能识读零件图。

## 二、船机零件常用材料及其性能

### (一)船机零件常用材料

船机零件几乎均采用金属材料制造。

#### 1. 碳钢的分类、用途

碳素钢简称碳钢,理论上指含碳量小于2.11%的铁碳合金。碳钢在造船工业上占有很重要的地位。在钢的总量中碳钢占90%以上。碳钢的分类方法很多,最常见的有以下几种:

(1)按钢的含碳量分类

低碳钢:含碳量<0.25%;

中碳钢:含碳量在0.25%~0.6%;

高碳钢:含碳量在0.6%~2.11%。

(2)按钢的用途分类

碳素结构钢:主要用于制造各种工程结构件(如船舶、桥梁等)和机器零件(如柴油机活塞销、连杆、曲轴等)。一般为中、低碳钢。

碳素工具钢:主要用于制作各种刃具、量具、模具等,一般为高碳钢。

(3)按钢的质量分类

主要根据钢中有害杂质硫、磷的含量划分:

普通碳素钢:含磷量≤0.045%,含硫量≤0.05%;

优质碳素钢:含磷量≤0.035%,含硫量≤0.035%;

高级优质碳素钢:含磷量≤0.025%,含硫量≤0.025%。

#### 2. 铸铁的分类、用途

根据碳在铸铁中存在的形式分类,铸铁可分为:

（1）白口铸铁

碳除少量溶于铁素体外,其余的都以渗碳体的形式存在于铸铁中,断口呈银白色,故称白口铸铁。这类铸铁组织中都存在着共晶莱氏体,性能硬而脆,切削加工困难,很少直接用来制造各种零件。目前,白口铸铁主要用作炼钢原料和生产可锻铸铁的毛坯。

（2）灰口铸铁

碳全部或大部分以片状石墨存在于铸铁中,其断面呈暗灰色,故称灰口铸铁。

（3）麻口铸铁

碳一部分以石墨形式存在,另一部分以渗碳体形式存在,断口上是黑白相间的麻点,故称麻口铸铁。这类铸铁也具有较大的脆硬性,工业上很少应用。

根据铸铁中石墨形态分类,铸铁可分为灰口铸铁、可锻铸铁、球墨铸铁、蠕墨铸铁。它们的组织形态都是由某种基体组织加上不同形态的石墨构成的。

灰口铸铁是由呈片状的石墨分布在各种金属基体组织上。灰口铸铁常用来制造各种机器的底座、机架、工作台、机身、齿轮箱箱体、阀体及内燃机的气缸体、气缸盖等。

可锻铸铁是一种具有较高的塑性与韧性的铸铁。但必须指出,可锻铸铁实际上是不能锻造的。

球墨铸铁与灰口铸铁相比,其含碳、硅量高,而含锰、硫、磷量低,并且含有少量的镁及稀土元素。球墨铸铁的组织由基体和球状石墨组成。

蠕墨铸铁与球墨铸铁相似,含碳、硅较高,含硫、磷较低,还含有一定量的稀土与镁。蠕墨铸铁是在上述成分铁水中,加入适量蠕化剂进行蠕化处理后,获得石墨形态介于片状与球状之间,形似蠕虫状石墨的铸铁。蠕墨铸铁已开始在生产中广泛应用,主要用来制造大功率柴油机气缸盖、气缸套,电动机外壳、机座,阀体等零件。

**（二）金属材料的机械性能**

对船机零件的使用管理者而言,在设计和分析材料缺陷时,需要重点关注的是金属材料的机械(力学)性能。

金属在各种外力作用下抵抗变形和断裂的能力,称为金属材料的机械性能。根据金属使用的温度不同,评价金属性能有以下指标。

**1.室温下的性能指标**

金属材料的常用性能指标有强度、弹性、塑性、硬度、韧性、疲劳强度等。

（1）强度

强度指材料在外力作用下抵抗永久变形和断裂的能力。强度是衡量零件本身能力(即抵抗失效能力)的重要指标,是机械零部件首先应满足的基本要求。

（2）弹性

材料受外力作用时产生变形,当外力去掉后能恢复其原来形状的性能,叫作弹性。这种随着外力消失而消失的变形,叫作弹性变形,其大小与外力成正比。

（3）塑性

材料在外力作用下,产生永久变形而不致引起破坏的性能,叫作塑性。良好的塑性是材料进行塑性加工的必要条件。

（4）硬度

硬度反映了金属表面抵抗局部塑性变形，即抵抗更硬的物体压入其内的能力，是衡量金属软硬程度的指标。

硬度常采用压入法测定。用一定载荷把一定形状的压头压到金属表面，通过测定压痕面积或深度来确定硬度值。根据具体测定方法不同，可分为布氏硬度、洛氏硬度和维氏硬度。

（5）韧性

韧性指材料断裂前吸收能量和进行塑性变形的能力。与材料的脆性相反，材料的韧性越好，发生脆性断裂的可能性越小。

冲击韧性：指材料抵抗冲击载荷的能力，单位为焦耳/厘米$^2$（$J/cm^2$）。其计算方法是将冲击吸收功除以材料试样缺口底部处横截面积所得的商。

断裂韧性：是材料固有的特性，指材料阻止宏观裂纹失稳扩展能力的度量，也是材料抵抗脆性破坏的韧性参数。它和裂纹本身的大小、形状及外加应力大小无关，只与材料本身、热处理及加工工艺有关。常用断裂前物体吸收的能量或外界对物体所做的功表示。韧性材料因具有大的断裂伸长值，所以有较大的断裂韧性，而脆性材料一般断裂韧性较小。

（6）疲劳强度

疲劳强度是指材料在规定多次交变载荷作用而不会产生破坏的最大应力，称为疲劳强度或疲劳极限。钢铁材料规定次数为$10^7$；有色金属合金为$10^8$。

**2. 高温下的性能指标**

船机零件中，若零件在高温下长期工作（如柴油机进、排气阀），其材料的机械性能不但受高温的影响，而且与材料在高温下工作的时间密切相关。金属材料长期在高温和恒应力（即便应力小于屈服应力）作用下，会缓慢地产生塑性变形，这种现象称为蠕变。蠕变也会导致材料裂纹和断裂。故高温下材料需要采用以下指标衡准。

（1）高温强度

蠕变极限：金属材料长期在高温和恒应力的作用下，抵抗塑性变形的能力，用$\sigma_\delta^{T/t}$表示。

持久强度：金属材料长期在高温和恒应力的作用下，抵抗断裂的能力，用$\sigma_t^T$表示。

（2）热硬性

材料在高温下具有较高硬度的性能，称为热硬性。它表示在高温下保持高硬度的能力。

# 第二节　●　船机故障

船机设备由各个零部件组成，其产品质量和使用的可靠性，既与设计计算和材料的选择相关，也与产品的制造、安装工艺水平关系密切，同时还受设备的使用条件（如负荷、维护管理、环境等）的影响。设备在长期运转使用过程中，由于承受各种力和摩擦磨损、腐蚀等的作用，其零部件的尺寸精度、几何形状精度和相互位置精度、配合精度及表面质量逐渐发生变化，或者产生腐蚀、裂纹等破坏，设备的技术状态和使用性能不断下降，甚至发生故障，造成船舶停航。

轮机员在船上工作时,经常会遇到船机零件失效和各种船机设备的故障。轮机员除了进行日常的和定期的维护管理工作外,还需进行失效零件的更换、故障排除等检修工作,有时不可避免地还需将船舶或设备送到修船厂修理。因此提高对故障与维修的认识及维修水平,是现代船舶对轮机员的要求,也是做好现代船舶轮机管理的基础。

## 一、船机故障简介

船机故障是指船舶系统、设备、机械或其零部件规定功能的丧失,即零部件或系统不能完成规定功能,如零件损坏、磨损超限、焊缝开裂、螺栓松动、油漆剥落等。此外故障还包括零部件或系统的性能指标恶化,如起动困难、功率下降(或提升缓慢)、油耗上升超过了规定值等。

### (一)故障的分类

在实际工作中对故障分类是为了从不同的角度分析、解决问题的需要。例如从明确故障责任出发,应按故障原因或性质进行分类;从运行管理和维修角度考虑,故障发生的时间和是否对营运造成影响更为重要。从不同角度对故障分类如下:

**1.按故障对船舶营运影响分类**

(1)不停航局部故障

船机设备因局部故障导致部分功能丧失(不影响航行安全),不需停航修理,在航行中便可处理的故障,如更换主机某缸喷油泵等。对船舶而言,在应急情况下除主推进动力装置外的任何船机设备发生故障,均可认为是不停航局部故障。

(2)短时间停航全面故障

由于船机设备发生严重故障导致功能丧失,必须停航,由船员在短时间内采取自修或更换备件等措施排除的故障。如主机某缸发生拉缸故障,需停机检查或实施封缸措施,修理后继续航行。

(3)长时间停航的全局性故障

因发生异常严重的故障导致设备功能丧失,造成船舶失去航行能力的故障,此时需要进船厂进行长时间的修理。如主机曲轴裂纹、艉轴或中间轴折断、螺旋桨损坏和船舶搁浅变形、船体破损等。

**2.按故障发生和演变过程的特点分类**

(1)渐进性故障

船机设备长时间运转,因配合件的损耗(如磨损、腐蚀、疲劳和材料老化等)的累积,使设备性能逐渐变坏而发生故障,这类故障可监测并预防。如缸套与活塞环的磨损、轴与轴承的磨损或管道腐蚀穿孔等。

(2)突发性故障

因外界随机因素或材料内部潜在缺陷引起的故障,这类故障无先兆、难以预测。如主机自动停车、螺旋桨桨叶折断等。

(3)波及性故障

由于船机设备某零件故障而引发更多的故障,这类故障也难以预测和防范。如柴油机连杆螺栓脱落或折断引起连杆、活塞、气缸套甚至机体的破坏(连杆伸腿)等。

（4）断续性故障

设备在某一段时间呈故障状态，而在另一段时间功能又自行恢复的故障，即故障断续性发生。

### 3. 按故障原因分类

（1）结构性故障

船机设备因结构设计缺陷、计算失误或选材不当等导致的故障。如缸套上部凸缘根部发生的多发性裂纹等。

（2）工艺性故障

因制造、安装、质检质量未达到要求引发的故障。如轴系校中质量不良引起轴系振动、轴承发热或过度磨损等。

（3）耗损性故障

在正常运转条件下，长期运转（达到使用寿命）产生的故障。如活塞与缸套过度磨损导致间隙过大产生的敲缸、窜气等故障。

（4）管理性故障

因设备维护保养不良或违章操作等造成的故障。如滑油长期不化验、不更换，滑油变质引发轴瓦烧损故障等。

### 4. 按故障的性质分类

（1）人为故障

因操作人员管理不良或行为过失造成的故障。这是故障的主要原因，在所有故障中占80%以上。

（2）自然故障

因机械工作环境变坏，使用条件恶劣，结构和材料缺陷，制造和安装不良等造成的故障。

此外，还可按故障发生的时间分为早期故障（磨合期故障）、使用期故障（随机故障）和晚期故障（老化期故障）。

### （二）故障的征兆

故障的征兆也称为故障先兆，即故障发生前的表现形式。除了突发故障之外，任何一种故障在发生前均会有不同的信息显示出来，轮机员在机舱管理过程中，应密切观察注意这些信息，及时采取措施，防止故障发生。故障征兆主要有以下两个方面的表现：

### 1. 船机性能发生变化（以柴油机为例）

（1）功能异常

表现为起动困难、功率不足、转速不稳、自动停车、剧烈振动等。

（2）温度异常

表现为油、水温度过高或过低，排烟温度过高，设备发热等。

（3）压力异常

表现为燃油、滑油、冷却水压力异常，压缩压力和爆发压力不正常等。

（4）示功图异常

柴油机若做功不正常，测试示功图便可以发现。

## 2.船机外观显示异常

（1）外观反常

如船机运转中油、水、气等跑冒滴漏,排烟异常,如冒黑烟、蓝烟、白烟等。

（2）消耗反常

如船机运转中燃油、滑油、冷却水的消耗过快,或不正常增加(曲轴箱油位上升)等。

（3）气味反常

如在机舱内嗅到橡胶、绝缘材料的"烧焦味",滑油变质的刺激性气味等。

（4）声音异常

在机舱内听到异常的敲击声,如敲缸、拉缸声、增压器喘振声等。

### （三）故障规律

故障规律指船机设备及其零部件自投入使用到损坏不能运转的全部使用过程中,不同时期故障概率的规律。实践和经验表明,设备使用的早期和后期故障发生的概率较高,在使用寿命期,故障发生的概率几乎维持不变。故障发生的概率与时间呈典型的"浴盆曲线"的关系,如图 4-16 所示。

从故障率曲线可知,船机设备及其零部件自投入使用到最后损坏的全部使用过程,故障概率分为三个阶段。

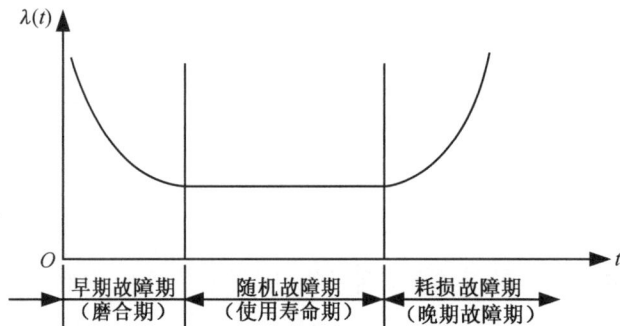

图 4-16　故障率规律曲线(浴盆曲线)

### 1.早期故障期

早期故障期又称磨合期,是船机投入使用的初期。该阶段的特点是故障率高,但随使用时间延长迅速下降。主要是因设计、制造、安装问题所致。一般通过调试、磨合、修理和更换有缺陷的零件来使故障率迅速降低。

### 2.随机故障期

随机故障期又称偶然故障期或设备的正常使用寿命期。该阶段的特点是故障率低并趋于稳定,与使用时间关系不大;故障由偶然因素引起,难以预防;不能通过调试消除;不能定期更换零部件预防。该阶段应加强维护设法延长其使用寿命。

### 3.耗损故障期

耗损故障期又称晚期故障期,在船机设备使用寿命后期出现。其特点是故障率随时间延长迅速升高。原因是设备经长期使用,零件因磨损、疲劳、腐蚀等引起配合间隙增大,设备中某些零件老化、耗损衰竭,失效率不断上升。如果在耗损期到来之前进行适时维修或更换备件,便可推迟耗损期的到来,延长使用寿命期。

## 二、船机零件的故障模式

所谓故障模式,是指妨碍船机设备完成规定任务的可能方式,即设备故障或失效的变现形式。例如船机设备的故障模式主要有磨损、腐蚀和疲劳等。

### (一)船机零件的摩擦与磨损

船机零件的摩擦、磨损容易引发设备故障,是船机零件故障模式之一,是影响船舶机械正常运转和船舶安全航行的主要因素。据相关资料介绍:大约 80% 的零件失效由磨损造成;世界能源的 $1/3 \sim 1/2$ 以不同形式消耗在克服机械零件表面相互作用的摩擦上。

#### 1. 摩擦

摩擦是指两接触物体在外力作用下产生相对运动(或运动趋势)时,接触表面产生切向阻力和阻力矩以阻止运动的现象。

阻力和阻力矩分别称为摩擦力和摩擦力矩。摩擦不但导致能量消耗增加,使接触物体温度升高,而且还会导致零件表面磨损。

根据接触物体表面的润滑状态,摩擦分为以下几种类别:

(1)干摩擦

摩擦表面之间既无润滑剂,又无湿气时发生的摩擦称为干摩擦。

干摩擦形成的局部高温引起的黏着和摩擦表面微凸体的相互作用,是引起摩擦的根本原因。摩擦过程实质上是黏着与滑动交替作用的过程,此时摩擦系数最大($0.1 \sim 1.5$)。其结果不但造成磨损,而且产生大量摩擦热,还会导致摩擦表面的性质发生改变。

(2)边界摩擦

摩擦表面之间存在一层极薄润滑膜(厚度约 $0.1\ \mu m$)时的摩擦称为边界摩擦。

当润滑不充分条件下,摩擦表面上通过润滑剂及其添加剂的理化作用形成一层极薄的边界膜,可使摩擦系数大为降低($0.05 \sim 0.5$)。比如气缸套与活塞环(上死点附近)、凸轮与挺杆等均处于此种摩擦中。

边界摩擦取决于两个摩擦表面的粗糙度及特性和润滑剂的特性。润滑剂的特性由其中的添加剂保证,含有油性添加剂的滑油油性较高,可避免零件干摩擦;含有极压添加剂的滑油,可用于高温重载的摩擦表面。

(3)流体摩擦

摩擦表面之间有一定厚度油膜的摩擦称为流体摩擦。摩擦发生在润滑剂流体内,摩擦系数($0.001 \sim 0.01$)和磨损最小。

根据油膜形成的方式分为静压润滑和动压润滑。

静压润滑:将一定压力润滑剂流体不断压入摩擦表面使之隔开的润滑方式称为流体静压润滑。

动压润滑:利用摩擦表面的相对运动使润滑剂流体产生楔形油膜或挤压油膜来承受外部载荷并隔开摩擦表面,这种润滑方式称为流体动压润滑。如各种滑动轴承、推力轴承等。滑动轴承动压润滑如图 4-17 所示。

形成流体动压润滑油膜的条件是:

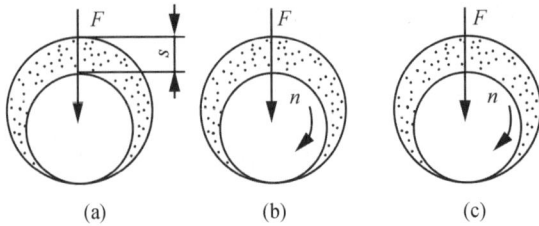

图 4-17　滑动轴承动压润滑示意图

①相对运动的零件必须具有足够高的相对滑动速度；

②摩擦表面具有足量的在一定温度下黏度合适的滑油；

③摩擦表面之间具有合适的配合间隙；

④摩擦表面具有较高的加工精度和粗糙度等级；

⑤相对运动的零件承载的负荷不超载。

当上述任何一个条件不能满足时，动压润滑油膜便容易丧失。尤其是在频繁起停或不稳定工况运行时，难以实现或保持流体动压润滑而发生快速磨损。

在船舶机械实际运转中，应该力求维持流体摩擦，最低维持边界摩擦，避免出现干摩擦。

**2. 磨损**

运转机械相对运动的摩擦表面的物质逐渐损耗，使零件的尺寸、形状和位置精度以及表面质量发生变化的现象称为磨损。

在船舶机械中，磨损是一种重要的故障模式。如船舶主、副柴油机可靠性，直接受活塞环与气缸套、曲轴与轴承等重要配合件的磨损影响。

1）磨损指标

在轮机管理工作中，为了控制零件因磨损产生的尺寸和形状误差影响机器的工作性能和可靠性，需要定期测量零件，以确保其尺寸和几何形状误差在要求的范围内。衡量零件尺寸误差的指标有磨损量和磨损率，几何形状误差包括圆度误差、圆柱误差和平面度误差。

（1）磨损量 $\Delta$

零件摩擦表面的尺寸变化量为磨损量，回转零件通常用径向尺寸的变化量表示。

轴类零件的磨损量为轴原始直径减去运转后实测直径，$\Delta_轴 = d_0 - d$；孔类零件的磨损量为运转后实测直径减去原始直径的尺寸，$\Delta_孔 = D - D_0$。如柴油机缸套的磨损量通常用内径增量衡量。

（2）磨损率 $\varphi$

磨损率指单位时间内的最大磨损量，反映磨损速度的大小。

一般单面磨损的零件磨损率为尺寸变化量除以运行时间 $t$，$\varphi = \Delta / t$；回转零件的磨损率为半径方向的磨损量除以运行时间 $t$，$\varphi = \Delta_{\max} / 2t$。

零件的磨损量和磨损率可以用零件投入使用至报废的时间间隔内两次测量值之差计算，也可以用任意一段工作时间间隔内两次测量值之差计算。

依测量值算出磨损量 $\Delta$ 和磨损率 $\varphi$，应与说明书或有关标准、规范规定的界限值（$[\Delta]$ 和 $[\varphi]$）比较，以判断零件磨损程度。

当磨损量 $\Delta < [\Delta]$，且磨损率 $\varphi < [\varphi]$ 时，表示零件磨损处于正常状态。例如：铸铁缸套正

常磨损率[φ]为 0.1 mm/kh;镀铬缸套[φ]为 0.01~0.03 mm/kh。

当磨损量 Δ=[Δ],且磨损率 φ=[φ]时,表示零件磨损处于临界状态。

当磨损量 Δ>[Δ],或磨损率 φ>[φ]时,表示零件磨损处于超差状态,需更换或修理。

2)几何形状误差

(1)圆度误差 t′

圆度误差指被测零件(轴或孔)横截面上的几何形状误差,用指定横截面上两个相互垂直直径差的一半表示。

$$t'=(D_1-D_2)/2 \quad mm$$

式中:t′——指定横截面的圆度误差,mm;

$D_1$、$D_2$——指定横截面上两个相互垂直的直径,mm。

测量并计算被测零件上数个指定横截面的圆度误差值,取其中最大值 $t'_{max}$ 与说明书、标准或规范给定的圆度 t 比较,要求 $t'_{max}<t$。

(2)圆柱度误差 u′

圆柱度误差指被测零件(轴或孔)纵截面上的几何形状误差,用指定纵截面上数个测量直径中最大直径 $D_{max}$ 与最小直径 $D_{min}$ 差的一半表示。

$$u'=(D_{max}-D_{min})/2 \quad mm$$

测量并计算被测零件上两个相互垂直纵截面的圆柱度误差,取其中最大值 $u'_{max}$ 与说明书、标准或规范给定的圆柱度 u 比较,要求 $u'_{max}<u$。

(3)平面度误差 v′

生产中常用三点法测量,即将被测平面上相距最远三点基准靶调成等高,构成理想平面,或称基准平面,测量被测平面上各点至此基准平面的距离,以其中最大(或最小)值与基准高度的差值作为平面度误差 v′。此外,还有水平仪、拉钢丝线等方法测量。

然后与说明书、标准或规范给定的平面度 v 比较,要求 v′<v。

3)磨损规律

零件自投入使用至报废的时间间隔内,零件的磨损速度明显不同,如图 4-18 所示。

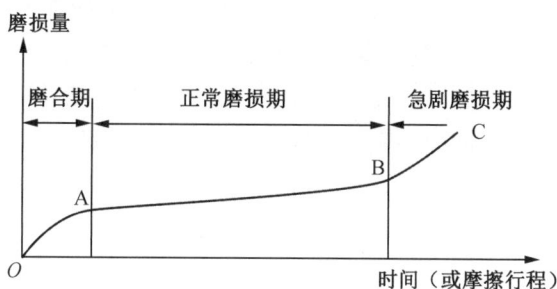

图 4-18　磨损曲线

图中横坐标表示零件运转时间,纵坐标表示磨损量。曲线反映出新造或修理后的零件自投入使用至最后失效分为磨合期、正常磨损期和急剧磨损期三个阶段。

(1)磨合期

磨合期是零件投入运转的初期,因新造或修理的零件表面加工刀痕的影响,该阶段磨损特点是磨损量较大、磨损速度较快。通过磨合,零件摩擦表面的形貌和性质可从初始状态逐渐过渡到正常使用状态,所以良好的磨合是机械在正式使用时正常工作的重要保证。

为确保良好磨合,需要注意以下事项:

①磨合时确保良好的润滑。

②初始粗糙度要合理,表面形貌及材料要有利于磨合。

③运转时间与负荷分配,一般原则是转速、负荷由小到大,先升速后逐渐增加负荷。

（2）正常磨损期

正常磨损期是零件的正常运转阶段。由于磨合后摩擦表面形成适应运转的形貌,增加了表面接触面积,形成了表面冷硬层,硬度提高使磨损显著降低。该阶段的特点是磨损速度较低,磨损量小且稳定。设法延长该阶段运转时间的关键工作是,做好维护保养工作,及时排除磨损增大的偶然因素。

（3）急剧磨损期

零件长期工作后,由于磨损量和几何形状误差逐渐累积变大,摩擦副配合间隙增大,配合性质变坏,导致运转中产生振动、冲击,温度升高,此时磨损便加剧。零件处于该阶段初期时,应立即停机检修,恢复其技术状态,以避免严重事故发生。

4）磨损的种类

（1）黏着磨损

在润滑条件下零件摩擦表面相对运动时,因偶然因素使摩擦表面上某些微凸体金属发生直接接触,油膜丧失导致干摩擦,产生高温形成黏着点,在随后的运动中黏着点又被剪断,金属发生转移的现象。例如柴油机发生的"拉缸"、轴承的"烧瓦"等故障现象均属于黏着磨损。

在管理中避免黏着磨损的措施,主要就是力求摩擦表面维持流体摩擦,最低限度是维持边界摩擦,避免出现干摩擦。具体措施,可根据流体动压润滑油膜的形成条件分析,如避免过载和频繁地起动;按要求检查运动副的间隙和几何形状误差,发现超过标准,及时修理或更换;检修时,注意保证运动部件的装配质量等。

（2）磨粒磨损

运动副相对运动时,较硬的粗糙表面或硬的颗粒对较软的摩擦表面的微切削、刮擦作用,造成的表面材料损耗称为磨粒磨损。磨粒磨损与磨粒和材料的硬度关系密切。

对船用柴油机而言,在管理中减少磨粒磨损的措施,一是防止外界磨粒进入摩擦表面,如采用空气、燃油、滑油滤清器（简称"三滤"）,对空气、油料过滤,注意关键部位的密封,防止外界磨粒侵入。二是避免摩擦表面内部磨粒的聚集,及时清除摩擦过程中产生的磨屑。如组织好柴油机燃烧过程,防止缸内大量积炭,做好清洗,分油机对燃油、滑油进行净化处理,换油等维护保养工作。

（3）腐蚀磨损

运动副相对运动时,由于摩擦表面金属与周围介质发生化学、电化学和机械作用而使摩擦表面金属损失的现象称为腐蚀磨损。

在管理中减少腐蚀磨损的措施,一是需要注意保持滑油的品质,避免滑油污染变质。由于长期使用的润滑油氧化变质后会产生酸性物质,应注意检查更换。二是注意柴油机冷却水温不能过低,防止低温腐蚀。三是对燃用含硫量较高的燃油的柴油机,应采用碱性添加剂的滑油等。

**（二）船机零件的腐蚀**

金属与周围介质发生化学、电化学作用或物理溶解而产生的变质和破坏的现象称为腐蚀。

腐蚀是一种重要的故障模式。在船机设备中较为常见,如各类管道的腐蚀、缸套和缸盖冷却水腔的电化学腐蚀、活塞顶部与排气阀阀面的高温腐蚀、缸套外圆表面与桨叶的穴蚀等。其他损坏形式(如磨损、裂纹和断裂)往往包含有腐蚀因素,另外非金属材料与周围介质作用产生的破坏日益增多和严重,也属于腐蚀(氧化)破坏。

根据腐蚀过程的特点,腐蚀分为化学腐蚀和电化学腐蚀两类。

### 1. 化学腐蚀

金属与周围介质(非电解质)直接发生化学作用而引起的破坏,称为化学腐蚀。其特点是腐蚀过程中无电流产生。

由于船机设备不导电的介质较少,故纯化学腐蚀并不多见,化学腐蚀主要发生在柴油机燃烧室内的高温腐蚀和其他位置的低温腐蚀。

(1)高温腐蚀

柴油机燃烧室组件中的部分零件与燃气中低熔点灰分在高温下发生化学作用导致的破坏现象,称为高温腐蚀。

燃油(主要指重油)中若含有钒、钠等元素,燃烧后生成的钒、钠化合物熔点较低(500~800 ℃),这些燃烧产物容易附着在高温零件(如排气阀、阀座,活塞顶部等)表面,使零件表面氧化膜溶解,导致腐蚀、形成凹坑。

防止高温腐蚀的主要措施是控制燃油中钒、钠等元素的含量,控制燃烧室零件的温度。

(2)低温腐蚀

柴油机低温腐蚀,指柴油机中的部件或装置(如气缸壁、废气涡轮增压器壳体等处)与燃气接触,当燃气中的二氧化硫($SO_2$)、三氧化硫($SO_3$)和水蒸气处于较低温度时(170 ℃左右),在工件的表面便生成亚硫酸或硫酸造成零件的腐蚀。

防止低温腐蚀的主要措施是控制柴油机冷却温度、控制燃油含硫的成分等。

### 2. 电化学腐蚀

金属表面与导电的电解质溶液中发生电化学作用而产生的破坏称为电化学腐蚀。

电化学腐蚀是自然界和生产中最常见的腐蚀形式,破坏作用也最显著,金属材料在大气、水、酸、碱、盐中均能发生电化学腐蚀。

(1)船上常见的电化学腐蚀

①电偶腐蚀

船机设备零部件或船体构件,若是异金属接触就会发生电偶腐蚀,且较为普遍。

若接触的异金属在元素周期表内相距越远,则腐蚀倾向越大。如壳管式冷却器的钢壳体与黄铜管、钢质艉轴与铜制螺旋桨等构成异金属接触,这些接触的异金属在水这种导电的电解质溶液,电极电位低的钢质材料容易被腐蚀。

②氧浓差腐蚀

氧浓差腐蚀是金属浸入含氧量不同的电解质溶液中,含氧量低的处所容易腐蚀的现象。例如,部件连接件结合面的缝隙处、气缸套与气缸体下部橡胶密封圈的缝隙处、管道罐体水流不畅的死水区等处因溶液的含氧量不足,都会使该处金属加速腐蚀。

③温差腐蚀

浸入电解质溶液中的金属当不同部位的温度不同时,高温部分容易腐蚀的现象。如换热器或柴油机排气管的高温端比低温端腐蚀严重。

④选择性腐蚀

某些金属合金中的某些元素在腐蚀介质中优先被溶解的破坏的现象称为选择性腐蚀。如各种阀门、水管、空调内外机连接管和散热器常采用黄铜（铜、锌合金）制造，在酸性或盐溶液中容易发生脱锌，锌被腐蚀；轴瓦材料常用锡青铜、铝青铜和铅青铜，其中的锡、铝、铅易腐蚀；铸铁（铁碳合金）缸套外圆表面在冷却水中铁素体容易被腐蚀。

⑤应力腐蚀

金属材料在加工成制件时，由于加工引起的内应力部位较大，容易产生腐蚀。

（2）维护管理上防止电化学腐蚀的措施

轮机员需要对船上容易发生腐蚀的零部件加强维护管理，防止或减少腐蚀，具体措施为：

①定期清理冷却水系统，注满带防腐剂的蒸馏水，定期检查冷却水状况；

②适时更换船体钢板上和柴油机气缸盖侧内设置的阴极保护用的防腐锌块；

③尽量选用低硫燃油，若燃烧含硫量较高的燃油时需采用与之匹配的碱性润滑油；

④对各类润滑油的质量进行定期检验，若变质应及时更换；

⑤零件经酸洗或碱洗后，应用清水洗净并涂油保护。

### 3. 穴蚀

穴蚀是指水力机械或机件与液体相对高速运动时在机件表面产生的一种破坏，又称空泡腐蚀或气蚀。

穴蚀也是一种局部腐蚀，其特征是机件金属表面上聚集蜂窝状或分散状小孔群，孔穴内清洁无腐蚀产物附着。

一般船机零件中柴油机气缸套外表面、燃油喷射系统零件、轴瓦和螺旋桨等比较容易发生穴蚀。

（1）柴油机气缸套的穴蚀

船用筒型柴油机工作时，在活塞侧推力作用下气缸套横向振动，缸套外圆表面（横向左右两侧）与冷却水接触处易产生穴蚀。此外在冷却水进口或水流的转向处等部位，也易发生穴蚀。

管理中防止穴蚀的措施，一是控制缸套横向振动的能量，为此应确保柴油机不超负荷运行，使侧推力不过大；确保活塞与缸套的间隙不过大。二是控制冷却水温不过高，防止气泡产生。从发挥柴油机效能和降低腐蚀和穴蚀出发，冷却水腔淡水温度在 $80 \sim 90 \, ^\circ\text{C}$ 为好。三是保证冷却水压不过低，要在说明书规定范围。

（2）燃油系统零件的穴蚀

柴油机燃油系统中的高压油泵柱塞、出油阀、喷油器的针阀和高压油管均可能发生穴蚀。

燃油系统零件的穴蚀有以下两类：

①波动穴蚀

波动穴蚀主要发生在高压油管中。燃油系统中因喷油需要瞬时高油压，高压燃油流动时产生并传播压力波，在喷射终了时会使管内压力变化大，若出油阀卸载过度会产生负压力波，导致气泡产生，高压时又使气泡溃灭造成穴蚀。柴油机在低负荷运转时波动穴蚀较为严重。

②流动穴蚀

流动穴蚀主要发生在高压油泵柱塞螺旋槽附近和喷油器针阀截面变化处。高压燃油流经通道截面变化处产生强烈节流,压力下降并形成气泡,随后的压力升高又使气泡溃灭而造成穴蚀。柴油机高负荷运转时节流作用增大使穴蚀更加严重。

运行管理时,尽量避免柴油机在高负荷和低负荷下长期运行。

(3)轴瓦和螺旋桨的穴蚀

①轴瓦的穴蚀

高速大功率柴油机铜铅合金薄壁瓦上,在主轴瓦和曲柄销轴瓦上油槽和油孔周围,呈小孔群状。

运行管理时主要选择品质较好的润滑油。

②螺旋桨的穴蚀

螺旋桨的穴蚀主要发生在螺旋桨桨叶叶背边缘处,呈蜂窝状孔穴,成片分布,严重时使桨叶边缘烂穿。螺旋桨转速越高,叶背处水流速度越快,压力下降越大。

一般采用在螺旋桨桨叶上涂环氧树脂、改进桨叶叶型和降低螺旋桨转速等措施防止或减轻穴蚀破坏。

### (三)船机零件的疲劳破坏

船机零件在工作过程中各点的应力随时间做周期性的变化,这种随时间做周期性变化的应力称为交变应力(也称循环应力)。在交变应力的作用下,虽然零件所承受的应力低于材料的屈服极限,但经过较长时间的工作后产生裂纹或突然发生完全断裂的现象称为金属的疲劳。

#### 1. 零件发生疲劳断裂时的特征

(1)零件在交变载荷作用下,经过了较长时间的使用;

(2)断裂应力 $\sigma$ 低于抗拉强度 $\sigma_b$,甚至低于屈服强度 $\sigma_s$;

(3)断裂是突然的、无任何先兆;

(4)断口形貌特殊,断口上有明显不同的区域;

(5)零件几何形状、尺寸、表面质量和表面受力状态等均直接影响零件的疲劳断裂。

#### 2. 影响零件疲劳强度的因素

零件的疲劳破坏是一种普遍且严重的失效形式,是船机零件故障模式之一。对于船机零件中如曲轴、缸盖、齿轮、轴承、叶片、螺栓、弹簧等承受交变载荷的零件,通常都会选择疲劳强度较好的材料来制造。但是下列因素会导致材料的疲劳强度下降,当材料承受的应力超过疲劳极限时便会产生裂纹。

(1)应力集中

应力集中是引起疲劳破坏的首要因素。试验表明,零件表面上缺口引起的应力集中会使疲劳极限降低,缺口越尖锐,疲劳极限降低越严重。在检查船机零件时应特别留意零件表面上的台阶、键槽、油孔、螺纹根部等应力集中的处所,发现问题应及时处理。

(2)表面状态和尺寸因素

零件的表面状态指零件表面的粗糙度、应力状态、成分和性能的变化等。

若表面过于粗糙,则疲劳极限便会降低;零件表面若经滚压、喷丸等工艺处理后,表面处于残余压应力,疲劳极限可以提高;表面若经渗碳或氮化处理,弯曲、扭转疲劳极限均会大幅度提高。

承受交变载荷的大型零件,表面积越大,表面出现缺陷的概率越大,则疲劳强度存在降低的可能。

（3）零件的使用条件

一般情况下，若材料过载、超过正常使用温度以及使用环境有腐蚀介质时，都可能对材料表面造成损伤，从而降低疲劳强度。

## 三、船机零件缺陷的常规检验

船机零件的缺陷指零件在制造和使用过程中产生的缺陷和损伤。零件失效和机器损坏的主要原因，就是由零件表面和内部缺陷引起的。

为了保证船机设备运转的可靠性和船舶航行安全，船检机构对船机设备在制造和安装过程中，进行了严格质量检验并颁发船级证书；船舶投入使用后，为了保持设备良好的技术状态船检机构还要进行各种技术检验，如年度检验、中间检验、坞内检验和特别检验等；船机设备使用过程中，轮机员需要对其进行日常维护管理，对零件进行各种检查与测量，对有缺陷的设备进行有计划的维修，严重缺陷则需进厂维修，以防止故障发生。

在船舶航行条件下，轮机员采用以下常规检验方法对缺陷零件进行检验，以判断零件的可使用性。

### 1. 观察法

观察法是通过人的眼睛或借助放大镜等辅助工具观察和判断零件表面是否存在裂纹、磨损、腐蚀等缺陷的方法。其观察和判断的准确程度完全取决于检验人员的细心与经验。

### 2. 听响法

听响法是一种根据敲击零件时发出的声音来判断零件内部和表面有无缺陷的方法。

声音清脆表明零件完好或零件与表面覆盖层结合良好；声音沙哑表明零件内部或表面有缺陷，或其表面与覆盖层结合不良、局部脱壳等。通常用于检验轴瓦瓦壳与瓦衬结合情况。

听响法只能定性地判断零件是否有缺陷，而不能定量确定缺陷种类、大小和部位，只适用于小零件，且判断的准确度依赖于检验人员的经验。

### 3. 测量法

测量法是利用普通或者专用量具测量检测零件尺寸、配合间隙等，判断零件磨损和腐蚀情况的方法。

一般通用量具有内、外径千分尺，百分表，塞尺等。专用量具有专用千分尺、桥规、样板等。测量可以通过直接测量读出数据（直接测量），也可以通过测量后再经过计算间接获取数据（间接测量）。测量精度取决于量具、量仪的精度和测量人员技术水平。因此，轮机员应掌握各种量具、量仪的使用和保养方法，不断提高测量技术水平和测量精度。

### 4. 液压试验法

对使用中要求具有较高密封性的零件，通常需要采用液压或气压试验来检验其密封性。

液压试验法实质是模拟零部件的使用条件下对承压零部件材料内部缺陷进行检测的方法。试验前，应将零件上的孔、洞等堵塞，用专用夹具密封零件形成包括检验部位的封闭空腔，注入液体或气体，按要求加压至规定压力，保持一定时间后观察零件外表面的渗漏情况，判断零件能否使用。

液压试验介质一般根据具体要求,选用水、油或空气。试验压力依零件的工作条件而定。例如柴油机气缸套上部(1/3 气缸全长)燃烧室组成部分,试验压力为 1.5 倍爆发压力 $p_z$。气缸盖冷却水腔、气缸套外缘水腔试验压力为 0.7 MPa,保持 5 min。

液压试验法检测准确、可靠,应用广泛。各种有密封要求的零部件的试验压力可在相关的修理技术标准或说明书中查询。

# 第三节 ◎ 船机故障的维修

## 一、船机零件的修复工艺

修复工艺主要指修理过程采用的方法与材料、工具,过程与质量。比如修理发动机的方法有拆解、清洗、换件、焊接、加工、装配、密封等,所需工具有各种手动、电动工具、测量工具等。

为了延长零件的使用寿命,对损坏的零件可以采用各种修复工艺使其中大部分零件恢复原有的功能并重新投入使用。此外,有时在无备件情况下必须采用一定方法将损坏的零件修复。

本节主要介绍船上常用的修复工艺。

### (一)船机零件的修复

#### 1. 船机零件修复的意义

船机零件经过长时间的运转使用,发生磨损、腐蚀、疲劳等损伤有时难以避免,修复损坏的零件有以下意义。

(1)恢复损坏零件的使用功能,延长其使用寿命,尤其是在缺少备件的情况下,可解决应急之需;

(2)减少备件,减少新零件购置,节约资源,降低修船费用,从而减少闲置资金,有利于提高船舶的营运效益;

(3)促进修复工艺的发展和修理技术水平的提高。

#### 2. 零件修复的前提条件

轮机员在选用修复工艺时,可从修复质量、经济和时间三方面综合权衡确定,并尽可能满足以下条件。

(1)有合适的修复工艺并具备相应的技术条件,在规定时间内能够修复。

(2)修复费用应低于新建制造成本或购买新件的费用,即:

$$(S_修/T_修)<(S_新/T_新)$$

式中:$S_修$——修复旧零件费用,元;

　　$T_修$——零件修复后使用期,月;

　　$S_新$——新零件制造成本或购买新零件的费用,元;

　　$T_新$——新零件使用期,月。

一般情况下,选择的修复工艺产生的修复费不超过 2/3 制造成本或购买新零件费用,便值得修理。但若不易购买或时间较长,在应急状态下也应修理。

（3）所选择的修复工艺,修复后能够保持原有的技术性能,能够保证零件足够的强度和刚度,不影响使用性能和使用寿命。重要件修复前应做强度计算等。

（4）修复后能使用一个修理间隔期。如小修、检修范围的零件,应能使用到下一个小修、检修的期限。运动件为 3 个月,固定件为 6 个月。

### 3. 磨损件的修复方法

船机设备中有相对运动的配合件,由于工作条件不同将会产生不同的磨损情况。配合件磨损后会导致零件尺寸变化（如轴的轴径变小,孔的孔径变大）、形状也发生变化（如轴或孔均出现圆度误差和圆柱度误差）,从而导致配合件的配合间隙增大,工作性能下降。相对运动的配合件的修复,目的是使变大的配合间隙值恢复到原设计要求,以恢复其工作性能。为此具体的修复方法如下:

（1）改变尺寸法:改变配合件尺寸,恢复配合件的配合间隙值,从而恢复其工作性能。如采用修理尺寸法、尺寸选配法等修复工艺。

（2）恢复尺寸法:恢复配合件尺寸,恢复配合件的配合间隙值,从而恢复工作性能。如采用喷焊、电镀、堆焊等修复工艺。

### （二）常见的修复工艺及选择

#### 1. 常见修复工艺的种类

目前我国修船厂主要使用的船机零件修复工艺,如表 4-3 所示。

表 4-3　常用修复工艺

| 序号 | 名称 | 种类 | 适用范围 |
|---|---|---|---|
| 1 | 机械加工修复 | 镗缸、镶套、局部更换等 | 磨损、腐蚀 |
| 2 | 塑性变形修复 | 冷校、热校、加热校直 | 变形 |
| 3 | 手工修复 | 拂刮、修锉、研磨 | 磨损、腐蚀 |
| 4 | 黏结修复技术 | 有机黏结、无机黏结 | 腐蚀、裂纹、断裂、装配等 |
| 5 | 金属扣合工艺 | 强固扣合、强密扣合等 | 裂纹、断裂 |
| 6 | 焊补修复 | 喷涂 喷焊 | 磨损、腐蚀、裂纹、断裂 |
| 7 | 热喷涂工艺 | 有槽电镀、电刷镀 | 磨损、腐蚀 |
| 8 | 电镀工艺 | 焊接、堆焊 | 磨损 |

在船上对船机零件常使用的修复工艺主要有机械加工修复、手工修复、塑性变形修复、黏结修复技术、金属扣合工艺和手工焊接技术等。

1）机械加工修复

船机零件产生磨损、腐蚀等损坏后,常采用机械加工的方法进行修复。常用的方法有修理尺寸法、尺寸选配法、附加零件法、局部更换法、成套更换法和换位修理法等。

（1）修理尺寸法

修理尺寸法是将配合件中较重要的或较难加工的零件进行机械加工,消除其工作表面损坏缺陷和几何形状误差,使之具有正确的几何形状和新的基本尺寸(修理尺寸);配合件中的另一零件根据修理尺寸重新制造,以恢复配合间隙和配合特性的方法。通常,修理尺寸的确定有以下两种方法:

①最小加工余量法

修理尺寸等于实际测得的尺寸减去(针对"轴")或加上(针对"孔")消除缺陷所需的最小加工余量。例如,柴油机曲轴主轴颈过度磨损后,由于曲轴较为贵重,故在保证轴颈强度的基础上,以消除缺陷和形状误差的最小加工余量光车轴颈,再以光车后的轴颈直径(小于原始轴径)作为修理尺寸,加工或配置厚度较大的主轴瓦,以恢复原有的轴承间隙。

该方法简单、经济,但修理后零件失去互换性,备件较为困难,仅适用单件生产。

②分级修理法

分级修理是将零件按规定的分级修理尺寸加工(余量可能不是最小加工余量),而另一配合件预先按相应分级修理尺寸制造好,直接选用,无须单件制造。

例如一根轴径为 200 mm 的全新轴,工作后产生圆度或圆柱度误差,便可规定。

第一次修整的修理尺寸为 199.75 mm;第二次修整的修理尺寸为 199.50 mm;第三次修整的修理尺寸为 199.25 mm……(分级尺寸一般为等差数列)。根据轴的强度计算确定轴报废尺寸。根据上述分级尺寸,预制好相应的轴瓦,届时直接进行选用。

该方法可使单件的修理变成批量生产,从而缩短了修理周期,提高了经济性。目前该方法广泛应用于曲轴轴颈、缸套、活塞等零件的修理。

(2)尺寸选配法

将相同机型的一批已经过度磨损的配合件,分别进行机加工消除缺陷和几何形状误差,然后根据原配合间隙值的要求进行选配。

该方法简单、方便、经济,可使部分已报废的配合件重新投入使用。其缺点是待修的配合件必须有一定的批量,数量过少,则不易组成新的配合件;各个配对修复好的配合件具有相同的配合间隙,但基本尺寸却不同,不能互换,且不能修复所有的零件。目前该方法主要应用于柴油机喷油泵柱塞与套筒、喷油器针阀与阀座等精密偶件的修理。

(3)附加零件法

将过度磨损的零件表面进行机加工,使之恢复正确的几何形状,然后特制附加具有工作表面基本尺寸的衬套零件。如气缸盖阀孔损坏后的镶套修理;舵轴轴颈磨损后镶铜套修复等。

该方法使用时衬套与被修理件通常采用过盈配合套合,钢衬套厚度一般应大于 2~2.5 mm,铸铁衬套厚度大于 4~5 mm,以保证刚度,材料要尽量相同,避免因热膨胀系数不同而脱落。

(4)局部更换法

贵重或尺寸较大的零件若局部损坏,在保证强度要求前提下从零件上除去损伤部分,再制造出这一部分的新品,使其与零件余留部分(用焊接或其他方法)结合的方法。

(5)成套更换法

为缩短修理周期,拆下损坏零件的部件或设备,迅速换上备件继续运行称为成套换修。

换下的部件或设备经修理后又作为备件。例如:高压油泵中的精密偶件损坏后,将整台高压油泵更换,换下的油泵待精密偶件修复(或换新)后作为备件使用。该方法主要应用于同类机型较多的船舶修理。

（6）换位修理法

换位修理是将零件磨损或损坏部分翻转过一定角度,利用零件未损坏的部分来恢复零件的工作能力的方法。该方法不修复损坏部分,只是改变了损坏部分的位置,常用来修复磨损的键槽、螺栓孔和飞轮齿圈等,如图4-19所示。

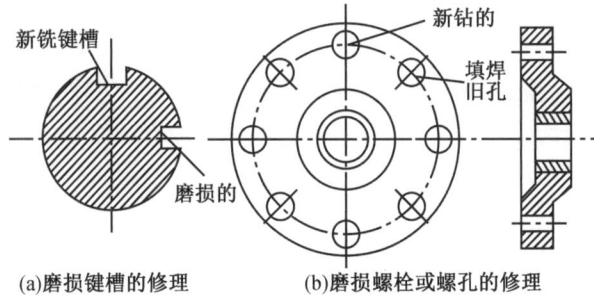

图4-19　零件换位修理法

2）手工修复（钳工修复法）

手工修复包括绞孔、研磨、刮研、手工修磨等。

（1）绞孔

绞孔指利用铰刀对零件上的孔进行精密加工和修整性加工的工艺。该工艺能够提高孔的尺寸精度和减小表面粗糙度值,主要用来修复各种配合的孔,修复后其公差等级可达IT7~IT9,表面粗糙度值可达Ra3.2~0.8。

（2）研磨

在工件上研掉一层极薄表面层的精加工方法叫作研磨。

研磨属于精密和超精密零件精加工的主要方法之一,可使零件获得极高尺寸、几何形状和位置精度以及最高表面粗糙度等级,从而提高装配的配合精度。通常在船机设备中对一些密封要求较高的精密偶件或配合件,均需要研磨加工。如在船舶主、副柴油机燃油系统中的三对精密偶件:高压油泵中的柱塞-套筒、出油阀-阀座偶件和喷油器中的针阀-针阀体偶件制造时都经过了研磨精加工。

船机零件中一些密封要求较高的精密偶件或配合件在运行工作后,若发生磨损导致密封性下降,则需要采用研磨技术修复,使配合面恢复密封性能。如柴油机进、排气阀和燃油系统的精密偶件的配合面等损坏,可研磨修复。

①平面研磨修复

零件平面磨损或腐蚀,若尺寸小、研磨要求不太高,可在带有交叉沟槽（深度为1.5~2 mm）的铸铁研磨平板上,手工研磨修复。

研磨前,零件和平板应清洗干净,研磨剂应均匀涂抹零件待修表面上;研磨时,手按零件,沿8字形轨迹运动,使磨痕交叉以提高表面粗糙度等级;研磨一段时间后将零件转动一定角度再继续研磨。一般圆形零件转120°,方形零件转90°,矩形零件转180°,使研磨均匀,如图4-20所示。

研磨时根据腐蚀、磨损情况,即研磨量的大小确定研磨工序和选用研磨膏。如研磨量较大,则需要先进行粗研磨,再精研磨。先选用氧化铝研磨膏粗研,再选用氧化铬研磨膏精研,直至零件端面呈均匀暗灰色为止。清洗后,再与相对应配合平面互研,使之吻合。互研只加润滑

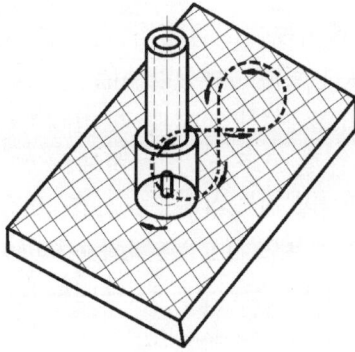

图 4-20　高压油泵套筒端面研磨

油,不用研磨膏。

②锥面研磨修复

通常,针阀偶件锥面配合面有连续的宽度为 0.3~0.5 mm 的环形密封带,进、排气阀阀面锥面配合面有连续的宽度为 1.5~2 mm 的环形密封带,若磨损后密封环带变宽或中断、模糊不清,会导致漏油或漏气,此时应采用互研修复。

针阀偶件锥面配合面的手工互研时,密封锥面抹少量研磨膏,迅速插入针阀体座面,严防研磨膏粘到内圆表面破坏内孔精度。一手握针阀体,另一手拿针阀,适当施力使二者相对左右转动,相互研磨,直到针阀锥面上出现细窄光亮环形密封带为止。研磨中,依针阀锥面磨损情况,可先用研磨膏互研再用润滑油互研,或只用滑油直研。最后雾化试验检验针阀密封性。

进排气阀锥面研磨时,将清洗干净的缸盖倒置在架子或方木上,用橡皮碗吸住阀盘底平面,在配合面阀间放入少量研磨剂或机油,用相配合的气阀锥面与阀座互相研磨,如图 4-21 所示。若麻点较深,将砂布垫在气阀下,用手按住转动气阀磨去麻点,依次用粗、细研磨沙,滑油研磨。当研磨至阀面光亮,经密封性检查合格后完成。

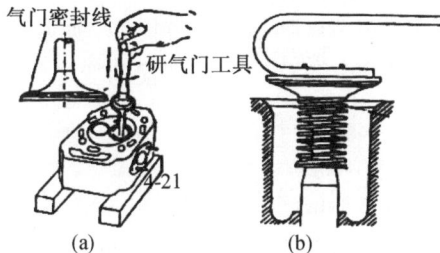

图 4-21　气阀的研磨

(3)刮研

利用刮刀、拖研工具、检测器具和显示剂,以手工操作的方式从工件表面刮去较高点,再用标准检测器具涂色检验,边刮研、边测量,反复加工使零件达到规定的尺寸精度、几何精度和表面粗糙度等要求的精加工工艺称为刮研。刮研是一种间断切削的手工操作,它不仅具有切削量小、切削力小、产生热量小、夹装变形小的特点,而且由于不存在机械加工中不可避免的振动、热变形等因素,所以能获得很高的精度和很小的表面粗糙度值。可以根据实际要求把工件表面刮成中凹或中凸等特殊形状,以弥补机械加工不容易解决的问题。不能刮研淬火的零件表面。螺旋桨与艉轴的装配常用到刮研工艺。

（4）手工修磨

船机零件配合件的摩擦表面若出现轻微的擦伤、划痕、拉毛等缺陷，且未影响零件的尺寸和几何形状精度时，一般可采用人工原地修磨予以消除。

例如，柴油机气缸套内圆若出现轻微纵向拉痕，可用砂纸、油石与水平呈 20°~30°交叉打磨，使之光滑。当出现轻微擦伤（深度<0.5 mm），可用油石、锉刀、风沙轮消除，使之光滑。

曲轴轴颈若出现轻微擦伤，可用麻绳或布条敷细砂纸（0 号或 00 号）缠在轴颈上磨去，如图 4-22（c）所示；若出现较浅伤痕，可用油石打磨，如图 4-22（a）所示，再用砂纸光顺；若出现的伤痕较深，可用油光挫进行修挫，如图 4-22（b）所示，临时修复。

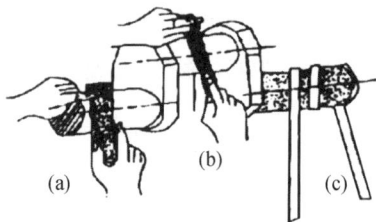

（a）油石修磨 　　　（b）油光锉修挫 　　　（c）砂纸打磨

图 4-22　轴颈表面擦伤、腐蚀的修复

3）焊补修复

焊补工艺包括焊接和堆焊两种工艺，零件的裂纹、断裂主要采用焊接工艺修复，零件严重的磨损、腐蚀和烧蚀等损坏则采用堆焊工艺修复。船（包括修理用的趸船）上常用的焊补工艺主要有手工电弧焊或气焊等方法。

焊补工艺的优点是成本低、工时少、效率高、堆焊层与零件基体结合强度高。但缺点是焊补时零件温度高，易导致变形和裂纹。所以，焊补工艺在船上主要用于应急修理，例如应急焊接断裂曲轴。

4）塑性变形（压力加工）修复法

塑性变形修复法实质上是利用金属的塑性变形性能，使零件在一定外力作用下改变或恢复零件的原有几何形状和尺寸的修复方法。针对磨损和变形等不同的缺陷情况，主要有以下方法：

（1）修复磨损零件

修复磨损零件常用的方法有镦粗法、扩张法和缩小法。其原理都是利用塑性变形将零件非工作部位的部分金属转移到零件磨损工作部位上，以恢复零件工作表面的原有尺寸。

①镦粗法

利用减小零件的高度、增大零件外径或缩小内径尺寸的一种加工方法。

该方法主要用于恢复铜合金或中低碳钢的圆柱形零件，如铜套外径或内经磨损时，在常温下可通过专用模具，在手压床或用锤子手工敲击，以垂直于塑性变形方向的作用力进行镦粗。镦粗时应考虑金属塑性的高低，控制其变形程度，过大的镦粗会产生纵向裂纹。

②扩张法

扩张法指利用扩大零件的孔径，增大外径尺寸，或将重要部位的金属扩张到磨损部位使其恢复原来尺寸的方法。

扩张法主要应用于外径磨损的套筒类零件。例如空心的活塞销外圆表面磨损后，可采用扩张法进行临时应急修复。

③缩小法

缩小法与扩张法相反,主要是利用模具的挤压外径来缩小内径尺寸的一种修复方法,应用于筒形零件的内径修复。

(2)修复变形零件

船机零件在长期使用中,由于受到弯曲、扭转等应力作用下产生塑性变形,例如柴油机曲轴的弯曲变形;另外,零件在使用过程中还会由于碰撞引起变形,如螺旋桨桨叶打到缆绳或礁石上产生的变形等。只要零件产生的变形在一定的范围内,生产中便可根据零件的变形程度选用冷校法、热校法、加热-机械校直法等来修复变形零件。

①冷校法

对材料塑性较高、变形程度不大或尺寸较小的变形零件选用冷校法修复。

冷校法是使零件变形部位产生相反方向的塑性变形,使其校正。考虑到零件的弹性变形影响,反向变形应较原变形量适当增大(矫枉过正),达到消除变形的目的。常用的冷校法有敲击和机械校直两种。

a. 敲击法

敲击法是人工使用锤子敲击变形部位的背面,使之产生反向变形。操作时应根据零件材料、形状、尺寸及变形程度,选择木槌、铜锤或铁锤和相应的敲击力度。敲击时,不可在一处多次敲击,而应移动地敲击,每处敲击 3~4 次。

该方法校正变形稳定,对疲劳强度影响不大。如小型曲轴的弯曲变形,常采用铁锤敲击曲轴曲柄臂的内侧或外侧,使变形的曲轴轴线校直,如图 4-23 所示。变形不大的螺旋桨桨叶亦用此法。

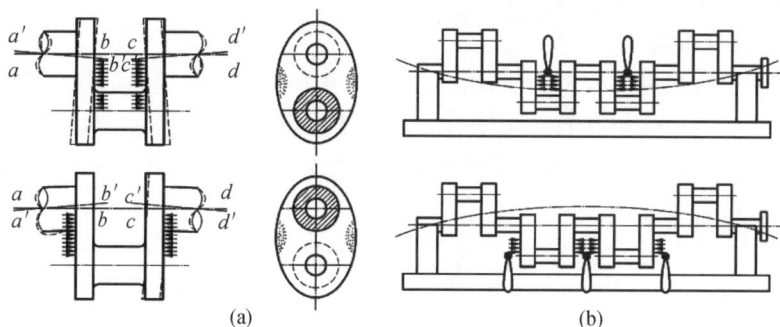

图 4-23　敲击法校直曲轴

b. 机械校直

机械校直也称静载荷法校直,通常在压床或专用机床上进行,主要用于校直弯曲变形不大的小型轴类零件。例如小型曲轴的校直时,可用 V 形铁支撑在曲轴两端或弯曲部位附近的两个主轴颈处,弯曲凸面朝上,用压力机或千斤顶加压使之反向变形,变形量比原弯曲量略大,保持压力 1~2 min 后卸载。施压数次可校直,如图 4-24 所示。该方法也可校正变形不大的螺旋桨桨叶。

需要注意的是,采用机械力压直后的零件,内部均会出现残余应力,即便采用低温退火也难以完全消除,在后期的使用中会再度弯曲变形。此外,在加压校直后,曲轴截面变化(过渡圆角)处会产生较大的塑性变形,残余应力增大,使曲轴疲劳强度降低。

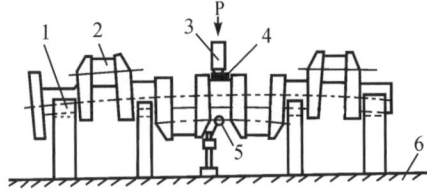

**图 4-24　机械法校直曲轴**

1—V 形铁;2—曲轴;3—压力机;4—铜皮或铅皮垫片;5—百分表;6—平台

②热校法

热校法是利用金属材料热胀冷缩特性校正变形零件。

具体方法是,采用氧-乙炔焰或喷灯,在轴最大弯曲变形的轴颈局部(1/6～1/3 圆周上)进行快速均匀加热,加热温度控制在 250～550 ℃;此时,轴的弯曲凸面处受热膨胀,在受热部分产生压缩;保温缓冷至室温,使压缩应力让受热部分产生局部塑性变形;由于冷却时受热部分收缩产生相反方向的弯曲变形,从而使轴的弯曲得以校正。通常,加热校直需经过数次加热、冷却、检测校直的效果,才能校直,如图 4-25 所示。

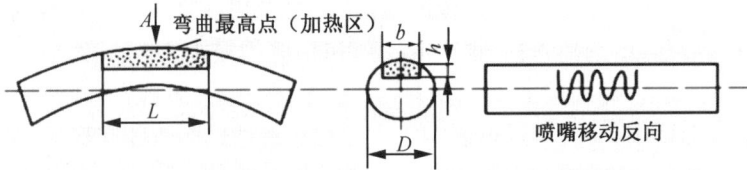

**图 4-25　加热校直轴类零件示意图**

该方法适用于变形较大的轴类零件,对操作者的技术水平和经验都要求较高。

③加热-机械校直法

该方法是加热法和机械校直法的联合应用,适用于弯曲变形较大的零件。一般先用机械校直法使零件产生一定的相反的弯曲变形,再用加热法校直。也可先加热后再进行机械校直。当螺旋桨桨叶弯曲变形较大时,通常将叶片弯曲变形处加热后,再用千斤顶或专用夹具施力使桨叶弯曲变形得以矫正复原。

5)黏结修复技术

利用黏结剂对表面的物理吸附力和黏结剂固化后对表面的机械连接力等作用,将两个物体牢固地黏结在一起,使其恢复使用性能的方法,称为黏结修复技术。

黏结修复技术不但可以解决用其他方法无法修复零件的维修问题,使之恢复使用功能,而且还可以辅助装配工作,在保持零件密封性,简化修造船中某些配装工艺方面大量使用,使生产率明显提高。黏结技术所使用的黏结剂,根据其化学成分分为有机黏结和无机黏结,分别应用于低温处所和高温处所。

(1)有机黏结修复

有机黏结主要以有机化合物为基料制成胶黏剂来进行黏结。黏结不受材料限制,黏结力较高,但不如焊接和铆接;黏结温度低,零件不会产生变形和裂纹;黏结后的胶缝耐腐蚀,绝缘性和密封性好,有些还有隔热、防潮、防振效果;且工艺简单、操作方便、成本低。黏结剂主要以环氧树脂等黏结剂为主,使用较为广泛。但有机胶黏剂属于常温黏结剂,耐热性较差,高温下易老化,主要应用于低温处所的船机零件修复和装配。

①应用于修复损坏的船机零件

长期使用后的过盈配合轴、孔零件(如发电机轴与滚动轴承内圈、离心泵泵轴与叶轮等)若发生松动,可采用厌氧胶这种有机胶黏剂黏结修复,不但工艺简单、成本低,而且效果好。

针对遭受腐蚀的零件,若腐蚀面积较大但深度较小,在未危及零件强度情况下,可采用胶黏剂修理。如机体外表面腐蚀、各类舱室和隔舱壁的破坏、螺旋桨桨叶的穴蚀等可采用环氧树脂黏结。

针对零件的裂纹,如船舶管系的裂纹、漏洞,油柜和水柜的裂纹或焊缝开裂等,也可用有机胶黏结。对承受一定拉力的零件出现的裂纹,可与金属扣合工艺联合使用。

②应用于船机装配

柴油机机座与底座之间通常采用铸铁垫块,但铸铁垫块在安装时需要研磨加工,以保证垫片贴合的紧密性。目前逐步采用的环氧树脂垫块来替代铸铁垫片,不但节省金属材料,而且简化了机座安装工艺,大大减轻了劳动强度并提高了安装效率。

内河中小型船舶的螺旋桨与艉轴的装配常常采用环氧树脂黏结,省去了联结键槽和大量的研刮工作,简化了螺旋桨与艉轴装配工艺。

目前一种新型的高分子液态密封胶逐步应用于船机设备的密封,替代了传统上采用紫铜、橡胶皮、纸箔及白漆加丝麻等材料。例如在各类泵、齿轮箱、空气压缩机等设备的法兰平面和结合面的密封,柴油机气缸套与机体、道门与机体结合面的密封,高压油管、水管和蒸汽管的接头和振动较大的锁紧螺母的防松上均有应用。只要将液态密封胶涂在零件结合面上,便可形成一层黏弹性的可剥性的薄膜,起到很好的密封效果。

(2)无机黏结修复技术

无机黏结主要以无机化合物为基料制成胶黏剂来进行黏结。无机黏结剂属于高温黏结剂,具有价格低廉、耐高温、耐辐射、耐油,不老化等主要优点,缺点是黏结强度低,脆性大,不抗冲击。主要适用于高温条件下受力不大、不需拆卸的紧固件的连接,如:柴油机机体与气缸套配合面的密封;机舱内各种管子的腐蚀泄漏以及增压器涡轮端壳体腐蚀的应急修理等。

6)金属扣合修复

金属扣合工艺是利用高强度合金材料制成特殊连接件,把机件损坏处连接起来,使之恢复使用性能的修理方法。

该方法广泛应用于修理裂纹和断裂,尤其对难焊补的铸钢、铸铁件和不允许有变形的零件,是最佳修理方法。

船上许多大型机件(如主、副柴油机的机座、机体、缸盖等)以及各种机械的壳体和螺旋桨等的裂纹修复均可采用。近年来,金属扣合工艺与胶黏剂配合使用不仅增大连接强度,而且有利于提高密封性。

技术扣合工艺有以下种类:

(1)强固扣合法

在零件上垂直裂纹方向加工出一定形状和尺寸的波形槽,将波浪键镶嵌其中,将裂纹拉紧形成牢固的一体。此法适用于修理裂纹处壁厚 8～45 mm,有一般强度要求的零件。

工艺操作,如图 4-26 所示:

①裂纹两端钻止裂孔;

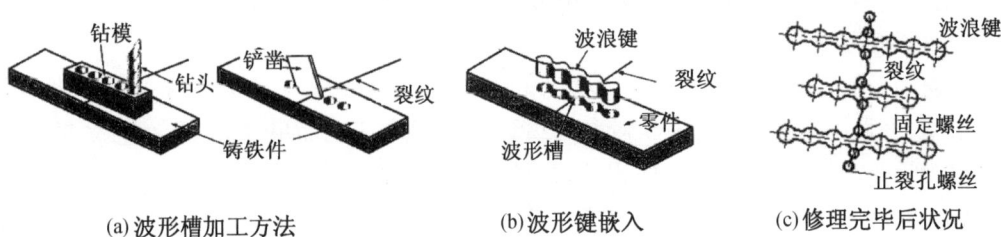

(a) 波形槽加工方法　　　(b) 波形键嵌入　　　(c) 修理完毕后状况

图 4-26　强固扣合工艺示意图

②设计并在零件裂纹处画出波形槽位置线；

③利用专用钻模板和工具加工出波形槽；

④将波浪键嵌入波形槽中(可预先在槽内涂抹胶黏剂)，铆击波浪键使之充满槽腔。

(2)强密扣合法

强密扣合法又称密封螺钉扣合法，是在波浪键扣合基础上，再沿裂纹钻孔攻丝；将涂有黏结剂的密封螺钉旋入；钻削第二个孔切入已装好密封螺钉，螺钉间有 0.5~1.5 mm 重叠。全部裂纹装满密封螺钉后用砂轮打磨平整，如图 4-27 所示。

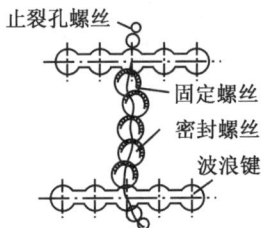

图 4-27　强密扣合法修理后的状况

在承受低压零件的裂纹上可装密封螺钉，密封螺钉选用 M3~M8；在承受高压零件的裂纹上可装密封圆柱销，直径可为 3~8 mm，长度与波浪键厚度相同。密封螺钉或圆柱销材料与波浪键相同，对不重要零件可选用低碳钢或紫铜。

该方法主要应用于有强度要求和密封要求的场合，如柴油机机体裂纹的修理。

(3)热扣合法

它是利用金属材料热胀冷缩特性修复零件裂纹的方法。

将一定形状扣合键加热至一定温度，嵌入裂纹处相应形状、尺寸的键槽中，当扣合键冷却收缩后将零件裂纹拉紧而成一体，如图 4-28 所示。

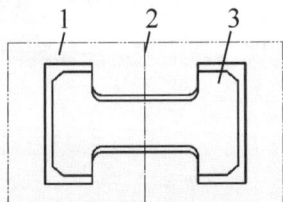

图 4-28　强密扣合法修理后的状况
1—零件；2—裂纹；3—工字型扣合键

扣合键形状、尺寸依零件裂纹部位的形状和安装的可能性设计成不同的形式，例如圆环形、工字形等。

扣合工艺具有以下特点,所以广泛应用于修船工作中。

(1)在常温下完成,零件不变形,不破坏原有形状、尺寸、位置精度;对铸铁裂纹的修理效果好。

(2)修理质量可靠,能保证强度和密封性等。

(3)工艺简单、成本低。

(4)不需特殊设备,可现场修理。

**2.修复工艺的选择**

针对零件损坏形式选择合理修复工艺是提高质量、降低费用、加速修船速度和缩短修船时间的有效措施。选择修复工艺时,应根据零件修理要求和修复工艺特点全面考虑,其基本原则是:

(1)修复工艺对材料适用性

任何一种修复工艺都有其使用的局限性,不可能适用于所有材料,应根据待修复零件的材料选用合适的修复工艺。

以船上常见的修复工艺为例,手工电弧焊仅适用于低、中碳钢,不锈钢,合金钢等,不适合高碳钢、铸铁等含碳量较高的材料。对铸铁、铜合金等则最好采用钎焊。塑性变形修复仅适用于低、中碳钢和铜合金等塑性较好的材料,但不适合高碳钢、铸铁等脆性材料。

(2)对修补层厚度要求适用性

船上常见的修复工艺能够达到的修复层安全厚度范围,如表4-4所示。

表4-4 常用修复工艺修补层厚度

| 序号 | 修复工艺 | 单层修补层厚度/mm |
|------|----------|-------------------|
| 1 | 气焊 | 0.30~7.00 |
| 2 | 手工电弧焊 | 0.70~4.00 |
| 3 | 钎焊 | 0.20~4.00 |
| 4 | 镶套 | >2.0 |

(3)零件结构和尺寸限制

零件的尺寸、结构并非适用于任何修复工艺,甚至某些修复工艺无法进行。例如:孔径过小的零件难以手工修复,壁厚过薄的零件不能采用口和工艺等。

(4)修复工艺应能够保证修理质量

零件修复后,修补层和零件的材料强度以及修补层与零件的结合强度等必须满足修理要求和检验标准。这是选择修复工艺最主要的依据。

(5)修复工艺对零件变形和材料性能的影响

在常温或温度不高的条件下进行修复,对零件的变形和材料性能几乎没有影响。但在高温下(比如手工电弧焊),容易使零件变形,甚至使材料的组织、性能发生变化。

## 二、船机维修过程

### (一)船机维修的主要内容

船机维修包括船机设备的维护保养和修理两个方面的工作。

### 1. 维护保养

维护保养指保持机械设备正常发挥技术性能所采取的技术措施。轮机人员在船舶航行期间适时、充分地对船机设备进行维护保养，对保证船舶机械设备的安全、可靠性，延长设备的使用寿命，提高船舶营运经济性以及减少船舶修理工程量和费用等，都有着重要的作用。

轮机员应根据各自的职务和职责以及船舶机电设备分工维修保养的规定，维护保养好分管的设备。

主要内容包括：

（1）值班时，应巡视机舱中所有机器的运转参数和工作情况。对任何机器的运转失常现象进行分析、判断、处理和记录。

（2）保证将主机和辅机及系统置于经常的监管之下，对机舱和舵机房按适当的间隔时间段进行检查，发现故障，及时排除。

（3）给予一切机器应有的保养和维护，包括机械、电气、液压、空气系统及其控制装置。

（4）维护机炉舱、轴系及各种设备的清洁，按时巡回检查，仔细观察、倾听机电设备、轴系的运转情况；发现异常现象应设法排除；若不能解决，应立即报告轮机长。

（5）若主机发生故障必须立即停车检修，应先征得驾驶台同意并立即报告轮机长；若情况紧急，可先停车立即报告驾驶台和轮机长。

（6）定期进行油、水检测和处理。

（7）按说明书规定要求，按时进行机器零部件的检修、更换。

### 2. 船机修理

修理是指船机设备性能下降、状态不良或发生故障失效时，所采取的保持或恢复原有技术性能技术的措施。一般分为船员自修和修船厂的厂修。

（1）船员自修（营运期自修、厂修时自修）

船员自修是依靠船员解决设备技术缺陷的一种修船方式。在公司船技部门领导下和监督下，根据"船员职务与职责""船员保养、检修分工明细表""设备预防检修、保养周期表"等有关规定，由轮机长负责组织船员对船舶设备进行预防性养护、检查、修理工作。

船员自修有利于船员掌握船上设备技术状况，提高船员修船技能，故障能得到及时解决，从而减少进厂修理，节省修船费，增加营运时间，提高经济效益。

但自修不能代替厂修。

（2）船厂修理

船舶遇到下列情况，应送厂修理：

①修理间隔期到期，船舶技术状况下降；

②营运中技术状况不良，发生危及船舶航行安全的严重故障或船检机构检验项目不合格；

③船员无力进行修理时；

④船舶发生意外时。

近年来，随着船检机构的循环检验形式和船舶维修保养体系的实施，船舶预防检修越来越显示出它的重要性。

### （二）船机维修过程

船机设备的维修，一般是根据损坏设备的大小、在动力装置中的作用和损坏的形式、范围和程度来选择不同的修理方式。维修过程通常包括航行勘验、拆卸、清洗、检验、修理、装复和试验等环节,其中检验工作将贯穿于修理前后的拆卸与装复工作中。维修过程如图 4-29 所示。

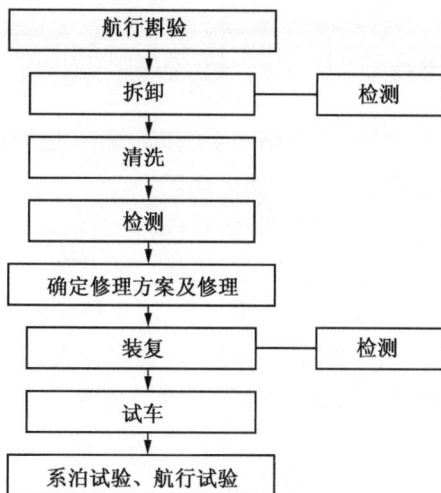

图 4-29 船机维修过程

### 1. 航行勘验

航行勘验是指设备在修理前,通过航行中对设备运转情况的观察和必要的检测,大致判断故障的部位、损坏的性质、程度等,以便确定修理项目和拆卸的范围,并作为修理质量的评价依据(修理后应该比修理前的状况明显改善)。

### 2. 设备拆验

任何一台设备修理时,首先进行的工作就是拆卸。拆卸过程是对设备技术状况和存在故障的进一步确认。在拆卸过程中观察拆开的配合件工作表面是否存在表面氧化、变色、拉毛、擦伤、腐蚀、变形和裂纹等现象,其他表面是否存在油污、积炭、水迹等现象,判断故障的部位、范围和程度;通过测量零件尺寸,计算磨损量、几何形状误差和配合间隙等,判断零件的磨损、腐蚀或变形程度(如测量缸套内径、曲轴外径、轴承间隙、曲轴臂距差和活塞顶形状等)。因此修理前的拆卸和检验是维修过程的重要准备工作。

1)拆卸的原则及要求

一般应遵循下列原则及要求:

(1)拆卸前,应熟悉设备的构造特点、装配关系、配合要求及工作原理,必要时应查阅相关的说明书和图纸资料,弄清楚紧固件位置和退出方向,选择合适的拆卸夹具和工具,边分析判断、边试拆,不可盲目乱拆。

(2)确定拆卸范围:由勘验检测确定的故障范围,不随意扩大。

(3)正确拆卸顺序:设备结构千差万别,但基本拆卸顺序大致相同。一般遵循:从上到下、从外到里;先拆附属件、易损件,后拆主要机件;先拆部件,再将部件拆成零件。

(4)保证零件原来的精度:拆卸过程中应保证不损伤零件,不破坏零件的尺寸精度、形状与位置精度,尤其应保护好配合件的工作表面。特殊情况允许在保护大件、重要件前提下,牺牲小件。

（5）保证正确装复：为了保证设备正确装复，对拆下的零、部件要做记号，系标签。对零件连接部位的相对位置应做记号（注意：记号不能打在配合工作面上）。

2）拆卸的准备工作

（1）工具、量具的准备

船上检修时需要的工具包括通用和专用工具、通用和专用量具，各种随机辅助设备等。

常用通用工具：

①各种尺寸和规格的扳手：死扳手、活络扳手、套筒扳手、扭力扳手等。

②各种材料的锤子：铁锤、铜锤、木槌和橡皮锤等。

③各种钳子：克丝钳、鲤鱼钳、尖嘴钳和管钳等。

④其他钳工工具：钢锯、锉刀、螺丝刀、丝锥、板牙和冲子等。

⑤专用工具：如拆卸活塞环工具、吊装活塞工具、液压拉伸器等。

⑥常用量具：各种规格的塞尺、内外径千分尺、内径百分表、游标卡尺、钢直尺和平尺等。

⑦专用量具：臂距表（拐挡表）、桥规、专用塞尺和样板等。

（2）起重设备的准备

拆卸中，一些大而重的零部件可用机舱固定起重设备吊运；当机舱无固定起重设备或无法在机旁使用时，可采用撬杠、钢缆绳索、连接螺栓、手动葫芦和千斤顶等起重设备。起重设备应根据零部件的重量选用相应规格的葫芦与钢缆。

（3）其他物料的准备

为了支垫重要零件和包管口等，需准备木板、厚纸板、布或木塞等。还需准备棉纱、油料等各种消耗品。

3）拆卸技术

（1）做记号和系标签

用油漆、点冲或号码冲在连接处做记号，勿打在工作面上。

（2）保护好零件及设备

仪表、精密零件及配合表面应慎重放置与保护。

固定件上孔口、管系管口，用木板、纸板、布或塑料膜等堵塞或包扎。

（3）过盈件拆卸

过盈配合件，例如齿轮与轴，柴油机气阀导管与导管孔，活塞销与销座等。使用专用工具、随机专用工具或适当加热配合件方法拆卸，勿硬打硬砸、损伤零件。

（4）螺栓拆卸

①双头螺栓（如缸盖螺栓、主轴承螺栓）拆卸

螺栓一端旋入机件，无须从机件上拆下；拆下螺母、螺栓等应套装于原位。

②生锈螺母拆卸

先上紧1/4圈，后反向旋出；轻敲振动生锈螺母周边；螺母和螺栓间灌煤油或喷松动剂，浸泡20～30 min后旋出；用喷灯加热螺母，使之受热膨胀后旋出；以上方法均不奏效时，用扁铲将螺母破坏取下。

③断头螺栓拆卸

螺栓顶面锯出小槽，螺丝刀旋出；挫平螺栓两侧面，扳手拧出；断头螺栓焊折角钢杆或螺母，旋出；断头螺栓顶面钻孔反向螺丝、拧入螺钉，拧出螺钉带出；选直径<断头螺栓根圆直径

0.5~1.0 mm钻头,将螺栓钻掉,再用与原螺栓螺距相同的丝锥将螺纹孔中残存断头螺栓除去,注意不损坏原螺纹孔精度。

(5)拆卸安全

拆卸过程中的安全操作对于保证人身和机器的安全至关重要。所以,在拆卸中应注意:

①选用工具要恰当,不可任意加长扳手,以免扭断螺栓;

②注意吊运安全,严禁超重吊运,吊运捆绑要牢靠且不损伤零件、仪表,吊运操作稳妥等。

### 3. 清洗

设备拆开后零件表面可能存有油垢、积炭、铁锈或水垢等污垢,有时管系中污垢也会将杂质带入润滑和燃油系统,所以必须清洗。零件清洗后有利于准确测量,便于发现和检测缺陷,为修理和装配提供良好的条件;管的清洗利于保证滑油和燃油的品质,保障设备的正常运行。

1)零件的清洗

船机设备长期运行使其零部件表面不同程度地浮着一些油垢、积炭和铁锈等。船上可采用油洗、机械清洗或化学清洗等常用方法进行清洗。

(1)油洗

油洗又称为常规清洗,是利用有机溶剂如汽油、柴油或煤油溶解零件表面上油污垢的一种手工清洗方法。清洗时先将零件浸泡在油中,用抹布或刷子除去零件上油污。该方法简单灵活,便于实现;对油污积垢不严重零件的清洗效果又快又好,船上和船厂广泛采用。但缺点是只能洗不严重的油污,对积炭、铁锈、水垢效果较差,且汽油易挥发引发火灾,应特别注意防范。

(2)机械清洗

机械清洗是在油洗的基础上,用毛刷、钢丝刷、刮刀、竹板、砂布、油石进行刷、刮、擦、磨等方法,清除零件表面积炭、铁锈、水垢等污垢,再用柴油或汽油进行清洗。该方法常用于清洗柴油机燃烧室零件。缺点是易损伤零件表面,产生划痕与擦伤,且清洗的工作量较大。

(3)化学清洗

化学清洗是利用化学药品的溶解和化学反应,清洗除去零件表面上的油、油脂、污垢、漆皮、水垢和氧化物等,常用于热交换器的清洗。

化学清洗的清洗剂主要有以下三种:

①碱性清洗剂

碱性清洗剂的主要作用是清除油、油脂污垢、油脂的高温氧化物、漆皮等附着物。方法是将零件浸泡在80~90 ℃的碱性清洗液中3~4 h后,用清水冲洗干净。通常,强碱性配方清洗液(pH值≥13)可清洗钢制零件;而铸铁、铜、铝等材质的零件应采用中、弱碱性配方清洗液(pH值≤12)清洗,避免表面腐蚀生锈。

②酸性清洗剂

酸性清洗剂主要用于清洗零件表面的水垢和铁锈。清洗剂与水垢、金属氧化物(铁锈)发生化学反应,使之溶解或脱落。清洗后应进行中和处理,防止残酸对机件的腐蚀。

③合成清洗剂

合成清洗剂是一种高效的清洗剂,室温下可清除零件表面上油污、铁锈、积炭和氧化物等。因价格较为昂贵,主要用于清洗涡轮增压器、热交换器、泵和管系等设备。

（4）使用清洗剂应注意的事项

对使用清洗剂清洁零件,应确保清洗剂的安全和防止污染,应注意以下事项:

①注意查看商标或产品说明,选用对人体健康无损害的清洗剂。

②确保清洁剂闪点>61 ℃;不含苯、四氯化碳、四氯乙烷、五氯乙烷等有毒成分。

③确保清洗工作场所通风良好,操作者配戴保护器具,减少与皮肤和呼吸道的接触。

④使用乳化型清洗剂清洗后的污水,不允许排入舱底或机器处所,防止造成水域环境的污染。

2）管系的清洗

当船舶柴油机经过大修投入运行之前或柴油机经过长期运行之后,在其各种油路系统中可能会沉积一些污物,因此应对各种油路系统进行专门的冲洗。通常,柴油机主滑油系统采用标准润滑油进行冲洗,燃油系统采用柴油进行冲洗。

柴油机主滑油系统冲洗时,应注意以下事项:

（1）清洗顺序遵循先内后外的原则,外部管路清洗与内部管路要分开,不允许清洗外部管路的油流回主机。

（2）保护轴承。用盲板法兰堵住连通到曲柄箱的各轴承滑油支管,并在清洗及安装过程中将轴承盖住,防止污物进入轴承摩擦表面内。

（3）用便携式振动器或手锤敲击管系,并注意清除油柜底部和管子接头部位脱落污物。

（4）控制油流速度及温度清洗时,将润滑油加热至 60~65 ℃,并应以一定的流速流经主滑油系统,以提高冲洗效果。

### 4. 修理

根据船机设备的损坏情况,选择前述的修理工艺进行修复,恢复零件的使用功能。通常,航运企业将修船分为以下类别:

（1）航修

主要修理航行中发生的零部件局部过度磨损或一般性事故。期限、范围视缺陷情况定,属临时修理,临时列修理单。必要时可组织力量随船抢修。

（2）小修

主要消除营运中过度磨损,经小修保持营运到下一次计划修理（对设备不拆开或少拆开常规检查、调整、研磨、更换零部件和清洁等保养工作）。小修间隔期一般为 12 个月。

（3）检修

每隔 2~3 次小修进行一次检修,结合验船特别检验,对船体和全船主要设备、系统进行全面检修,使之能够运转至下次检修。通常维持类船舶不安排检修。

（4）事故修理

当船舶发生碰撞、触礁等意外事故,根据损坏情况和验船部门意见进行事故修理。

### 5. 船机装配

船机设备经过拆验、清洗,对损坏的零件进行修复或更换后,需要进行装复和调试,以恢复其原有的功能。船机装配就是将拆卸的各个零件,按照技术要求总装成完整的设备。

（1）装配的要求

①保证配合件正确的配合性质和配合间隙;

②保证机件连接的可靠性；

③保证各机件轴心线之间的正确的位置关系；

④保证定时、定量机构的正确连接；

⑤保证运动机件的动力平衡；

⑥确保装配过程中的清洁。

（2）装配方法

零件装配成部件，可能是原件装配，也可能是更换备件或者加工配置件后的装配。如果更换新零件，装配时需要采用以下方法，确保达到装配要求。

①调节装配法

采用调节某个特殊的零件（如垫片、垫圈等），来调节装配精度。

②机加工修配法

采用修理尺寸法、尺寸选配法、镶套法恢复配合间隙和使用性能。

③钳工修配法

采用钳工修挫、刮研或研磨等达到装配精度。

（3）装配工作主要内容

①装配前彻底清洁，尤其注意配合面。清除备件、修理或新配的零件的毛刺、尖角，注意检查配合面有无瑕疵。

②连接件结合面进行必要的修挫与拂刮，保证紧密贴合。

③对过盈配合的配合件装配根据技术要求，合适地选择敲击、压力装配或热套合、冷套合装配。

④对有密封性要求的零部件或系统，采用液压试验检验的方法检查其密封性。

⑤对部件、配合件及机构进行试验、调整、磨合运转。

⑥进行整机装复，并对其进行检验、调试，检验设备技术性能和修理质量。

（4）装配工作注意事项

①熟悉构造合零件间相互关系，避免装错或漏装；

②相对运动配合件配合面应保持清洁，不许有擦伤、划痕和毛刺等；

③零件摩擦面和螺纹应涂以清洁机油，防止生锈；

④装配时，边装边活动，检查转动灵活性，应无卡阻，避免返工；

⑤注意有方向性要求零件，且勿装反；

⑥旧金属垫片如完好无损可继续使用，但纸质、软木、石棉等旧垫片则一律换新；

⑦重要螺栓如有变形、伸长（连杆螺栓超过原设计长度2%应更换）、螺纹损伤和裂纹应换新，螺栓紧固时注意预紧力和顺序。

⑧按规定要求和规格，装妥开口销、锁紧片、弹簧垫片、保险铁丝等；

⑨安装时需用锤敲击时，一般采用木槌或软金属棒敲击，不得敲打零件工作表面或配合面。

## 6. 交船试验

船舶动力装置进厂修理完工之后，应进行交船试验。试验包括系泊试验和航行试验。

（1）交验项目

船厂修理项目由厂方向验船机构提交检验；自修项目由船方向验船机构提交检验。为了保证船舶的修理质量,验船机构已颁布了相关的修理技术标准,需要时可予以查询。

（2）系泊试验与航行试验

船舶在下列情况下应进行试验:

①特别检验时;

②较大范围或重要项目修理后;

③临时检验项目的要求或验船师认为必要时。

此外,在更换船舶所有人、更换航区或长期停航后重新启用的船舶均应进行系泊试验和航行试验。

船舶修理后的系泊试验和航行试验大纲,由船方和船厂共同拟定,并经验船师同意。由船方、厂方和验船师共同对试验进行鉴定和验收。对试验中发现的问题共同分析研究,协商解决。重大缺陷应在修复后重新试验,局部小缺陷可在使用中观察情况,或限期修复使之符合要求。

试验主要内容:

①检查主机在各种工况下的运转情况;

②检查主、副机运转有无异常现象;

③检查为主机服务的各系统、辅助设备运转情况;

④检查扫气、增压机排气系统工作情况,调速器、操纵、换向装置灵活性,检查各安全装置的可靠性和各仪表的准确性等;

⑤检查减速齿轮箱、离合器、轴系等运转情况;

⑥检查可变螺旋桨的可靠性与灵活性;

⑦检查、试验发电机、空压机、甲板辅机和锅炉以及消防、压载、舱底水系统等。

各设备试验的具体要求,详见本章第四节第四条。

要求:

轮机长:①能够说明常用的金属材料的主要特性及其在船舶上的用途;②能分析零件的损坏机理并检验零件缺陷;③能正确使用钳工工具或设备;④能正确使用常用的测量仪表仪器及专用工具。

轮机员:①能够正确使用手动工具、机械工具及测量仪表;②能正确使用常用的测量仪表仪器及专用工具。

# 第四节 ◉ 船舶修理业务

## 一、船舶修理业务

### （一）船舶修理的类别

船舶制造业和交通运输业规定的船舶修理类别及名称并不完全一致。通常修船厂依照中国船舶工业总公司的分类方法,将船舶修理分为坞修、小修、中修和大修。而一般航运企业依照交通运输部制定的规定,将船舶修理分为航修、小修、检修及事故修理。

### 1. 航修

航修是修理航行中发生的零部件局部过度磨损或一般性事故。修理期限和范围视缺陷情况而定,属临时修理,临时列修单。修理一般利用航次到港停泊时间,由航修站和维修点协助进行。如遇站、点不能解决的工程,可请船厂协助解决。必要时随船抢修,尽可能不影响船舶航行生产。

### 2. 小修

小修是按主机运转小时或规定的周期并结合年度检验进行的厂修工程,对设备进行不拆开或少拆开的常规检查、调整、研磨、更换零部件和清洁等工作。其目的是消除机械设备在船舶营运中产生的过度磨耗,保证船舶机械设备安全运行到达下次计划修理期。

小修间隔期,一般客货船为 12 个月;若船舶技术状态良好,不需要修理时,经验船师检验认可后,可以延长 6 个月,但最多不超过 12 个月。

(1)小修的内容

小修包括对船体、主机、辅机、锅炉、轴系、舵设备、海底阀及工程船舶专用设备等的重点检查和修理;对原有设备进行调整、研磨、更换零部件和清洁保养工作。对推广已鉴定合格的技术革新项目,工厂应在规定修期内完成。小修不得对生活设施及设备进行添装改建。

(2)小修的基本工程范围

①船体部分

船体的除锈油漆,对已超过损耗极限的壳板、甲板、船体构件或其他板材做合理的拆换或挖补,但换补总量,机动船不得超过 10%,驳船不得超过 15%。

②锅炉

内部清洗,检查附件,修换部分炉管、小牵条,铆和焊补裂缝。

③主机

主机前后齿箱、离合器、减速箱、调速器、鼓风机、增压器等拆检校正,修换零部件。无特殊情况,主机曲轴不出舱(184 kW 以下的柴油机除外)。

④辅机、电气设备、管系进行一般检查和修换零部件,但一般不改装移位。

### 3. 检修

检修是船舶修理的最高级别,每隔 2 ~ 3 次小修进行一次,结合验船的特别检验,拆开必要的机器设备,对船体和全船各主要设备及系统进行全面的检查、修复,处理小修中不能解决的缺陷,使之能够运转至下次检修。维持类船舶不安排检修。

检修基本工程范围:

(1)特别检验规定项目。

(2)船体的除锈油漆,对已超过损耗极限的壳板甲板、船体构件或其他板材做合理拆换,但拆换总量,机动船不应超过 15%,驳船不应超过 25%。

(3)主机更换部件,辅机必要时可以整台更换。

### 4. 事故修理

当船舶发生碰撞、触礁等意外事故,根据损坏情况和验船部门意见进行事故修理。

### （二）修理的组织过程

船舶进厂修理时，航运企业应做好修理前的准备、修理过程中的监修和修理后的验收等工作。

#### 1. 准备工作

航运企业应按年度、季度、月度计划要求编制修船计划；编制修船技术文件，包括编制修理单和部分设备更新改造项目的文件；准备修船所需的备件、工具和物料，对重大部件应提前6个月预订，订货困难需船厂加工的配件及所需大量材料或特殊材料，也应提前通知厂方；与修船厂方协商自修与厂修的分工和配合项目，协商拆装、保管、验收过程及验收方法和标准等。船方应在船舶进厂前，对船舶燃（润）料、水和物料等做好调整或驳出。

修理单是修理工程的基本技术文件，是航运企业和船厂安排修船计划的依据，是船厂用来估工、估料、编制作业计划、估算修船费和修船完工日期、签订合同的依据。修理单编制不正确，可能延误船期使航运企业遭受不必要的经济损失，也可能使应当修理的部分没有修理，而不该修的部分却消耗了工时和经费，达不到修船的目的，影响船舶安全。所以修理单应力求准确无误。

（1）修理单编制的依据

①修船计划的要求和规定的修理级别；

②船检机构规定检验项目的要求；

③说明书规定各种设备和部件的检修间隔期；

④船舶航行中设备运行技术状况，零部件磨损、腐蚀等测量记录，规律和损坏记录，历次修船记录和有关技术文件等。

（2）修理单编制要求

①修理单按坞修、甲板、轮机和电气四个部分编制

轮机部门修理单，在轮机长的指导下，具体内容由设备分管的相关轮机员编制，交由大管轮汇总，轮机长审定，企业派员上船审查核对、补充修改后批准。

②编制的份数及时间点

修理单应一式三份（船舶、船厂、公司各一份），在规定日期内送公司审核。通常"检修"项目修理单应在进厂修理前4个月（小修提前2个月）送公司审核；航运公司审核后，"检修"项目在进厂前3个月（小修提前40天）送交船厂组织生产。

（3）修理单内容及要求

①修理项目分条编写，应简单、准确，写明项目名称、部位、损坏情况、修理方法及范围，所用材料规格、数量及可能涉及的附加工程等，并注明设备制造厂名、出厂日期及编号。

②对无法拆检不能确定修理内容的隐蔽工程，注明拆卸后再确定修理内容。

③隐蔽工程拆卸后，船厂写拆检报告，经船方认签，作为补充修理项目列入修理单中。

④预制件，应在修理单上绘制草图或注明船厂派人上船测绘。

⑤重大工程机电设备、特殊材料和预制件一经提出不得随意更改。重要材料需厂方提供化学成分和机械性能证明的，应标注清楚。特殊要求如委托厂方设计或利用旧设备的，应加以注明。

⑥自修项目及需要的备件和材料，应另列清单报公司，不能与修理单混写。

## 2. 修船的监修

船舶进厂修理时,公司派监修代表,负责与船厂制定和签署文件,确定修船工程和处理修船中的问题,办理结账等事宜。

船上负责具体修理项目的监修和验收,对轮机部的一般工程由轮机长组织人员监修,重要工程则由公司检修负责人亲自监修。

监修内容主要有:

(1)监修人应监督船厂按修理单的修船项目、范围、进度和要求施工;

(2)监督材料、工艺和安装质量等是否符合技术要求;

(3)施工中有无因船厂责任引起的机器部件和设备的损坏;

(4)施工中有无不安全因素可能引起火灾或其他的危险,必要时有权停止施工并报告有关人员;

(5)做好必要的修理数据与情况的记录,为验收做准备。

## 3. 验收

为检查船舶修理质量是否达到技术要求称为验收。船厂完成修理工程后交付船方验收,验收时应有厂、船双方代表在场,验收后由验收人签字以结束该项工程。

具体项目的验收人应负责:

(1)对船检机构检验的项目,应申请验船师检验。

(2)单项修理工程完工或试验后,由轮机长检查认可。

(3)全部修理工程完工后,根据修理范围决定试航或码头试车。

(4)试航时由双方共同提出试航大纲,明确试航时的安全责任。试航中的问题,凡厂方修理项目应由船厂负责修理。

此外,航运企业在建造新船期间,船东(公司)会派遣临时组织机构——驻厂监造组作为船东代表,对船舶建造进行现场监督,对新船质量把关;审查并确认技术施工图、修改通知书,确认船用产品、设备和船舶现场的施工质量等。

主要工作任务如下:

(1)驻厂监造组成立之后需了解和熟悉船厂;制定船体、机电、通导等专业的主管工作的具体内容。

(2)审议船舶建造规格书,核对船舶建造的实际情况。

(3)审议和确认船厂提交施工技术图纸、修改通知书等,并按专业分类保管。

(4)遵守双方签署的新造船舶买卖合同规定,按时参加设备台架试验、施工质量检验、系泊试验和航行试验等工作。

(5)协助公司做好船员到厂参加接船工作,确保按合同接船。

(6)根据需要参加新船保修工作。

(7)及时向公司汇报新船建造进展及质量。新船建成后写好监造报告、监造总结及做好信息反馈工作。

## 二、编制主要工程摘要单及修理单

### （一）主要工程摘要单的编写及格式

1. 主要工程摘要单编写说明

（1）主要工程摘要单是航运企业机务部门、船厂或航修站安排下年度修船计划和申请机电设备、特殊材料及加工预制件的依据。

（2）编写应简明扼要，可以五不写：不写零星工程；不写易损件经常修配的工程；不写工艺方法；不写技术标准；不写因修理而引起的附带工程。

（3）主要工程项目：指船体及其构架、锅炉、主机、舵机、锚机、电气设备、工程船专用设备、管系、水线等工程中的重大项目。如船体钢板换新三张以上，大面积除锈刷漆，推进器换新，艉轴换新、校正，主机曲轴修换、光车，汽缸搪孔，锅炉壳板挖补，炉胆修换，发电机组解体或其他机电设备更新等。

有些工程虽不属于主要工程，但需要特殊材料、机电设备和铸锻件等也要作为主要工程列出。

（4）一般特殊材料：指锅炉钢板、锅炉点火电极、炉通管、工字钢、槽钢、合金钢、黄铜管、大型锻件、锚链、舵链、电缆、钢丝绳等。

机电设备：指发电机、电动机、变流机、变压器、柴油机、泵类、压缩机、通风机、齿轮箱、蓄电池、滚珠轴承、电动葫芦、消防机械、无线电通信设备、航行设备等。

（5）如需委托船厂及设计部门设计，或利用其他船的旧设备等，应在工程摘要单中注明。

（6）小修工程如无主要项目，也不需要机电设备和特殊材料者，主要工程摘要单除填写封面外，只需在"主要工程摘要"栏中简约写上一般维修工程即可。

（7）主要工程摘要单由主管轮机员编制，轮机长汇总、审核，一式四份，按规定时间报机务部门，机务部门审定后，留底一份，送船厂两份，返船舶一份。

2. 主要工程摘要单格式

主要工程摘要单格式见表4-5（以长江轮船公司修船制度的规定为例）。

表 4-5　主要工程摘要单

| 序号 | 主要工程摘要 | 备注 |
|------|------------|------|
|      |            |      |
|      |            |      |

主要工程摘要单封面

_____局

_____轮（驳）_____修船类型_____

计划进厂日期_____年_____月_____日　修理数_____天

修理费预算_____万元

船舶主要规格

总长＿＿＿＿＿＿＿　米　船宽＿＿＿＿＿＿＿＿　米　船深＿＿＿＿＿＿＿＿　米

空船排水量＿＿＿＿＿＿＿　吨　空船吃水首＿＿＿＿＿＿＿　米　尾＿＿＿＿＿＿＿　米

载货定额＿＿＿＿＿＿＿　吨　载额定额＿＿＿＿＿＿＿＿　人

动力设备

锅炉型式＿＿＿＿＿＿＿规格　　　台数　　　工作压力

主机型号＿＿＿＿＿＿＿＿　　　台数　　　　　kW(马力)

船长＿米　　　　　　　　船队轮机长＿＿＿＿＿＿＿＿

轮机长＿＿＿＿＿＿＿

船长＿＿＿＿＿＿＿　　　机务科＿＿＿＿＿＿＿＿

　　　　　　　　　　　　填报日期　　年　月　日

## (二)修理单的编写及格式

### 1.修理单编写说明

(1)修理单是船舶和机务部门同船厂、航修站提出的修理文件,是机务部门和船厂、航修站安排季度和月度修船计划的依据,船厂、航修站凭修理单做好船舶进厂的施工准备工作。

(2)编写要简单明了,修理项目要力求准确,重大工程必须和年度提出的主要工程摘要单相符,机电设备、特殊材料和预制件不能随意更改。修理内容要明确,应包括修换或拆检对象名称、部位、规格、数量、材料等,如在技术上有特殊要求的须加注明。

(3)不能确切决定修理内容的项目(即隐蔽工程),只写拆卸检查后决定修理内容,但应评估需修换的部件名称、规格、数量。

(4)对可以预制部件(包括毛坯),应在修理单上绘制草图,或由机务部门供应图纸,必要时可注明船厂派人上船测绘。

(5)船员自修项目和所需的配件、材料,应另列清单报机务部门,不能写在厂修的修理单内。

(6)修理单按坞修、甲板、轮机、电气设备、工程专用设备的顺序编写,一式五份,按规定的时间送机务部门审核,机务部门应将审核后的修理单按规定时间送船厂三份,退船舶一份。

(7)船厂、航修站接到修理单后,应会同机务部门上船核实,核对后的修理单,作为编制施工单、估价单和签订协议(或合同)的依据。

(8)对于隐蔽工程,船厂、航修站应提出拆检报告,经机务部门或船员鉴认后,作为补充修理项目。

### 2.修理单编写格式

修理单编写格式的封面与主要工程摘要单封面同,其格式见表4-6。

表4-6　修理单项目列表

| 序号 | 工程内容 | 要求 |
|------|----------|------|
|      |          |      |
|      |          |      |

**3. 编制修理单要点**

编制修理单，首先要说明机械的类别、功率、气缸直径、行程及每分钟转数等主要参数，此外，还需明确注明下列各项：

(1)名称部位

注明是哪一台机器(如主机、发电原动机、起锚机或空气压缩机等)和修理机件的名称及规格。

(2)损坏情况

说明是碎裂、过度磨损、松漏、锈蚀、腐烂或变形等。

(3)修理办法

注明换新、光车、浇注白合金、拂磨、调校或拉线等，若完工后需进行试验者，在修理单上要说明试验要求。

(4)材料规格和数量

机器修理所需的材料品种繁多，因此，材料规格尽量详细说明。一般材料只说明重量或几何尺寸，但对特别重要的材料(如艉轴、舵杆等)，需要厂方提供材料的化学成分和物理性能证明书的，应在修理单上说明。

(5)附带工程

施工时，与施工工程有牵连的其他设备需拆装而又要厂方施工的，必须在修理单中详细写明。

**4. 如何编好修理单**

详细准确地开好修理单，就能使船厂提前做思想准备和各种配件的预制工作，保证修船质量，缩短修期。为此，编写修理单应注意下列事项：

(1)积累资料。一方面要认真研究历次船舶修理出厂的提交文件，同时要求做好日常检修中各种机械设备的测量记录和船舶营运中的故障记录。

(2)编写的各项修理工程不能超出相应的修理类别。

(3)对各种机械的换新件应预先绘出草图，标明大小尺寸及材料质量。

(4)各种机械的装配间隙及精度可提出船方的要求，但一般不应低于"部标"规定。

(5)各台机械设备应根据实际情况提出不同的修理范围，如有的要解体检查，有的则需修配几个零部件。

(6)尽可能修旧利废和修复现有设备。

具体编写内容如表4-7所示。

表 4-7　修理单实例

| 项次 | 工程内容 | 要求 |
|---|---|---|
| （一） | 柴油机主机 | |
| 1 | 型号 8NVD48A-2U；功率（双机）：2 640 匹（马力）；转速 428 r/min；气缸直径 320 mm；行程 480 mm | |
| 2 | 机油冷却器 2 台，淡水冷却器 2 台，共 4 台 | 拆装运厂，解体清洁除垢检查，密封橡皮换新，试水压 0.1 MPa（10 kg/cm²）运船装复 |
| 3 | 左右主机增压器 2 台，型号：PDH50V 废气透平（拆换的旧弹子盘交船） | |
| 4 | 左右主机活塞连杆组件共 16 套（活塞与连杆不得调错，做好标记） | 拆装运厂，解体清洁检查。磨损、损坏机件修复、组装调整。间隙测量记录资料交船拆检清洁连杆 16 根，检查大小头孔平行线，组装间隙，超过"部标"规定者，换新备件。间隙测量记录交船，组装妥运船安装 |
| 5 | 左右主机曲轴 2 根第一档（靠飞轮端处）曲柄臂距差 | 测量调整，要求在规范以内，记录交船 |
| （二） | 柴油发电机工程 | |
| 1 | 型号 6-135zca-1 发电柴油机 3 台。每台功率：118 kW；转速 1 500 r/min； | |
| 2 | 油泵调速器总成 3 台<br>1) 油泵滚轮体组件 3 台共 18 套滚轮衬套，销子<br>2) 总成组装后测定和调整喷油量<br>3) 校正喷油定时<br>4) 调速器飞铁销子及衬套共 6 付磨耗 | 解体检查，磨损过度者换新件，要求在规定范围内送船装复后校正换新，材料：不锈钢<br><br>如超出规定，则吊拉出换新件，备件船供，测量记录交船 |
| 3 | Φ135 气缸套 18 只按规定测量直径，计算圆度误差及圆柱度误差 | 拆装运厂解体清洁拂磨，运船装复 |
| （三） | 水线工程 | |
| 1 | 海水闸门阀 Φ250×4 只，Φ150×2 只，主机进水阀 4 只 Φ50 mm 左右车叶一只 Φ1 650 mm 叶尖磨损 | 拆装与艉轴锥体拂合浇环氧树脂。焊补磨光，测量螺距，直径，校静平衡，记录交船拆装如超过规范，另行商量解决工程内容，测量记录交船上车床校调不漏 |
| （四） | 轴系工程 | |
| 1 | 左右轴系连轴螺丝（在上船台前施工），全部测量轴系位移与曲折值（施工前及完工后分别进行） | 浇减磨合金，光车<br>整套拆装<br>换新 |
| 2 | 左右艉轴拆装运厂（Φ215×9 105 mm）油管清洁试压 | |
| 3 | 艉轴与衬套间隙测量超过 0.65 mm 时则衬套拉出 | 解体清洁检查，浸漆烘潮绝缘测量装妥后按规定交船，记录交船 |

（续表）

| 项次 | 工程内容 | 要求 |
|---|---|---|
| 4 | 防腐衬套及全部橡皮密封圈上船坞后现场检查,另行开账 | 轴颈光车 |
| （五） | 电气工程 | |
| 1 | 90 kW 发电机 3 台拆装运厂,发电机滑环磨损共 6 只 | 换新 |
| 2 | 冰机交流电动机 8 kW,1 台 | |
| （六） | 管系工程 | |
| 1 | 舱底水白铁管 $\phi80$ mm×长 2 m 一节锈烂,法兰 $\phi150$ mm 橡皮布垫片两只 | |

## 三、坞修工程（水线工程）

坞修工程系指船舶水线以下,与舷外水接触的设备和船体。一般这项工程可结合船舶的修理期在船坞或船排上施工。

### （一）轮机部坞修的主要工程项目

坞修工程主要是对船舶推进装置、舵和水线下的船舷阀件等的检修。具体项目包括:

#### 1. 轴系及螺旋桨

（1）艉轴:艉轴一般产生的缺陷是弯曲、裂纹和腐蚀,检查时要特别注意锥体根部和轴颈部位。

（2）艉管轴承:检查轴承是否有裂纹,测量轴承与轴颈的配合间隙。

（3）艉管密封装置:检查密封装置构件的配合情况,一般换新密封材料,并压油试验。

（4）螺旋桨:检查是否产生裂纹,锥孔、键槽是否碰伤以及桨叶是否弯曲。测量螺旋桨直径、螺距,并做静平衡试验。

#### 2. 舵设备

检查舵叶的腐蚀情况,舵杆是否有裂纹以及弯曲和扭曲变形。测量舵轴承间隙,换新舵杆密封装置填料和橡皮圈。

#### 3. 海底阀、海底阀箱和舷外排出阀的检查与修理

海底阀、出海阀等水线以下的阀、阀箱的解体清洁、除锈、研磨或换新;阀箱内防腐锌块更换;阀箱钢板除锈、测厚和更换等。

### （二）进坞前的准备工作

#### 1. 防止船体变形

为防止船体变形,船舶进坞上排前和进坞上排后应注意:

（1）卸去船上所有的货物、液体、燃油和润滑油。若需要留少量燃润料供使用,必须征得主修工程师同意。

（2）放去锅炉和管系中的蒸汽和积水，排尽舱底水和污泥垃圾。

（3）船体搁置在墩上，其倾斜度不得超过5°，注意撑木是否牢靠，检查船体是否均匀地平卧在墩木上，不允许船体搁置处有腾空现象。

（4）在船坞（排）内，未经允许不得擅自移动墩木、撑木以及各种油、物料。

**2.确保轴线质量**

（1）船舶在进坞前的浮泊期，应进行一次曲轴臂距差和轴线测量，并做好测量记录，作为船舶出坞（排）后检查轴线变化的依据。

（2）船舶进出坞（排）前，须用固紧装置将艉轴固定，防止拖船时艉轴向外移动。

（3）船舶出坞（排）后，需漂浮24 h，以消除船体的弹性变形。然后进行轴线校正工作，其位移和曲折值，不得超过规范要求。最后把连接各轴法兰用的拂螺栓装上并拧紧。

**3.注意安全和防火**

（1）船上可移动物品，如锚、舢板、两舷的靠把，应放置牢固，必要时可用钢丝、绳索捆牢，以免发生伤人事故。

（2）封闭船上所有的卫生设备，不得使用炉灶。

（3）在船舶出坞（排）过程中机舱各部分应进行详细检查，并密切注意有无漏水现象。

（4）油船应预先做好烘舱、清洁工作，一般船舶的油舱和燃油进行焊补工作前，应事先将油料抽干净，并将门盖打开，彻底洗舱，用强力通风驱散汽油，使舱内不含爆炸气体。

（5）各舱室或机舱在焊接施工中，应派出专人巡回检查，特别在收工以后，还应进行全面检查，以杜绝火种。

**（三）坞修项目的验收**

**1.主要坞修项目的修理标准**

1）螺旋桨的修理技术标准（JT 4166—4168-77）数据

（1）对螺旋桨，下列裂纹可以进行修补：

大于0.7R的桨叶部分，长度不超过该处叶宽1/4的裂缝；

直径≤2 m的螺旋桨桨叶根部的短小裂纹，其长度不超过该处叶宽的1/8；

直径≤2 m的螺旋桨桨毂上的短小裂纹，其长度不超过桨毂的厚度。

（2）桨叶边缘锯齿或小缺口凡大于该处叶厚1/2时（最深不得超过10 mm）应进行修补；微小锯齿口允许磨削光顺后继续使用。

对桨叶0.5R以外的部分，其边缘剥蚀深度不超过叶厚1/2、每侧宽度不超过叶宽1/4时，可以焊补。

（3）桨叶边缘弯曲较小（20°以内）、弯曲处较薄（厚度15~20 mm）的钢制或铜质螺旋桨，可以进行冷态矫正。若超过此范围应采用热矫正。

（4）桨毂锥孔表面及槽面的损伤、咬痕和撞痕较小时，允许将表面和边缘磨光修整后继续使用。但压坏长度超过键槽长1/3、上下宽度差超过0.15 mm的键槽应重新修制、配键。

（5）螺旋桨经加工或修理后，均应进行静平衡试验。

（6）进行螺旋桨螺距测量。桨因变形、锈蚀、裂纹、断叶等，在矫正或修理前后都应测量螺距。螺旋桨修理后允许螺距与其设计值的偏差为：

总平均螺距 $H \not> \pm 2.0\%$；

桨叶平均螺距 $H_i \not> \pm 2.5\%$；

局部平均螺距 $h_i \not> \pm 3.5\%$。

如果螺旋桨的螺旋面不是等螺螺旋面而是变螺旋面，则以 $0.7R$ 截面处的截面螺距 $h_i$ 为螺旋桨桨叶平均螺距 $H_i$。

2）艉轴与艉轴承的装配

艉轴承的型式有采用油润滑的白合金轴承、采用水润滑的铁梨木及层压胶木艉轴承和橡胶艉轴承等。装配时，应确保轴承的间隙 $\Delta$ 大于等于安装间隙 $\Delta_a$，小于极限间隙 $\Delta_j$，即：

$$\Delta_a \le \Delta < \Delta_j。$$

轴承的安装间隙和极限间隙，可从内河船舶建造规范中可以查得，或按下列经验公式估算：

（1）白合金艉轴承安装间隙计算公式：

$$安装间隙 \Delta_a = 0.001d + 0.50 \quad (d > 100)$$

$$极限间隙 \Delta_j \approx 4\Delta$$

（2）铁梨木艉轴承安装间隙计算公式：

$$安装间隙：\Delta_a = 0.03d + (0.50 \sim 0.75) \quad （层压胶木的安装间隙可取式中较小值）$$

$$极限间隙：\Delta_j \approx 4\Delta$$

（3）金属板条橡胶艉轴承安装间隙计算公式：

$$\Delta_a = 0.002d + 0.50$$

整铸式橡胶艉轴承安装间隙计算公式：

$$\Delta_a = 0.002d + 0.20$$

橡胶艉轴承老化或脱壳严重时应予更换。

3）艉轴与螺旋桨的装配

（1）艉轴椎体与螺旋桨锥孔的装配。艉轴椎体与螺旋桨锥孔应经研制配合，接触应均匀，在销键装配后检查时 65% 以上的面积应均匀接触，且每 25 mm×25 mm 的面积上不得少于 2~4 点接触油粉斑。

对沿海及内河船舶，当螺旋桨直径 $D > 4.5$ m 时，允许采用环氧树脂胶合安装。此时只要求锥孔两端各有 40~60 mm 长度的环面积上能均匀接触。

对小型船舶，当螺旋桨直径 $D < 1.5$ m 时允许采用环氧树脂无键胶合安装。

（2）平键与键槽的配合。键与键槽应进行单独修刮配准，要求能将键轻轻打入槽内而不松脱。两侧应均匀接触，在 80% 周长上插不进 0.05 mm 的塞尺。键底与键槽底接触面积为 30%~40%，不得悬空。允许用听声音的方法检查。

键与孔键槽应进行配制，要求两侧面接触均匀，按表 4-8 的塞尺厚度检查时所插进的部分不超过接触长度 40%，且两端两倍于键宽的长度上应接触良好。为了刮配工艺的需要，对大型螺旋桨孔槽及键两端的宽度允许有 0.05~0.10 mm 的对应差值，配合质量亦应满足上述要求。键与轴、孔槽装配后，顶部与桨槽间的空隙为 0.20~0.50 mm。

表 4-8　键槽孔的检验塞尺厚度　　　　　　　　　　　　　　　单位:mm

| 平键宽 $d$ | <30 | 30~50 | 50~80 | 80~120 |
|---|---|---|---|---|
| 检验塞尺的厚度 | 0.05 | 0.06 | 0.07 | 0.08 |

采用环氧树脂胶合安装螺旋桨时,对键与桨槽的配合要求可适当降低,允许将键两侧与桨槽配合的部位单面刨窄 0.25~0.50 mm(根据轴颈大小而选用)。

(3)具有铜保护套的艉轴和具有防蚀衬套者,与螺旋桨装配的水密橡胶圈,其尺寸应符合规定要求。

(4)螺旋桨与轴锥体装配的压紧力。采用液压装配螺旋桨时,其压力根据说明书进行设定。采用锁紧螺母时,要保证其轴向压进量。

4)艉轴密封装置的装配(橡皮环式)

(1)更换要求

防腐衬套经修理光车后外圆尺寸小于标准橡皮环产品要求者应更换;但光车后尚可继续使用的,应适当收紧橡皮环弹簧以增加唇边压力。

橡皮环凡有下列情况应换新:

①橡皮环碎裂损伤;

②唇边硬化裂纹;

③唇边严重磨损;

④橡皮环老化。

(2)装配

防腐衬套和橡皮座体与其相配部件的两平面应接触良好,不允许漏油。尾密封环组与座体轴向间隙不应大于 0.60 mm,以免引起密封环疲劳损坏。

(3)坞内试压

对回油管在水线以上的船舶,以油从回油起继续泵油 3 min;对回油管在水线以下的船舶,泵油压力为轴系中心线至船舶载重水线间距的 1.5 倍,一般不得大于 0.1 MPa。

油压试验时,密封装置不准有滑油泄漏。此刻允许微微转动轴系检查。

试车检查首端密封装置时,允许有少量(滴落)滑油渗出,以润滑唇边。

## 2. 质量检查与验收

坞修中的各种海底阀和出海阀必须解体清洁,研磨完好。阀与阀座的密封面经轮机员检查认可后,才能装复。

安装艉轴和螺旋桨时,轮机长应到现场监督进行。

对坞修中的各项修理项目,应按修理单的要求检查修理质量,必要时应做水压试验和运行试验。

## 3. 测量记录并交验

坞修的测量记录,如艉轴下沉量、螺旋桨螺距测量和静平衡试验、艉轴承间隙、舵承间隙、轴系校中等和其他年度检验测量记录,应一式两份提交给轮机长。

## 四、出坞前的准备工作

出坞前,轮机长应对下列修理工程仔细检查,认可后方可允许出坞:

(1)检查海底阀箱的格栅是否装妥,其中是否有遗忘的工具、杂物。所有海底阀和出海阀是否装妥。

(2)检查舵、螺旋桨和艉轴是否装妥,艉轴密封装置装妥后做油压试验、转舵试验。保护将军帽是否涂好水泥。

(3)检查船底塞及各处锌板是否装好。

(4)坞内放水前应关闭全部通海阀,坞内进水后应检查各通海阀及管路,然后分别开启各阀检查所有管路是否漏水。

(5)坞内进水后对海水系统进行冲水排气。

(6)冷却系统、燃油系统和滑油系统正常工作后,起动柴油发电机,切断岸电自行供电。

(7)出坞后,待船静止漂浮 24 h 以上,使船舶恢复弹性变形后,进行轴线检查。

## 五、修造船后的试验

### (一)系泊试验

系泊试验的目的是检查船舶各种机电设备和系统修理后是否满足《内河船舶法定检验技术规则》中的有关要求和能否进行航行试验。

#### 1.电源系统的试验

1)单台发电机负荷试验

(1)试验时的负荷及时间要求,见表4-9的规定。

主要检查电动机轴承温度(滑动轴承≤70 ℃,滚动轴承≤80 ℃)和电流、电压、频率、功率因数及温升数据,试验后立即测定热态绝缘电阻。

表 4-9  发电机负荷试验负荷及运行时间规定

| 确定试验负荷条件 | 试验时间 | 机组额定功率 | 试验负荷 |
|---|---|---|---|
| 长途客船和航行于急流航段的船舶 | 1 h | | $\geq 90\% P_b$ |
| 一般情况 | 1 h | | $\geq 75\% P_b$,如条件限制时可正常航行常用最大负荷 |
| 电机经解体、清洁、烘潮或小修 | 2 h | | |
| 发电机组经过修理或更换绕组 | 2 h | <100 kW | $\geq 90\% P_b$ |
| | 4 h | ≥100 kW | |

注:$P_b$—发电机额定功率,kW。

(2)测定发电机稳态电压变化率,其值应符合表4-10的规定。

表 4-10　发电机稳态电压变化率规定

| 检验项目 | 交流发电机 | 直流发电机 | 应急发电机 |
|---|---|---|---|
| 稳态电压变化率 | ≤±2.5%，$P$≥40 kW 或≤±5%，$P$≤40 kW | 应符合《内河钢船建造规范》第三篇 3、4 的要求 | ±5% |

注：①$P_b$—发电机额定功率，kW。

②对保证全船正常供电而无重要动力用电设备的发电机组，稳态电压变化率一般不做要求。

（3）柴油发电机起动试验应在冷态下进行。电力起动的辅机，蓄电池的容量在不补充充电的情况下，辅机每台连续起动不少于 10 次，并测量辅机起动前及试验终了的蓄电池组的容量。

用压缩空气起动的辅机，辅机空气瓶容量在不补充空气的情况下，起动一台最大功率的辅机连续 10 次以上。

2）发电机并联运行的可靠性和稳定性试验

## 2. 辅机的试验

1）舵机操作及运行试验

动力舵机，每台连续运行 1 h（由应急电源供电，运行 0.5 h）。检查舵机系统有无异常振动、冲击、响声，冲舵≤2°，滞舵≤1 s 和无跑舵及泄漏现象。

2）锚机的试验

检查液压锚机安全阀、溢流阀的开启工作压力，应不大于 1.1 倍工作压力。

（1）电动锚机运行 30 min。

（2）离合器啮合、脱开各 3 次，检查其灵活性与可靠性，并试验制动装置。

（3）检查锚机电控设备零位保护、过载保护、绝缘情况等。

## 3. 主推进装置的试验

（1）主机冷车起动、换向试验

用压缩空气起动的主机，每部主机起动空气瓶的总容量在不补充空气的情况下，可直接换向的主机，连续起动 12 次以上，试验时正、倒车交替进行；不可换向的主机，连续起动 6 次以上。

（2）检查各保护装置的可靠性及仪表的工作情况，并检验紧急停车装置和超速保护装置的效用和可靠性。

（3）主机运行过程检查，参数测定，动力系统的运行参数观察、记录、比较。

## 4. 主机遥控装置的检验

（1）检查驾驶室与机舱各仪表指示的一致性；

（2）收发信机、备车及报警信号的效用；

（3）主机遥控操纵系统的效用试验；

（4）应急电源的效用实验。

## 5. 辅助锅炉的试验

（1）检查锅炉的燃油泵、给水泵、鼓风机和蒸汽压力是否正常。试验给水泵在锅炉最高工作压力时向锅炉内供水的可靠性。

（2）校验锅炉安全阀，其开启压力应不小于 1.05 倍的工作压力。

### （二）航行试验

航行试验的目的是在系泊试验的基础上,检查机械装置和船舶操纵性能,是否符合安全航行和预定作业需要的技术条件。

### （三）锚设备试验

（1）抛、起锚试验。检查抛、起锚效用和刹车装置制动的可靠性;测量机动锚机的起锚速度 $\geq 9$ m/min（长江急流航段起锚速度 $\geq 12$ m/min）。

（2）检查电控设备的调载保护、电流及温升。

（3）检查锚机制动设备的效用。

### （四）舵设备的检验

（1）主操舵装置,在船舶全速前进时,测定从一舷 35° 转到另一舷 30° 按规定转舵时间。

（2）操舵装置的转换实验,转换应迅速、可靠。电动或电液压舵机转换时间 $\leq 10$ s。

（3）蓄电池组作为应急电源时,应试验应急舵机操作,左右满舵不少于 6 次。

### （五）柴油主机试验

（1）主机航行试验时间、转速应满足规范要求。

（2）试验时,需测定并调整各气缸的主要工作参数与各缸平均值的最大差值,相对于平均值的百分数应不大于下列规定。各工况下的参数均应在柴油机热负荷状态稳定的情况下测取。

| | |
|---|---|
| 压缩压力 | ±2.5% |
| 最大爆炸压力 | ±4% |
| 排气温度 | ±5%（中高速柴油机±8%） |

其他参数可按说明书的要求进行检查。

（3）航行试验结束后,柴油机工作正常,一般不进行拆检;如主机大修,则拆检一个缸,并检查曲轴臂距差,应符合有关规定。

### （六）轴系和传动装置的试验

航行试验时,主推进轴系,减速齿轮箱、离合器、弹性联轴节、减振器等的检查应符合规范。

### （七）船舶自动控制和遥控设备的试验

（1）主推进遥控装置进行各运转工况的控制试验。

（2）当主机在正车和倒车运行时,应进行控制处所的转换试验,以及由各控制处所控制主机按原设计要求进行功能试验。

（3）模拟引起主机安全系统动作的故障,检查安全保护装置的可靠性。

（4）试验为主机服务的泵和备用设备的手动启动与自动启动装置的效用。

（5）航行试验时,检查主推进遥控装置的监测和报警功能是否正确有效。

### 五、厂修值班有关要求

船厂修理期间,船舶应安排人员值班,并注意以下安全措施:

## 1. 防火防爆

(1)严禁使用明火电炉,若使用闭式电炉时,必须有人看守。

(2)用后的擦油布、棉纱头必须放在指定容器内按规定处理,不得随意乱丢。

(3)厨房引火做饭后,应熄灭火源,关闭柴油开关。

(4)船上消防器材应处于正常使用状态,不符合要求的应及时更换。

(5)明火作业应按"明火作业须知"和"船舶易燃易爆部位修理须知"规定执行,严格遵守船舶电/气焊使用管理规则和风电焊设备安全操作规程。进行电/气焊作业前,厂方应通知船方,船方监督厂方;备妥适当的消防器材;检查周边确认无易燃易爆物品并安排专人看守;作业完毕后应检查现场,确认无造成死灰复燃可能后,方可离开现场,并报告部门长。

(6)清洗油舱时,现场禁烟、停止明火作业。

## 2. 防污染

(1)严格执行船厂的防污染制度,对修理现场的防污染工作进行检查、监控;

(2)厂修期间,油舱污油按规定处理;

(3)船舶生活垃圾及修理过程中产生的污染物应集中存放,按规定处理;

(4)修理人员撤离时,监修人员须对修理后的油舱/柜、燃油、滑油和液压油管系等,按规范要求查漏,防止跑、冒、滴、漏现象的发生;

(5)清洗油舱时,需准备接油盆、围油带等防护设施,确定接头无漏油;

(6)拆卸油管后,需挂牌禁止启动相关油泵;

(7)第一次启动油泵前,检查相关管路,点动试验确定管路正常后方可使用。

## 3. 防进水

(1)修理前对堵漏器材、工具及应急排水设备进行检查,确保其处于良好状态。

(2)船舶在锚泊或靠泊状态下,每天监测一次密闭舱室的水位并记录;拆卸主甲板下通海管路、阀门时,厂方应报告船长、轮机长,船方确认后做好标识。

(3)船舶出坞前,应对舱底水报警器进行效能检查,检查所有舱室有无渗漏。

(4)厂修期间一旦发现船壳板破损进水或通海管路、阀门等设施漏水,应按"应急预案"组织堵漏,并立即通知船厂采取措施。

## 4. 防伤害

(1)船舶进厂后,立即组织船员学习修船安全措施、操作规程,提高船员安全素质和自我防护意识;

(2)船员进入施工现场工作必须按规定正确使用安全防护用品,戴好安全帽;

(3)进入密闭舱室工作,应执行进入封闭舱室作业须知,要求两人以上共同作业;

(4)进行高空、船舷外、靠离泊和油漆等作业时,应严格执行相关作业须知,穿好救生衣、戴好安全带;

(5)船员自修保养时,应严格遵守各项安全制度和操作规程,防止高空坠物;

(6)进行起重/吊装作业时,应指定专人在现场指挥,禁止重物下人员通过;

(7)甲板面割换时,需设置护栏等防护措施。

## 5. 治安防范

(1)安排人员在船保卫值班;

（2）与厂修项目无关的设备材料、零配件及个人财产，应妥善收藏保管；

（3）对船厂修理时拆出的设备、零部件及作业现场使用的仪表、工具、材物料等进行检查，督促船厂采取防盗措施；

（4）如遇突发情况，采取谨慎有效的措施应对，及时向船长和主管部门报告。

要求：

轮机长：①能编制机电设备维修计划，编制主要工程摘要单及修理单；②能简述坞修工程的具体内容并加以监督和管理；③能描述主机、轴系、发电机组、操舵装置、锚泊设备等试验的要求。

轮机员：在修船期间能进行安全值班。

# 第五节 ◉ 常用专用工具及测量仪器

## 一、常用专用工具的使用

### 1. 扭矩扳手

扭矩扳手又称为力矩扳手、扭矩可调扳手，是扳手的一种。按动力源可分为电动力矩扳手、气动力矩扳手、液压力矩扳手及手动力矩扳手；手动力矩扳手可分为预置式、定值式、表盘式、数显式、打滑式、折弯式以及公斤扳手。当螺钉和螺栓的紧密度至关重要的情况下，使用扭矩扳手可以允许操作员施加特定扭矩值。

船舶上在紧固重要螺栓（如连杆螺栓、缸盖螺栓等）时，常使用扭矩扳手。使用时，当达到设定扭矩值时，发出清晰的咔塔声，并且在手柄上可感觉到轻微震动。双刻度尺，可精确设定扭矩值。

### 2. 活塞环拆装专用工具

将活塞环装入活塞环槽或自环槽中取出活塞环，应采用专用拆装工具，如图4-30所示。由于活塞环具有一定的弹力，需要采用合适的力将开口撑开才能装入环槽之中，若用力过大易使活塞环变形或折断。小型柴油机活塞环可采用细绳或专用装环工具安装。

图4-30 活塞环拆装工具示意图

### 3. 活塞组件装入气缸的专用工具

活塞环全部装入活塞环槽后，由于活塞环的弹力作用弹出，此时将活塞装入气缸较为困难，应采用锥形导套将其导入气缸中，如图4-31所示。

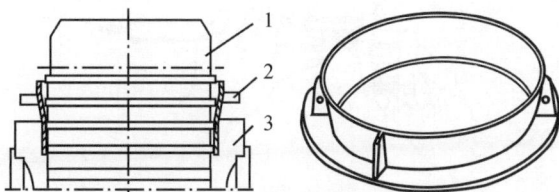

**图 4-31　安装活塞组件专用工具**
1—活塞和活塞环;2—锥形导套;3—气缸套

## 二、常用测量仪器的使用

### (一)游标卡尺

游标卡尺(简称"卡尺")是一种测量长度、内外径、深度的量具。游标卡尺由主尺和附在主尺上能滑动的游标两部分构成。主尺上一般以毫米为单位,游标上则有 10、20 或 50 个分格,根据分格的不同,游标卡尺可分为十分度游标卡尺、二十分度游标卡尺、五十分度游标卡尺等。游标为 10 分度的有 9 mm 刻度,20 分度的有 19 mm 刻度,50 分度的有 49 mm 刻度。游标卡尺的主尺和游标上有两副活动量爪,分别是内测量爪和外测量爪。内测量爪通常用来测量内径,外测量爪通常用来测量长度和外径,如图 4-32 所示。

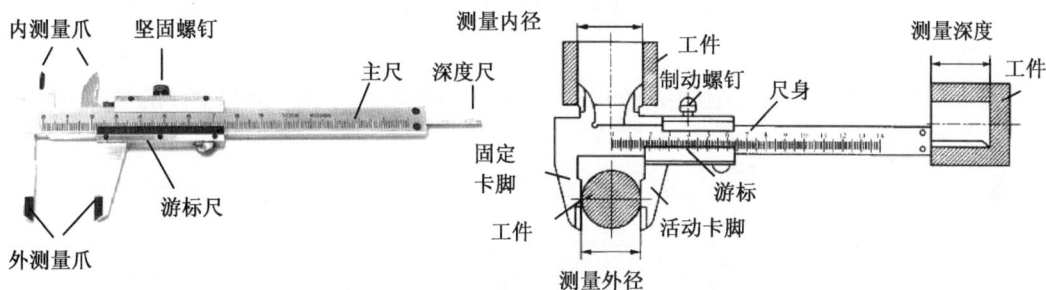

**图 4-32　游标卡尺结构及测量示意图**

#### 1. 使用方法

(1)用软布将量爪擦干净,使其并拢,查看游标和主尺身的零刻度线是否对齐。如果对齐就可以进行测量;如没有对齐则要记取零误差。游标的零刻度线在尺身零刻度线右侧的叫正零误差,在尺身零刻度线左侧的叫负零误差(规定方法与数轴的规定一致,原点以右为正,原点以左为负)。

(2)测量外径或长度时,可将卡脚张开到比所需测量值稍大一些,放上工件后,再使夹脚贴紧工件,就可读出尺寸。测量内孔深度时,主尺端面应紧贴工件端面,并使尺子尖端贴住内孔底面,即可读出尺寸,如图 4-33 所示。

#### 2. 游标卡尺的读数原理及读法

游标卡尺所能测量的精度,常用的有 0.10 mm、0.05 mm 和 0.02 mm 三种。这三种游标卡尺的主尺刻度相同(即每格 1 mm)。不同的是副尺格数与主尺相对的格数。游标卡尺的读数精度是利用主尺与副尺间距离之差来确定的。

图 4-33　游标卡尺使用示意图

（1）十分度游标卡尺

该卡尺，主尺的最小分度为 1 mm，游标尺上有 10 个小的等分刻度，其总长为 9 mm，因此游标尺的每一分刻度与主尺的最小刻度相差 0.1 mm。

当左右爪合在一起，游标尺的零刻度与主尺刻度重合时，只有游标的第 10 刻度线与主尺的 9 mm 刻度线重合，其余的刻度线均不重合。这种游标卡尺可以精确到 0.1 mm，此时如图 4-34 所示。

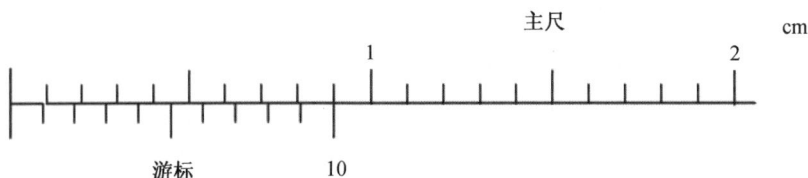

图 4-34　十分度游标卡尺示意图

读数方法：

测量长度时，整的毫米数由主尺读出，十分之几的毫米由游标尺上与主尺的某一刻度线相重合的刻度线读出，如图 4-35 所示。

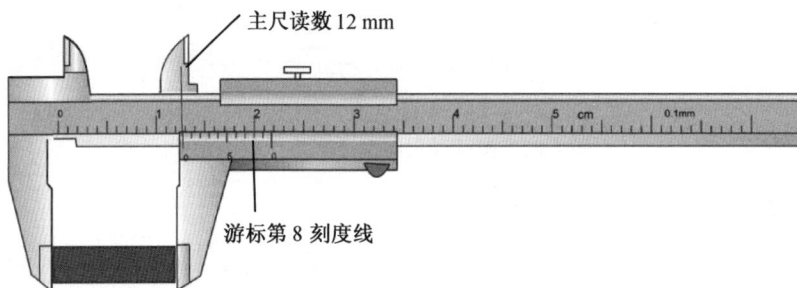

图 4-35　0.1 mm 游标卡尺读数示意图

图示主尺读数为 12 mm，游标的第 8 条刻度线与主尺的某刻度线重合，所以有表达读数为 8×0.1 mm＝0.8 mm，最终读数为 12.8 mm 或 1.28 cm。

若初始校准为正零误差，读数应减去该误差值；若校准为负零误差，读数应加上该误差值。

（2）五十分度游标卡尺

该卡尺，主尺的最小分度为 1 mm，游标尺上有 50 个小的等分刻度，其总长为 49 mm，因此游标尺的每一分刻度与主尺的最小刻度相差 0.02 mm。

当左右爪合在一起，在主尺上读出副尺零刻度线以左的刻度，该值就是最后读数的整数部分。如图 4-36 所示，为 33 mm；游标副尺上一定有一条与主尺的刻线对齐，读出该刻线距副尺的零刻度线以左的刻度的格数为22,乘上该游标卡尺的精度0.02 mm,就得到最后读数的小数部分。或者直接在副尺上读出该刻线的读数,图示为0.44 mm;将所得到的整数和小数部分相加,就得到总尺寸为33.44 mm。

游标尺的零刻度与主尺刻度重合时,只有游标的第10刻度线与主尺的9 mm刻度线重合,其余的刻度线均不重合。这种游标卡尺可以精确到0.1 mm,此时如图4-36所示。

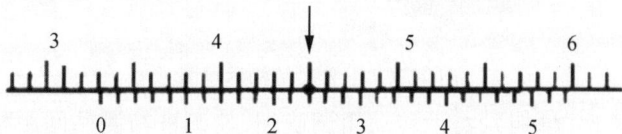

图4-36 0.02 mm游标卡尺读数示意

0.05 mm的精度,亦可以此类推,游标上1格是主尺1格的19/20=0.95,主副尺每格相差0.05 mm。

### 3. 正确使用和保养

(1)游标卡尺是比较精密的测量工具,应轻拿轻放,避免碰撞或跌落地下。不要用此测量粗糙的物体,以免损坏量爪;避免与刃具放在一起,以免刃具划伤游标卡尺的表面;不使用时应置于干燥中性的地方,远离酸碱性物质,防止锈蚀。

(2)测量前,应把卡尺擦干净,检查卡尺两个测量面和测量刀口是否平直无损,然后合并量爪,检查两结合面是否贴合,并检查主尺和游标的零刻度线是否对齐。

(3)用游标卡尺测量零件时,不允许过分地施加压力,所用压力应使两个量爪刚好接触零件表面。如果测量压力过大,不但会使量爪弯曲或磨损,且量爪在压力作用下产生弹性变形,使测量的尺寸不准确(外尺寸小于实际尺寸,内尺寸大于实际尺寸)。

(4)测量外形尺寸时,应使量爪贴靠被测零件表面。卡尺必须放正,不得歪斜,以免产生误差;测量内径尺寸时,应注意使卡尺量爪的两测量面位于孔的直径位置处,用固定螺钉固定游框后再轻轻取出卡尺来读数;测量圆弧形沟槽时,应用刀口形量爪,而不能用平口测量刃测量。

(5)读数时,应把卡尺水平拿着,使视线正对着刻线表面,以免因视线不正造成读数误差。

### (二)千分尺

千分尺又称螺旋测微仪、分厘卡,是比游标卡尺更精密的测量长度的工具,测量精度可以达到0.01 mm精度值。测量范围有0~25 mm、25~50 mm、50~75 mm、75~100 mm、100~125 mm、125~150 mm等几种。对于精度要求的零件,多采用千分尺测量。

### 1. 千分尺的原理及操作方法

常用的普通外径千分尺的结构如图4-37所示。

当可动刻度套管旋钮转一周时,测微螺杆就移动0.5 mm,在固定刻度上刻有间距为0.5 mm的线条,可动刻度上刻50分度的线条,因此可动刻度上转一格,测微螺杆移动0.5/50=0.01 mm。

使用前,应先检查零点:缓缓转动微调旋钮使测微螺杆和测砧接触,到棘轮发出声音为止,此时可动尺(活动套筒)上的零刻线应当和固定套筒上的基准线(长横线)对正,否则有零误差。

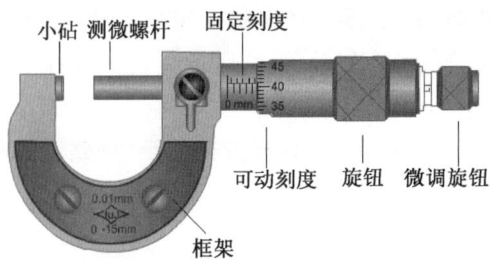

图 4-37　千分尺结构示意图

测量时,左手持尺架(框架),右手转动粗调旋钮,使测杆与测砧间距稍大于被测物,放入被测物,转动保护旋钮到夹住被测物,直到棘轮发出声音为止,拨动固定旋钮,便可使测杆固定,然后便可读数。

### 2. 读数方法

(1)首先读出活动套管孔边缘在固定套管后面的尺寸;

(2)再读半刻度,若半刻度线已露出,记作 0.5 mm;若半刻度线未露出,记作 0.0 mm;

(3)再读可动刻度(注意估读),记作 $n×0.01$ mm;

(4)最终读数结果为固定刻度+半刻度+可动刻度+估读。

如图 4-38 所示,活动套管孔边缘在固定套管后面的尺寸为 8 mm;此时,半刻度已露出,记作8.5 mm;可动刻度与基准线对齐的是第 6 刻线超过一点,记为 0.06;超过部分估读为0.001 mm;最终读数为 8.561 mm。

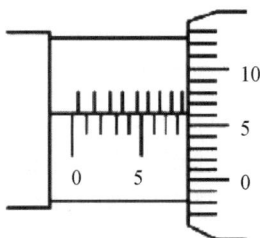

该图读数8.561 mm

图 4-38　千分尺读数举例

### 3. 使用、保养注意事项

(1)测量前,检查零位线是否准确。当小砧和测微螺杆并拢时,可动刻度的零点与固定刻度的零点不相重合,将出现零误差,应加以修正,即在最后测长度的读数上去掉零误差的数值。

(2)测量前,需把工件被测量面和千分尺测量杆擦拭干净。

(3)测量时,注意要在测微螺杆快靠近被测物体时停止使用旋钮,而改用微调旋钮,避免产生过大的压力,既可使测量结果精确,又能保护千分尺。

(4)在读数时,要注意固定刻度尺上表示半毫米的刻线是否已经露出。千分位有一位估读数字,不能随便舍去,即使固定刻度的零点正好与可动刻度的某一刻度线对齐,千分位上也应读取为"0"。

(5)使用后擦拭干净,放入专用盒内至于干燥处保管。

## （三）百分表

百分表是利用精密齿条齿轮机构制成的表式通用长度测量工具,通常由测量头、测量杆、防震弹簧、齿条、齿轮、游丝、圆表盘及指针等组成,如图 4-39 所示。

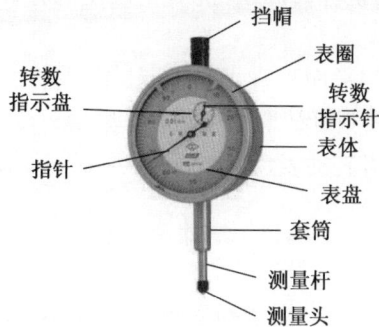

图 4-39　百分表示意图

### 1. 结构原理

百分表是一种精度较高的比较量具,它既能测出相对数值,也能测出绝对数值,主要用于测量形状和位置误差。

百分表的读数准确度为 0.01 mm。百分表的结构原理如图 4-40 所示。当测量杆 1 向上或向下移动 1 mm 时,通过齿轮传动系统带动大指针 5 转一圈,小指针 7 转一格。刻度盘在圆周上有 100 个等分格,各格的读数值为 0.01 mm。小指针每格读数为 1 mm。测量时指针读数的变动量即为尺寸变化量。刻度盘可以转动,以便测量时大指针对准零刻线。通常测量范围(量程)为:0~3、0~5、0~10 mm。

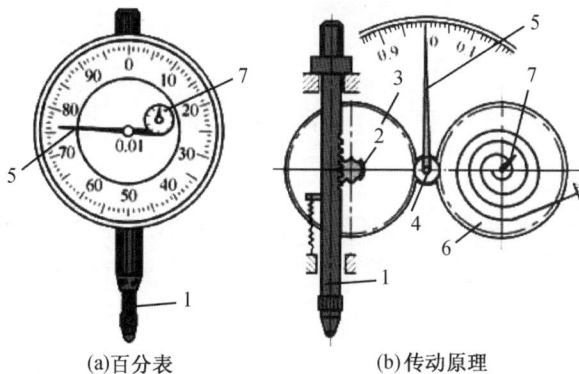

(a)百分表　　　　(b)传动原理

图 4-40　百分表结构示意图

1—测量杆;2—小齿轮;3—大齿轮;4—小齿轮;5—大指针;6—游丝弹簧;7—小指针(量程指针)

### 2. 读数方法

先读小指针转过的刻度线(即毫米整数),再读大指针转过的刻度线并估读一位(即小数部分),并乘以 0.01,然后两者相加,即得到所测量的数值。读数加上零位尺寸即为测量数据。

### 3. 使用注意事项

(1)使用前,应检查测量杆活动的灵活性。即轻轻推动测量杆时,测量杆在套筒内的移动要灵活，没有任何卡阻现象，每次手松开后，指针能回到原来的刻度位置。

（2）使用时必须把百分表固定在可靠的夹持架上。若夹持不稳固则容易造成测量结果不准确，或摔坏百分表。

（3）测量时注意不能超过测量杆的测量范围，不测量表面粗糙度或有显著凹凸不平的工作面。

（4）测量平面时，测量杆应与平面垂直，测量圆柱形工件时，测量杆要与工件的中心线垂直，否则，将使测量杆活动不灵或测量结果不准确。

（5）为方便读数，在测量前可转动表盘，使大指针指到刻度盘的零位。

### （四）塞尺

塞尺又称厚薄规，由薄钢片制成，并由若干片不同厚度的规片（尺）组成一组，在每片尺片上都标注有其厚度标识，是用于检查两结合面之间的间隙的测量器具之一。

#### 1. 构造

塞尺具有两个平行的测量平面，如图 4-41 所示，其长度制成 50、100 或 200 mm，测量厚度规格为 0.03～0.1 mm 的塞尺，中间每片相隔 0.01 mm。如果厚度为 0.1～1 mm 的塞尺，则中间每片相隔 0.05 mm。

图 4-41　塞尺结构示意图

#### 2. 使用及注意事项

（1）使用前必须先将尺片和工件擦拭干净。因塞尺的尺片很薄，故操作时应当特别注意，否则容易使尺片弯曲损伤。如果是若干尺片重合一起使用，就应将最薄的尺片夹在中间。

（2）在平面上插塞尺的操作方法如图 4-42（a）所示，该种方法主要用于 0.1 mm 以下的薄尺片；在弧面上塞缝的操作方法如图 4-42（b）所示；在立缝上塞缝的操作方法如图 4-42（c）所示。

### （五）比重计

比重计又称密度计或浮计，是液体密度计和浓度计的统称。

根据阿基米德原理，当比重计浸入被计量液体时即受到浮力的作用。在平衡状态下，比重计浸没于液体的深度取决于液体的密度，显然密度越小，浸没越深；反之，密度越大，浸没越浅。所以在分度表与液面重合处，即可标出液体的密度或浓度的数值，如图 4-43 所示。

我国的基准密度计组由 116 支不同计量范围的比重计组成：在 0.65～0.78 g/cm³ 范围内，分度值为 $1 \times 10^{-4}$ g/cm³；在 0.78～1.04 g/cm³ 范围内，分度值为 $5 \times 10^{-5}$ g/cm³；在 1.04～

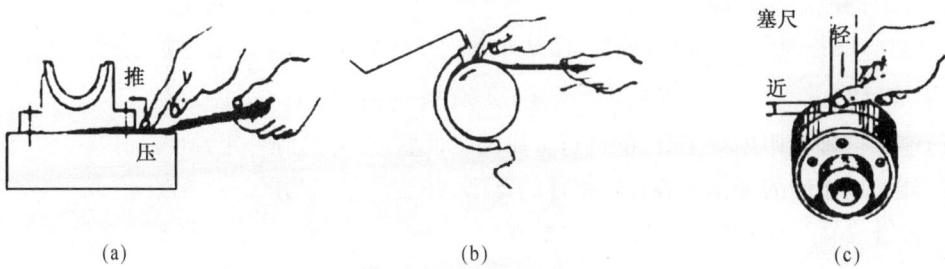

(a)　　　　　　　　　　(b)　　　　　　　　　　(c)

图 4-42　塞尺测量方法示意图

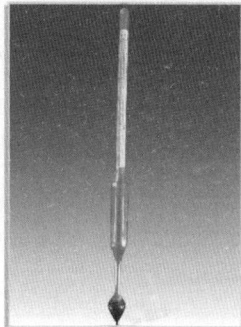

图 4-43　比重计示意图

1.50 g/cm$^3$ 范围内,分度值为 $1 \times 10^{-4}$g/cm$^3$;在 1.50 ~ 2.00 g/cm$^3$ 范围内,分度值为 $2 \times 10^{-4}$g/cm$^3$。

比重计使用时应注意:要轻拿轻放,避免敲碎;放入被测液体中时,不能立即松手,应慢慢放入,看看能否浮出一点,以免一下子沉到底而破碎,浮不起时,应换一个计量范围低一点的再试。

## 【实操训练】

### 钳工操作

钳工作业主要包括錾削、锉削、锯切、划线、钻削、铰削、攻丝和套丝(见螺纹加工)、刮削、研磨、矫正、弯曲和铆接等。

### 1. 钳工的工作内容

(1)加工零件

一些采用机械方法不适宜或不能解决的加工,都由钳工完成。如:零件加工过程中的划线,精密加工(如刮削挫削样板和制作模具等)以及检验、修配等。

(2)装配

把零件按机械设备的装配技术要求进行组件,部件装配和总装配,并经过调整、检验和试车等,使之成为合格的机械设备。

(3)设备维修

当机械在使用过程中产生故障、出现损坏或长期使用后精度降低影响使用时,也要通过钳工进行维护和修理。

(4)工具的制造和修理

制造和修理各种工具、卡具、量具,模具和各种专业设备。

## 2.训练目的

(1)能够正确使用划线工具,能进行金属的平面錾削,并达到一定精度。

(2)能够用正确的操作姿势进行钢件的锯削,并达到一定精度。

(3)能够进行平面锉削,并达到一定精度。

## 3.训练内容

(1)划线工具的正确使用。

(2)金属平面錾削的操作要领及基本方法。

(3)钢件锯削的正确操作姿势及操作方法。

(4)平面锉削的操作要领及基本方法。

## 4.物资准备

(1)钢板尺、划针。

(2)台虎钳、錾子、手锤、划线工具。

(3)手锯、锉刀、直角尺等。

## 5.操作规程

(1)按指定工作位置、独立操作。

(2)严格遵守实习场地安全文明操作规程。

## 6.技能要求

金属錾削。

(https://wenku.baidu.com/view/2971728432d4b14e852458fb770bf78a64293a01.html)

# 第五章
# 船舶检验及安全检查

## 第一节 ◉ 机舱应急设备

### 一、机舱应急设备的种类

轮机部负责的应急设备按功能可分为应急动力设备、应急消防设备、应急关闭设备和应急救生设备四大类。

#### (一)应急动力设备

##### 1.应急电源

(1)应急电源应选用独立的蓄电池组或发电机组。

(2)应急电源应能在主电源失效时自动供电。在主配电板或机舱主机操纵台附近或机舱有人值班处应设有标明应急电源正在供电的听觉和视觉信号,并附有消声装置。

(3)应急电源为发电机组时,在主电源失效的情况下,应急发电机组应能自动启动,自动投入电网供电。自动启动和自动投入电网供电的全过程应不超过 30 s(启动次数不限制)。自动启动失败和自动投入电网失败后,应发出听觉和视觉报警信号。应急发电机的柴油机应在船舶横倾 15°和纵倾 10°时仍能正常作用。

(4)应急电源的容量必须保证在主电源失效时,应至少向应供电设备的应急负载同时供电 1 h。如需向应急消防泵供电时,则至少向应急消防泵供电 3 h。若应急电源为蓄电池组时,该蓄电池组应能承载应急负载而无须再充电,在整个供电期间蓄电池的电压变化应能维持在其额定电压的±12%之内。

(5)在应急照明线路上不应设置就地开关(驾驶室除外)。应急照明灯应有明显的红色标志,或在结构上与一般照明灯不同。

**2. 应急操舵装置**

(1)根据《内河船舶法定检验技术规则》,每艘船舶应配备主操舵装置和辅助操舵装置,并且两者之一倘若发生故障,不能导致另一装置不能工作。但如果主舵机有两台并可分别工作,可不设辅助操舵装置。

(2)辅助操舵装置应能于紧急时迅速投入工作。

(3)对于辅助操舵装置,其操作在舵机舱进行,如系动力操纵也应在驾驶台进行,并应是独立于主操舵装置的控制系统。

(4)驾驶室与舵机室之间应备有通信设施。

### (二)应急消防设备

应急消防泵是当机舱进水、失火或全船失电时,用来提供消防水的设施。

应急消防泵的排量应不少于所要求的消防泵总排量的 40%,且任何情况下不得少于 25 $m^3/h$。

### (三)应急关闭设备

(1)燃油速闭阀。双层底以上的主机、发电柴油机各个油柜的出口管上应装有速闭阀。这些速闭阀除能就地开关外,在机舱外应设有遥控关闭装置,以便机舱失火时远距离关闭速闭阀,防止油舱、油柜的油流出扩大火势。

(2)电源应急切断和应急照明。

(3)风油应急切断。

(4)通风筒防火板。

(5)机舱天窗应急关闭装置。

### (四)应急救生设备

1)救生艇和救生舢板

2)脱险通道(逃生孔)

3)机舱进水时的应急设备

(1)应急舱底水吸口及吸入阀

机舱应设一个应急舱底水吸口。应急吸口应与排量最大的一台江水泵相连,如主江水泵、压载泵、通用泵等。少数船舶的应急吸口还与舱底水泵相通,其管路直径应不小于所连接泵的进口直径。应急吸口与泵的连接管路上装设截止止回阀,阀杆应适当延伸,使阀的开关手轮在花铁板以上的高度至少为 460 mm。

(2)水密门

①水密门应为滑动门或铰链门或其他等效形式的门。任何水密门操作装置,无论是否为动力操作,均须于船舶向左或向右倾斜至 15°时能将门关闭。

②水密门的关闭装置应能两面操纵和远距离操纵。在远距离操纵处应设有水密门开关状态的指示器。

## 二、机舱应急设备的使用管理

1）按照检修分工明细表规定，机舱应急设备分别由各轮机员分工负责。

2）应急发电机、应急消防泵、救生艇发动机应定期检查、养护和试验。一般应每周试运转一次，并将情况记入轮机日志。

（1）应急发电机应检查其柴油柜油量、冷却水箱及曲轴箱液位是否正常，润滑点要加油；检查起动电瓶或起动空气瓶，进行起动（包括遥控起动）和并电试验。冬季要做好保温防冻措施。

（2）应急消防泵应做起动和泵水试验，检查排水压力，试车后关闭海底阀和进口阀，放出消防管中残水，防止冬季冻裂。

（3）救生艇要检查发动机和离合器，进行起动试验。冬季做好防冻措施。

3）应定期清洁机舱应急舱底水吸口，防止污物堵塞；截止止回阀阀杆应定期加油，防止锈死。

4）水密门、速闭阀、风机油泵应急开关、应急蓄电池应定期保养和检验，并进行就地操纵试验和遥控试验。

5）各种应急设备必须保持良好工作状态，以备船舶到港后海事人员登船检查。

# 第二节 ◉ 船舶证书种类和管理

## 一、运输船舶所有权登记证书和国籍证书

船舶登记是指船舶登记机关按照《中华人民共和国船舶登记条例》的规定，对船舶所有权、船舶国籍、船舶抵押权、光船租赁、船舶烟囱标志和公司旗进行登记的行为。交通运输部海事局负责全国船舶登记管理工作，各级海事管理机构（以下简称"船舶登记机关"）依据职责具体开展辖区内的船舶登记工作。

### 1. 运输船舶所有权登记证书

申请船舶登记，申请人应当填写登记申请书，并向船舶登记机关提交合法身份证明和其他有关申请材料。经船舶登记机关审查，船舶登记申请符合规定要求的，船舶登记机关予以登记，将申请登记事项记载于船舶登记簿，制作并发放船舶登记证书。船舶登记是依法强制执行的，任何船舶只有通过登记，才有权悬挂国旗航行，享受国家法律保护和管辖。

船舶所有权发生转移、船舶灭失和失踪，注销船舶所有权登记，均应按照《中华人民共和国船舶登记条例》相关规定办理。

### 2. 船舶国籍证书

船舶国籍证书是指船舶登记机关签发的用以证明船舶的国籍、船籍港、船舶所有权的一种证书。船籍港船舶登记机关依据《中华人民共和国船舶登记条例》对申请的船舶予以核准并

发给船舶国籍证书。

船舶国籍证书的有效期为 5 年,临时船舶国籍证书的有效期一般不超过 1 年。临时船舶国籍证书和船舶国籍证书具有同等法律效力。

船舶国籍证书有效期届满前 1 年内,船舶所有人应当持船舶国籍证书和有效船舶技术证书,到船籍港船舶登记机关换发新的船舶国籍证书。

## 二、船舶技术证书

### （一）所有船舶须持有的表明技术状况、航行性能及船舶营运必备条件的文件和证书

#### 1. 船舶吨位证书

所有新船和经改建或改装影响到吨位变更的现有船舶,船舶检验机构按照吨位丈量规则,确定总吨位和净吨位后,签发内河船舶吨位证书。

#### 2. 内河船舶载重线证书（包括免除证书）

内河船舶除另有规定外,船舶检验机构按照《内河船舶法定检验技术规则》,经过检验并勘划载重线标志后,签发内河船舶载重线证书或免除证书。

现有船舶如有因航区、航段、装载等发生变化,应按《内河船舶法定检验技术规则》的有关规定重新核定和勘划载重线。

#### 3. 内河船舶适航证书

船舶检验机构按照《内河船舶法定检验技术规则》的有关要求进行相应检验后,签发内河船舶适航证书。

#### 4. 完整稳性手册

船长 24 m 及以上的所有船舶,应在完工后做倾斜试验,确定它们的稳性要素,并向船长提供一本稳性手册,其中包括认为必需的资料,以便使其能采取迅速而简便的方法获得各种装载情况下船舶稳性的正确指导。

#### 5. 内河船舶最低安全配员证书

海事管理机构在依法对船舶登记进行审核时,核定船舶的最低安全配员,并在核发船舶国籍证书时,向当事船舶配发船舶最低安全配员证书。船舶所有人（或者其船舶经营人、船舶管理人）应当按照《中华人民共和国船舶最低安全配员规则》的要求,为所属船舶配备合格的船员。

#### 6. 船员适任证书和特殊培训合格证书

海事管理机构应对那些满足工作条件、年龄、健康、培训等各方面要求的人员,按照《内河船舶船员适任考试和发证办法》以及《内河船舶船员特殊培训考试和发证办法》等规则要求,经理论考试、实操考试,成绩合格后,签发相应类别的船员适任证书和特殊培训合格证书。

#### 7. 内河船舶防止油污染证书

150 总吨及以上油船以及 400 总吨及以上的任何其他船舶,经检验合格之后签发船舶防止油类污染证书。按照适用情况,该证书应附有油船以外船舶构造和设备记录或油船构造和设备记录或油船构造和设备记录。

### 8. 内河船舶防止生活污水污染证书

为防止船舶生活污水污染水域,内河船舶应符合《内河船舶法定检验技术规则》的相关要求,并备有相应的内河船舶防止生活污水污染证书。

### 9. 内河船舶防止垃圾污染证书

为防止船舶垃圾污染水域,内河船舶应符合《内河船舶法定检验技术规则》的相关要求,并备有相应的内河船舶防止生活垃圾污染证书。

### 10. 油类记录簿

按规定,150 总吨及以上的油船、油驳和 400 总吨及以上的非油船、非油驳的拖驳船队应当将油类作业情况如实、规范地记录在经海事管理机构签注的油类记录簿中。150 总吨以下的油船、油驳和 400 总吨以下的非油船、非油驳的拖驳船队应当将油类作业情况如实、规范地记录在轮机日志或者《航行日志》中。

### 11.《船上油污应急计划》

按规定,150 总吨及以上的油船、油驳和 400 总吨及以上的非油船、非油驳的拖驳船队应当制订《船上油污应急计划》。150 总吨以下油船应当制定油污应急程序。

150 总吨及以上载运散装有毒液体物质的船舶应当按照交通运输部的规定制订《船上有毒液体物质污染应急计划》和货物资料文书,明确应急管理程序与布置要求。

400 总吨及以上载运散装有毒液体物质的船舶可以制订《船上污染应急计划》,代替《船上有毒液体物质污染应急计划》和《船上油污应急计划》。

### (二)散装运输有毒液体化学物质的船舶还须持有的文件和证书

(1)防止散装运输有毒液体物质污染证书(NLS 证书)

(2)货物记录簿

《内河船舶法定检验技术规则》所适用的每艘船舶,均应备有一份符合该附则附录规定格式的货物记录簿,不论其是作为船舶正式《航行日志》的组成部分,还是另外形式均可。

### (三)化学品船舶还须持有的文件和证书

按规定,对于 1986 年 7 月 1 日以后建造的化学品船舶,经初次检验和定期检验之后,符合有关规则要求的化学品船舶,应持有散装运输危险化学品适装证书,该规则是强制性的。该证书有一定的有效期限,并与船舶适航证书一并使用方为有效。

### (四)气体船舶还须持有的文件和证书

对于经初次检验或定期检验并符合气体运输船舶规则有关要求的气体船舶,应持有散装运输液化气体适装证书。航行于我国内河航区装运温度为 37.8 ℃、蒸汽的绝对压力超过 0.28 MPa 的液化气体的船舶,须持有"内河散装运输液化气体适装证书",该证书的有效期一般为 1 年。按规定,对于 1986 年 7 月 1 日及以后建造的气体运输船舶,该规则是强制性的。

# 第三节 ◉ 船舶检验

《船舶检验管理规定》于 2016 年 1 月 14 日经交通运输部第一次部务会议以第 2 号令的形式通过,自 2016 年 5 月 1 日起施行。该规定除对船舶检验机构和人员、法定检验、入级检验、船舶法定检验技术规范、检验管理、法律责任等内容做了具体阐述外,也对船舶所有人和经营人提出了相关要求,明确了各方权责。

船舶检验是船舶检验机构按照公约、规范或规则的要求,对船舶的设计、制造、材料、机电设备、安全设备、技术性能及营运条件等技术状态所进行的审核、测试、检查和鉴定。

船舶检验按检验性质可分为法定检验、船级检验和公证检验。

## 一、法定检验

法定检验是指船舶检验机构按照法律、行政法规、规章和法定检验技术规范,对船舶、水上设施、船用产品和船运货物集装箱的安全技术状况实施的强制性检验。法定检验主要包括建造检验、定期检验、初次检验、临时检验、拖航检验、试航检验等。

### 1. 建造检验

船舶、水上设施的所有人或者经营人建造船舶、水上设施或改变船舶主尺度、船舶类型、分舱水平、承载能力、乘客居住处所、主推进系统、影响船舶稳性等涉及船舶主要性能及安全的重大改建,或者涉及水上设施安全重大改建的,应当向船舶检验机构申请建造检验。

### 2. 定期检验

营运中船舶、水上设施所有人或经营人,应当向签发船舶检验证书的船舶检验机构申请定期检验。

定期检验可以委托营运地船舶检验机构代为进行。

### 3. 初次检验

船舶、水上设施所有人或经营人,有下列情形之一的,应当向船舶检验机构申请初次检验:

(1)外国籍船舶、水上设施改为中国籍船舶、水上设施;

(2)体育运动船艇、渔业船舶改为本规定适用的船舶;

(3)营运船舶检验证书失效时间超过一个换证检验周期的;

(4)老旧营运运输船舶检验证书失效时间超过一个特别定期检验周期的。

其中,有(3)(4)项所列情形之一的,新的检验周期按照原证书检验周期计算。

### 4. 临时检验

船舶、水上设施所有人或经营人,有下列情形之一的,应当向船舶检验机构申请临时检验:

(1)因发生事故,影响船舶适航性能;

(2)改变证书所限定的航区或者用途;

(3)船舶检验机构签发的证书失效时间不超过一个换证周期;

（4）涉及船舶安全的修理或者改装,但重大改建除外;

（5）变更船舶检验机构;

（6）变更船名、船籍港;

（7）存在重大安全缺陷影响航行和环境安全,海事管理机构责成检验的。

对于第（3）项所列情形,船舶、水上设施申请检验时,船舶检验机构须对失效期内应当进行的所有检验项目进行检验,检验周期按照原证书检验周期计算。

**5. 拖航检验**

中华人民共和国管辖水域内对移动式平台、浮船坞和其他大型船舶、水上设施进行拖带航行,起拖前应当申请拖航检验。

**6. 试航检验**

船舶试航前,船舶所有人或经营人应当向船舶检验机构申请试航检验,并取得试航检验证书。

船舶检验机构在签发试航检验证书前,应当按照相关技术检验要求进行检验,并确认船舶试航状态符合实施船舶图纸审查、建造检验的船舶检验机构批准的船舶配载及稳性状态。

## 二、船级检验

船级检验是指船舶所有人或经营人、管理人在法定检验的基础上,为进一步提高船舶性能上的可靠性和竞争力,向船级社申请,由船级社对船舶所进行的检验。船级检验分为船舶入级检验和保持入级检验。

入级检验是指应船舶、水上设施的所有人和经营人自愿申请,按照拟入级的船舶检验机构的入级检验技术规范,对船舶、水上设施进行的检验,并取得入级船舶检验机构的入级标识。

下列中国籍国内航行船舶加入船级的,应当向中国船级社申请入级检验:

（1）在海上航行的乘客定额 100 人以上的客船;

（2）载重量 1 000 t 以上的油船;

（3）滚装船、液化气体运输船和散装化学品运输船;

（4）船舶所有人或者经营人申请入级的其他船舶。

保持入级检验包括年度检验、中间检验、坞内检验、特别检验、螺旋桨轴和艉管轴检验、锅炉和热油加热器检验、循环检验、损坏和修理检验、改装或更换检验。

## 三、公证检验

应船舶所有人、承租人、保险人或其他有关方面的申请,船级社指派验船师以第三方身份独立、公正地对所申请项目进行一种证明或鉴定的检验,称为公证检验。它包括起、退租检验,索赔检验,海损检验,其他公证检验以及质量体系认证。

# 第四节 ● 船舶安全监督和检查

由于船舶航行在水域中,具有系统独立、设备运行环境恶劣、各工作系统联系密切而又相对独立、船员业务能力参差不齐、应急施救比较困难等特点,因此,加强船舶安全监督和检查是预防船舶发生海损事故的有效措施。

为了保障水上人命、财产安全,防止船舶造成水域污染,规范船舶安全监督工作,根据《中华人民共和国海上交通安全法》《中华人民共和国海洋环境保护法》《中华人民共和国港口法》《中华人民共和国内河交通安全管理条例》《中华人民共和国船员条例》等法律法规和我国缔结或者加入的有关国际公约,中华人民共和国交通运输部(2017 年第 14 号令)正式颁布《中华人民共和国船舶安全监督规则》,并于 2017 年 7 月 1 日起施行,从而将船舶安全监督和检查工作纳入了规范化、法制化轨道。

船舶安全监督,是指海事管理机构依法对船舶及其从事的相关活动是否符合法律、法规、规章以及有关国际公约和港口国监督区域性合作组织的规定而实施的安全监督管理活动。船舶安全监督分为船舶现场监督和船舶安全检查。

船舶现场监督,是指海事管理机构对船舶实施的日常安全监督抽查活动。

船舶安全检查,是指海事管理机构按照一定的时间间隔对船舶的安全和防污染技术状况、船员配备及适任状况、海事劳工条件实施的安全监督检查活动,包括船旗国监督检查和港口国监督检查。

交通运输部主管全国船舶安全监督工作。国家海事管理机构统一负责全国船舶安全监督工作。各级海事管理机构按照职责和授权开展船舶安全监督工作。

## 一、船舶安全监督和检查的内容

### 1.船舶进出港报告

船舶应当按照规定实施进出港报告。应当在预计离港或者抵港 4 h 前向将要离泊或者抵达港口的海事管理机构报告进出港信息。航程不足 4 h 的,在驶离上一港口时报告。

船舶在固定航线航行且单次航程不超过 2 h 的,可以每天至少报告一次进出港信息。船舶应当对报告的完整性和真实性负责。

船舶报告的进出港信息应当包括航次动态、在船人员信息、客货载运信息、拟抵离时间和地点等。可以通过互联网、传真、短信等方式报告船舶进出港信息,并在船舶航行日志内做相应的记载。

### 2.船舶综合质量管理

海事管理机构应当建立统一的船舶综合质量管理信息平台,收集、处理船舶相关信息,建立船舶综合质量档案。船舶综合质量管理信息平台应当包括下列信息:

(1)船舶基本信息;

(2)船舶安全与防污染管理相关规定落实情况;

（3）水上交通事故情况和污染事故情况；

（4）水上交通安全违法行为被海事管理机构行政处罚情况；

（5）船舶接受安全监督的情况；

（6）航运公司和船舶的安全诚信情况；

（7）船舶进出港报告或者办理进出港手续情况；

（8）按照相关规定缴纳相关费税情况；

（9）船舶检验技术状况。

### 3. 船舶安全监督

海事管理机构对船舶实施安全监督，应当减少对船舶正常生产作业造成的不必要影响。应当结合辖区实际情况，按照全面覆盖、重点突出、公开便利的原则，依据相关规定的目标船舶选择标准，综合考虑船舶类型、船龄、以往接受船舶安全监督的缺陷、航运公司安全管理情况等，按照规定的时间间隔，选择船舶实施船舶安全监督。

按照目标船舶选择标准未列入选船目标的船舶，海事管理机构原则上不登轮实施船舶安全监督，但国家重要节假日、重大活动期间，或者针对特定水域、特定安全事项、特定船舶需要进行检查的，海事管理机构可以综合运用船舶安全检查和船舶现场监督等形式开展的专项检查除外。

### 4. 船舶现场监督

（1）中国籍船舶自查情况；

（2）法定证书文书配备及记录情况；

（3）船员配备情况；

（4）客货载运及货物系固绑扎情况；

（5）船舶防污染措施落实情况；

（6）船舶航行、停泊、作业情况；

（7）船舶进出港报告或者办理进出港手续情况；

（8）按照相关规定缴纳相关费税情况。

### 5. 船舶安全检查

（1）船舶配员情况；

（2）船舶、船员配备和持有有关法定证书文书及相关资料情况；

（3）船舶结构、设施和设备情况；

（4）客货载运及货物系固绑扎情况；

（5）船舶保安相关情况；

（6）船员履行其岗位职责的情况，包括对其岗位职责相关的设施、设备的维护保养和实际操作能力等；

（7）海事劳工条件；

（8）船舶安全管理体系运行情况；

（9）法律、法规、规章以及我国缔结、加入的有关国际公约要求的其他检查内容。

### 6. 签发《船舶现场监督报告》

海事管理机构对船舶进行安全监督后，应当签发相应的《船舶现场监督报告》，由船长或者履行船长职责的船员签名。《船舶现场监督报告》一式两份，一份由海事管理机构存档，一份留船备查，船舶应当妥善保管，在船上保存至少2年。

### 7. 船舶安全缺陷处理

海事行政执法人员在船舶安全监督过程中发现船舶存在缺陷的，应当按照相关法律、法规、规章和公约的规定，提出下列处理意见：

(1)警示教育；

(2)开航前纠正缺陷；

(3)在开航后限定的期限内纠正缺陷；

(4)滞留；

(5)禁止船舶进港；

(6)限制船舶操作；

(7)责令船舶驶向指定区域；

(8)责令船舶离港。

船舶在安全检查中，发现的缺陷不能在检查港纠正时，海事管理机构可以允许该船驶往最近的可以修理的港口，并及时通知修理港口的海事管理机构。

船舶被海事管理机构采取滞留、禁止船舶进港、责令船舶离港处理措施的，应当在相应的缺陷纠正后向海事管理机构申请复查。被采取其他措施的船舶，可以在相应缺陷纠正后向海事管理机构申请复查，不申请复查的，在下次船舶安全检查时由海事管理机构进行复查。海事管理机构收到复查申请后，决定不予本港复查的，应当及时通知申请人在下次船舶安全检查时接受复查。复查合格的，海事管理机构应当及时解除相应的处理措施。

船舶有权对海事行政执法人员提出的缺陷和处理意见进行陈述和申辩。船舶对于缺陷和处理意见有异议的，海事行政执法人员应当告知船舶申诉的途径和程序。

船舶以及相关人员，应当按照海事管理机构签发的《船舶现场监督报告》要求，对存在的缺陷进行纠正。

## 二、船舶安全责任

(1)航运公司应当履行安全管理与防止污染的主体责任，建立、健全船舶安全与防污染制度，对船舶及其设备进行有效维护和保养，确保船舶处于良好状态，保障船舶安全，防止船舶污染环境，为船舶配备满足最低安全配员要求的适任船员。

(2)船舶应当建立开航前自查制度。船舶在离泊前应当对船舶安全技术状况和货物装载情况进行自查，按照国家海事管理机构规定的格式填写《船舶开航前安全自查清单》，并在开航前由船长签字确认。《船舶开航前安全自查清单》应当在船上保存至少2年。

船舶在固定航线航行且单次航程不超过2h的，无须每次开航前均进行自查，但一天内应当至少自查一次。

(3)任何单位和个人不得阻挠、妨碍海事行政执法人员对船舶进行船舶安全监督。

海事行政执法人员在开展船舶安全监督时，船长应当指派人员配合。指派的配合人员应当如实回答询问，并按照要求测试和操纵船舶设施、设备。

海事管理机构通过抽查实施船舶安全监督，不能代替或者免除航运公司、船舶、船员、船检验机构及其他相关单位和个人在船舶安全、防污染、海事劳工条件和保安等方面应当履行的法律责任和义务。

## 三、相关法律责任

1)违反《船舶安全监督规则》,有下列行为之一的,由海事管理机构对违法船舶所有人或者船舶经营人处 1 000 元以上 1 万元以下罚款;情节严重的,处 1 万元以上 3 万元以下罚款。对船长或者其他责任人员处 100 元以上 1 000 元以下罚款;情节严重的,处 1 000 元以上 3 000 元以下罚款,并可扣留船员适任证书 6~12 个月:

(1)拒绝或者阻挠船舶安全监督的;

(2)弄虚作假欺骗海事行政执法人员的;

(3)未按照《船舶现场监督报告》《船旗国监督检查报告》《港口国监督检查报告》的处理意见纠正缺陷或者采取措施的;

(4)按照第三十条第一款规定应当申请复查而未申请的;

(5)涂改、故意损毁、伪造、变造、租借、骗取和冒用《船舶现场监督报告》《船旗国监督检查报告》《港口国监督检查报告》的。

2)船舶未按照规定开展自查或者未随船保存船舶自查记录的,对船舶所有人或者船舶经营人处 1 000 元以上 1 万元以下罚款。

3)船舶未按照规定随船携带或者保存《船舶现场监督报告》《船旗国监督检查报告》《港口国监督检查报告》的,海事管理机构应当责令其改正,并对违法船舶所有人或者船舶经营人处 1 000 元以上 1 万元以下罚款。

4)船舶进出内河港口,未按照规定向海事管理机构报告船舶进出港信息的,对船舶所有人或者船舶经营人处 5 000 元以上 5 万元以下罚款。

# 第五节 ◉ 船舶机电设备效用试验

## 一、主推进系统试验

主机和轴系是船舶动力装置中的主要设备,主机又被比喻为船舶的"心脏",主机和轴系的航行试验就是使船舶在类似于航行条件下进行的试验。在实验过程中,须对主机、轴系及为主机服务的附属设备进行全面检查,以确保其质量。

### (一)试验应具备的条件

(1)主机及为主机服务的各种辅助机械及系统在系泊试验时所发现的质量问题均已消除。

(2)燃油、滑油已取样化验合格。

(3)按试验大纲规定的其他一切准备工作已就绪。

## （二）试验方法

1）主机负荷试验的要求

主机负荷试验应按下列要求进行：

（1）检查主机各缸负荷均匀性符合规定要求及各辅机运转正常。

（2）主机负荷试验的工况及时间按表 5-1 进行。

表 5-1　主机负荷试验的工况及时间

| 工况序号 | | 转速（相对额定转速值的%） | 试验时间/h | | |
|---|---|---|---|---|---|
| | | | <220 kW | 220~735 kW | >735 kW |
| 1 | 正车 | 70 | 0.5 | 0.5 | 0.5 |
| 2 | | 80 | 0.5 | 0.5 | 0.5 |
| 3 | | 常用功率转速 | 1 | 1~2 | 2 |
| 4 | | 100 | 2 | 2~4 | 4 |
| 5 | | 103 | 0.25 | 0.25 | 0.25 |
| 6 | 倒车 | 70 | 0.25 | 0.25 | 0.25 |

注：1. 表中 kW 指单机功率。

　　2. 在急流航段进行航行试验的船舶，其倒车试验时间视航道具体情况而定。

（3）主机负荷试验时，因主机故障对工况在常用功率转速或在 100% 额定转速时所产生的停车，若一次性停车大于或等于 15 min 或累计停车大于或等于 30 min 时，则该工况的试验时间应重新计算。若因驾驶操作的需要或其他原因降低试验负荷时，则应补偿所间隔的时间（急流航段进行航行试验的船舶，可视具体情况而定）。

（4）负荷试验时，应检查各部分的运转情况，在额定工况时，隔 1 h 测量并记录燃油、滑油、冷却水、排气温度、压缩压力和最大燃烧压力等数据。其他工况时，在各档试验结束后立即测量并记录。

（5）主机在额定转速运转，辅机在正常航行工况下运转时，轮换关闭左、右海水阀，检查主、辅机冷却水的排水温度。若消防泵与主、辅机共用海水阀时，还应在主、辅机全负荷工况下，轮换关闭左、右海水阀进行试验，并检查主、辅机冷却水的排水温度和消防泵的效用。

（6）为主机服务的备用冷却水泵、备用滑油泵、备用燃油泵等效用试验。

（7）在主机负荷试验中，103% 的额定转速试验完毕后，拆开导门检查轴承温度。

2）测定主机的最低稳定工作转速，并在此转速下运转时间不少于 5 min。

3）换向试验

（1）换向试验在热态下进行。

（2）测定主机的最低稳定工作转速。

（3）可倒顺齿轮传动装置或倒顺离合器的换向试验应不少于 3 次，检查其工作可靠性。在正常换向转速下，测定从操纵开始到推进轴或齿轮箱离合器的输出轴在相反方向工作为止的换向时间，并记录离合器的气压或液压、温度数值。

4）轴系试验

（1）检查艉轴承密封装置的密封性。油压试验时，从回油管开始回油，继续泵油 3 min，一般不应滴油；轴系运转时，艉轴前密封装置允许有微量滑油渗出，渗出量不大于每分钟 2 滴。

艉轴后密封装置不应滴油。

（2）轴系运转时，检查有无异常声响及抖动情况；检查各轴承有无发热情况，测量主推进轴系及其传动装置中的轴承温度。

（3）轴系的齿轮传动、液力传动、气动传动等装置试验时，将其离合器脱开和接合 2~3 次，要求灵便、可靠。齿轮传动装置试验时，主机转速应不小于额定转速的 60%。

（4）主机在各种负荷运行（包括超负荷）时，检查离合器装置有无打滑现象及异常响声。主机空车运转时检查推力轴系有无带转现象。

（5）检查减震器工作是否正常。

（6）航行试验结束后，应对主机进行拆开检查。活塞直径小于 200 mm 的柴油机，若试验中发现异常现象，则应拆开检查。拆检完毕装复后，主机应进行 100% 额定负荷的运转检查。

## 二、操舵装置试验

### 1. 操舵装置试验应选择水域宽阔的航道进行

试验开始时，船舶逐步加速，观察船舶横倾情况，然后确定是否进行全速试验。

### 2. 动力操舵装置试验

试验时尽可能在船舶最大吃水和最大营运前进航速的工况下进行，试验程序为：

（1）0°→左满舵；

（2）左满舵→0°；

（3）0°→右满舵；

（4）右满舵→0°；

（5）左满舵→右满舵；

（6）右满舵→0°。

测定转舵角为 ±35° 的舵机从一舷 35° 转至另一舷 30° 的操舵时间，或测定转舵角为 ±45° 的舵机从一舷 45° 转至另一舷 40° 的操舵时间。

### 3. 人力机械或人力液压操舵装置试验

试验应尽可能在船舶最大吃水和最大营运前进航速的工况下进行，试验程序为：

（1）0°→左满舵；

（2）左满舵→0°；

（3）0°→右满舵；

（4）右满舵→0°；

（5）左满舵→右满舵；

（6）右满舵→0°。

测定舵从一舷 35° 转至另一舷 30° 的操舵时间及操纵舵轮的手柄力。

### 4. 应急操舵装置试验应满足的要求

（1）转舵扭矩不大于 16 kN·m 的船舶应急操舵装置试验，应在 60% 最大营运前进航速（一般相当于 36% 的转舵扭矩）进行，测定舵从一舷 15° 转至另一舷 15° 的操舵时间，并考虑应急能源的工作能力，在停止油泵工作时，测定舵从一舷满舵转至另一舷满舵的操舵次数应不少于 6 次；

（2）转舵扭矩大于 16 kN·m 的船舶应急操舵装置试验，测定船舶在最大吃水和最大营运前进航速下舵从一舷 35° 转至另一舷 30° 的操舵时间，并对应急能源供电的操舵装置进行 60 min 的应急操舵试验。

### 5. 航行急流航段船舶应进行"Z"形操舵试验

试验时间不少于 30 min，检查操纵船舶的可靠性，试验以全速正车完成下列操舵：

（1）操舵自正舵至右 15°：保持舵位直到船舶航向从原有航向向右偏 15°；

（2）操舵自右 15° 至左 15°：保持舵位直到船舶航向从原有航向向左偏 15°；

（3）操舵自左 15° 至右 15°：保持舵位直到船舶航向从原有航向向右偏 15°；

（4）操舵自右 15° 至左 15°：保持舵位直到船舶航向恢复，即回至正舵。

确因航道限制，操舵角度可适当降低。

试验时，测定并记录舵从开始转动至停止时的操舵时间和舵保持在舵位至改变船舶的偏航方向至规定值为止的时间。上述试验完成后，继续进行"Z"形操舵试验，其操舵角可根据航道需要而定，不受上述规定角度的限制，并可上下水调转航向。

### 6. 操舵装置试验过程中的检查

操舵装置试验过程中，应对下列项目进行检查：

（1）各电动机工作互换可靠性，并测量每台舵机油泵电动机在操舵过程中的起动电流、工作电流、转速；

（2）操舵装置中从主能源到应急能源的控制系统的转换应迅速可靠；

（3）操舵装置转换到应急操舵装置要求迅速可靠；

（4）操舵装置的运转情况；

（5）试验后，测量操舵装置的电机、控制箱、馈电线的热态绝缘电阻值。

# 第六节 ⦿ 船舶应变部署

船舶在航行中可能遇到各种紧急情况，此时如何进行自救，取决于船员平时的训练情况和为各种紧急情况编制的应急预案的可行性。船舶应变部署是指船舶为适应各种可能发生救生、救火、堵漏、舵机失灵、弃船等紧急情况，事先根据船舶设备和人员情况编制的一种应急预案，并定期组织演练。船舶应变部署是船舶一项重要的安全制度，其目的是检验应变部署的合理性和有效性，从而保证船舶在发生各种事故时，能有条不紊地迅速施救，减小或不扩大事故的损失。

## 一、船舶各项应变部署的要求

### 1. 救火应变部署要求

（1）船舶应根据本船人数和职责分工，按部署表编队，每队指定队长一人，带领并指挥本队救火。

（2）不论航行或停泊中，发现火警时，应立即用附近灭火器具扑灭，同时大声呼喊"××处失火"，以便驾驶室及时发出警报，组织施救。

（3）救火警报发出后，所有船员（除值班者外），应按部署规定于 2 min 内迅速携带救火器具赶到现场，由值班驾驶员（停泊中）统一指挥，并通知机舱迅速打开消防泵、水龙带应 5 min 内出水。

（4）航行中发生火警时，船长应首先弄清风向和着火部位，迅速将船转到适当方向，使火势背风，避免蔓延。当火势有继续扩大危及旅客、船员生命安全的迹象时，应立即在附近安全地带触坡或撤滩收船，并一面组织救生，撤离旅客，一面继续救火。

（5）救火应变中，船员应全力扑灭火种，未得到救生弃船命令不得擅离，但在组织指挥上应做好救生弃船的准备。

### 2. 救生和弃船应变部署要求

（1）救生应变系指客船发生重大海损事故，遇他船来救或自行撤滩收船时先将旅客撤出险境的一种措施。船员除参加护送旅客离船者外，均应留船抢险，未得到弃船命令不得擅离。

（2）在船长统一指挥下，船员、安保人员坚守岗位，维护秩序，做好旅客安置工作。

（3）船舶发生重大事故，尽最大努力进行施救，仍不能挽救危局，有立即倾覆、沉没或火灾蔓延危及旅客或船员生命安全时船长方可下令弃船。

（4）船长下令弃船后，部署表内指定的人员应分别携带所分管的重要资料、现金账册等，通信联络人员经船长同意后，才能离开岗位；机舱值班人员应在船长两次完车通知后，方可离开岗位，如遇车钟损坏则以口令宣布。轮机长应按弃船应变部署指挥机舱人员，携带轮机日志车钟记录簿及其他重要文件最后撤出机舱到指定地点集合待命。船长必须待全船旅客、船员离船后，最后离船。

### 3. 人落水营救部署要求

（1）人落水营救任务主要由驾驶部人员承担。船上的救生艇或救生舢板必须处于随时可以使用的良好状态。警报发出后救生舢板或救生艇应于 10 min 内降落至水面。

（2）船员发现有人落水，应立即抛出救生圈或其他浮具营救，同时向驾驶室高呼"有人从××舷落水"（兼用手势指明那一舷）或用哨子发出警报，并应注意跟踪瞭望。

（3）驾驶室闻报后，应及时发出警报，立即停车和用舵转向落水者一舷进行营救，同时指定人员至高处瞭望。夜间应打开探照灯寻找。营救人员应迅速放出救生艇或舢板，船艇之间必须以各种方法保持通信联络。

（4）在营救过程中，船长一方面要积极营救，一方面要注意本船的安全，以防顾此失彼，扩大损失。

### 4. 进水抢险部署要求

（1）按进水抢险性质编制部署表，参加抢险任务的船员以驾驶、轮机部为主，其他部门人员也要做好准备。

（2）船舶发现进水时，如江水涌入甚猛，情势危急，船长应立即发出抢险命令和警报，必要时应发出求救信号，通知附近船舶或港口救助，同时应就附近安全地带撤滩收船。如进水程度较轻，则令驾驶员组织人员堵漏、抽水，并选择安全锚地停泊，待进水情况弄清后方可续航。

（3）进水警报发出后，执行抢险人员应立即携带堵漏器材、工具到达现场听候指挥。轮机长应立即到机舱组织人员泵水，保持动力设备正常运转。通信联络人员应立即赶赴工作岗位候令。

（4）进水抢险中，未得到救生弃船命令前，应坚守岗位，全力抢险，但在组织指挥上，应做好救生弃船准备。

## 二、应变部署表及应变警报

### 1. 应变部署表的编制

每艘船舶都必须配备指明所有应变任务的应变部署表，并应特别指明每位船员应到达的岗位及必须执行的任务。

船舶应变部署表由船长负责编制，用统一表格填写几份，分别公布在船员或旅客经常到达的地方，如驾驶室、机舱、会议室、餐厅、走廊、起居处的救生艇筏的位置，以及具体岗位、规定的警报信号等。

编制本船的应变部署表时应根据船员职务、特长和工作能力进行适当安排，同时要结合本船安全设备的性质、操作要求等决定安排人数并选派最能承担该项工作的船员来担任。

应变部署表中的执行人只填船员编号，不填船员具体姓名。船员编号是按各船编制人数的具体职务顺序编排，驾驶部在先，其次是轮机部，最后为其他部门人员。在编船员每人都有自己的船员编号，人员调离、调进则相应顶替该船员编号。

### 2. 船员应变任务卡

每个船员都有一张船员应变任务卡，放置于床头镜框内或系在自己保管的救生衣上。卡片上写明各项应变部署的岗位、任务以及船员编号、救生艇位等；卡片背面印有各项应变警报，以使每个船员都能明确和熟悉自己在各项应变部署中所承担的任务。

船员应变任务卡，是由船长根据所制定的各项应变部署表填发。遇船上领导及海事人员抽查时，每个船员都应立即回答，并作为船员平时的考核成绩。船员调动时，应将随同救生衣一并交船长或根据船长的指示交给接替人员。接替人员上船后应主动请示，船长指定其救生、救火等应变岗位和任务并领取"船员应变任务卡"和救生衣。表4-2为船员应变任务卡式样。

表4-2　船员应变任务卡

| 应变编号： | 姓名： | 职务： | 艇/筏号： |
|---|---|---|---|
| 弃船<br>（·······－） | | | |
| 灭火<br>（······） | | | |
| 堵漏<br>（－－·） | | | |

（续表）

| 应变编号： | 姓名： | 职务： | 艇/筏号： |
|---|---|---|---|
| 人落水<br>（- - -） | | | |
| 停泊值班 | 灭火： | 人落水： | |

### 3.船舶应变警报信号

我国统一规定了船舶各项应变警报信号。其规定如下：

弃船警报・・・・・・・-（七短一长）；

救生警报-・・-（一长一短一长一短）；

消防警报　　乱钟或连放短声汽笛 1 min；

前部失火　　　　　乱钟后敲一响

中部失火　　　　　乱钟后敲二响

后部失火　　　　　乱钟后敲三响

机舱失火　　　　　乱钟后敲四响

上甲板失火　　　　乱钟后敲五响

人落水营救警报---（三长声）

人自右舷落水---・（三长声一短）

人自左舷落水---・・（三长声二短）

进水抢险警报--・（二长声一短）

溢油警报・--・（一短二长一短）

解除警报-（一长声 6 s 或口头宣布）

手动火警按钮用途广泛，除主要用于火灾报警外，当人员在遇到任何需要向全船报警的紧急情况时，可方便使用就近的火警按钮及时发出警报。手动火警按钮遍布于起居处所、工作场所和控制站，每一通道出口都装有手动火警按钮，每一层甲板走廊内的手动火警按钮的距离最多为 20 m。

除手动火警按钮外，船上召集船员一般使用汽笛或有线广播，必要时，船钟、雾锣、口哨等均可用于报警。进行应变演习的警报，为避免其他船舶误会，只限于用口令、哨子、警铃和广播来表示，实际遇险时，应按有关规定使用信号。

## 三、船舶应变部署演习规定及注意事项

（1）船舶必须按规定数量配置应变器材设备，并按有关规定进行养护和定期检查使之随时处于良好状态。

（2）应变部署所规定的各项任务，如救火、进水抢险、人落水营救、舵机失灵应变、救生等，一般每月至少应演习一次，并将演习结果详细记入航行日志，包括演习的时间、内容、人员赶到现场的时间、救生艇下水和消防水带出水时间、检查设备情况等。做到发生意外时，临危不乱。船舶平时应变部署，应定期举行应变演习，才能做到在发生意外时，临危不乱，处置得当。

（3）演习时一定要从实际出发，可以是单项的，也可以是综合的。例如由消防转入救生，或由消防转入堵漏，再转入救生等。演习不但要在白天进行，而且还要在黑夜进行。领导应以身作则，严格要求。每次演习后应认真总结，不断提高。在演习中检查出的有关器材设备问题应立即解决。

# 第七节 ◉ 船舶安全管理体系

船舶安全管理体系是指能使航运公司人员有效执行公司安全和环境保护方针的结构化和文件化的体系。目的是保障水上交通安全、防止人员伤亡，避免对环境，特别是水域环境造成危害以及造成财产损失。

"结构化"包括体系文件的结构化、组织机构的结构化、职能分配的结构化等。它强调整个体系是由人员、职责、组织机构、程序、过程、资源等所有与安全和防污染有关的环节构成的有机整体，强调与安全和防污染有关的所有环节衔接得当，并能有机地整合在一起。

"文件化"是指将体系以文件的形式表现出来，可以是书面、电子文档形式。

**1. 安全管理体系的功能要求**

《国内船舶安全管理规则》要求公司应建立、实施并保持包括以下功能要求的安全管理体系：

（1）安全和环境保护方针；

（2）保证船舶安全和防污染操作符合有关规定和标准的工作程序和须知；

（3）船、岸人员的职责、权限和相互的联系渠道；

（4）事故和不符合规定情况的报告程序；

（5）对紧急情况的准备和反应程序；

（6）内部审核、有效性评价和管理复查程序。

**2. 安全管理体系的建立**

文件体系包括公司文件体系和船舶文件体系两个方面，并按照三个层次建立：

（1）第一层次：安全管理手册

描述公司如何控制安全和防污染，内容包括序言、批准书、修正记录、签发范围、签署记录、目录、安全和环保方针、公司概况、安全管理组织机构和职能、公司责任和权力、安全管理体系的总清单等。

（2）第二层次：程序文件

描述实施安全管理体系的各个部门和船舶的管理活动，内容包括标题、目的、适用范围、定义、责任和权限、程序、相关文件、附件和附录等。

（3）第三层次：须知文件

描述详细的作业文件，须知指南是人员作业的安全保障；操作记录是员工遵守安全管理体系的证据，是内审和外审的客观依据。

### 3. 安全管理体系的若干要点

（1）船上操作方案的制定

对涉及船舶安全和防污染的关键性的船上操作，公司应当建立制定有关方案和须知（包括需要的检查清单）的程序，与之相关的各项工作，应明确规定由适任人员承担。

关键性的船上操作是指任何过失都可能立即造成船舶碰撞、船体损伤、水域污染或人员伤亡等严重事故或产生直接威胁人命安全、船舶安全或环境保护局面的所有操作。

（2）应急准备

①公司应当建立程序，以标识、描述船上可能出现的紧急情况，并明确对这些紧急情况如何做出反应。

②公司应当制订应急行动的训练和演习计划。

③安全管理体系应提供措施，确保公司可能在任何时候对其船舶所面临的危险、紧急情况和事故做出反应。

（3）不符合规定的情况、事故和险情报告和分析

①公司应当建立程序，确保不符合规定的情况、事故和险情及时报告公司，并保证进行调查和分析，以便改进安全和防污染工作。

②公司应当建立实施纠正措施的程序。

（4）船舶和设备的维护

公司应当制定程序，保证船舶及设备按照有关规定和标准以及公司可能制定的任何附加要求进行维护。

（5）文件

①公司应当建立有关程序，对与安全管理体系有关的所有文件和资料进行控制。

②公司应当保证：在所有相关场所均能够获得有效的文件；文件的更改应当由经授权的人员审查；被废止的文件。

③用于阐述和实施安全管理体系的文件可称为"安全管理手册"。公司应当以最有效的方式保存文件。每艘船舶均应配备与之有关的全部文件。

（6）内部审核、有效性评价和管理复查

公司应当定期进行内部审核，以核查安全与防污染活动是否符合安全管理体系的要求。除非由于公司的规模和性质不可能做到，实施内部审核的人员应当不从属于被审核的部门。

公司应当定期评价安全管理体系的有效性，必要时还应当对安全管理体系进行管理复查。

内部审核和管理复查的结果应当告知所有负有责任的人员，以提醒他们注意。

负有责任的管理人员应当对所发现的缺陷及时采取纠正措施。

内部审核、有效性评价、管理复查及可能采取的纠正措施应当按文件规定的程序进行。

要求：

轮机长：①能列出船舶证书的种类，能简述船舶证书的管理要求；②能保持船舶柴油机、压力容器、轴系、推进器等轮机主要设备符合相关船检规范要求；③能简述船舶主推进系统试验、操舵装置试验的内容和相关要求。

轮机员：①能对分管应急设备安全检查及效用试验；②能简述在应变部署表中的职责。

# 第六章
# 轮机部文件与技术资料管理

轮机部文件与技术资料是供轮机人员了解和掌握船舶建造质量、产品结构、工作原理、使用维修技术要求以及船舶营运中发生机损事故，采取有效措施的重要依据，以便轮机管理人员对所管理的机电设备的技术状况做到心中有数，确保船舶安全营运。

## 第一节 ● 轮机部文件资料管理

### 一、文件资料

船舶文件资料系指船舶建造、安装及各种试验的资料。它主要包括船体部分的文件资料和轮机部分的文件资料两部分。

#### 1. 船体部分的文件资料

船体部分的文件资料主要有船体设计建造图纸及表格，其中包括船体总布置图，肋骨线型图，基本结构图，外板展开图，静水力曲线图以及重心、稳性计算等各种表格。了解掌握这部分资料，对于轴系及海损事故的分析及应急处理是极为有利的。

#### 2. 轮机部分的文件资料

（1）设备证书，包括制造厂的保证书。

（2）规章制度，包括公司颁发的各种规章制度以及本船自定的规章制度。

（3）函件,包括上级的通知和指示。

（4）电报。

（5）各类修船计划。

（6）总结、航次报告、各项报告。

（7）备件、属具、材料物料的领用计划、申领单、报销单据等。

（8）修理单。

（9）其他有关文件和船内联系报表、单据等。

（10）公用书籍、资料。

## 二、文件资料的管理

（1）轮机长是轮机部档案的汇集建档和保管者。

（2）全部档案应建立清册。各项文件应按其内容性质分类立卷,且有目录附在卷首。

（3）发出文件的底稿或收入的文件,均须由轮机长审阅签署,注明日期,处理完毕后方能入卷。

（4）所有密件均需设立专卷,由轮机长亲自保管。

（5）除特殊情况外,档案一般不得外借,如因特殊原因借出档案时,保管人必须取得借条并负责收回。

（6）档案内的文件部分存船五年,如无需要,可送公司保存。

# 第二节 ◉ 轮机部技术资料管理

## 一、技术资料

（1）船舶资料簿。

（2）技术图纸。

（3）设备说明书。

（4）验船师检验报告。

（5）试验报告。

（6）化验报告。

（7）检修及测量记录。

## 二、技术资料的管理

（1）技术资料保管由轮机长总负责,具体可按分工明细表同各主管轮机员分别负责保管。

（2）技术资料均应编号并记载在清册和清单中,轮机长应定期清点。

（3）若技术图纸和说明书有短缺,可申请船东或公司设法补齐。

(4)轮机长应领导船员做好各种部件的测量和检修记录并负责核对,以保证其正确性。

(5)技术资料应保持完整和清洁,不得擅自外借。

(6)技术资料保管人在离职时,均应根据清单向接替人逐件点交。

## 三、记录资料的查阅要求

(1)各种设备的出厂资料和新船试航资料应作为标准数据,是比较和计算的基点。

(2)注意记录在修理前或修理后测量的参数,记录进行过何种修理、更换过何种备件。

(3)注意动力机械所用燃料和润料的种类、数量以及是否更换过型号。

(4)注意船舶是处于正常营运状态还是停航状态,以便分析参数是否与船舶状态相符。

(5)注意测量的时间、航区和季节,便于比较不同的环境条件。

# 第三节 ◉ 机舱各种记录簿的使用、保管要求

## 一、《船上油污应急计划》

根据规定,150 总吨及以上的油船、油驳和 400 总吨及以上的非油船、非油驳的拖驳船队应当制订《船上油污应急计划》。150 总吨以下油船应当制定油污应急程序。

150 总吨及以上载运散装有毒液体物质的船舶应当按照交通运输部的规定制订《船上有毒液体物质污染应急计划》和货物资料文书,明确应急管理程序与布置要求。

400 总吨及以上载运散装有毒液体物质的船舶可以制订《船上污染应急计划》,代替《船上有毒液体物质污染应急计划》和《船上油污应急计划》。

## 二、航次报告

航次报告由轮机长负责认真、如实地填写,在每个往返航次抵达母港或指定往返终止港时递交船东或公司机务部门。航次报告应包含以下主要内容:

### 1. 航次开始和航次结束的时间

航次开始和结束时间应与甲板部航次报告一致。一般航次开始时间以上一个航次码头装卸完货物时间起算;航次结束时间以本航次货物卸完为止。

船上航次,对新造船舶而言,以出厂后航行起算为第一航次;对购进的二手船,以接船后航行为第一航次,依次类推。

### 2. 航行里程

一个航次的里程,包括机动运行里程和定速航行里程两个部分,内河航行里程以航行千米数计算,以甲板部航次报告为准。

### 3. 机动航行时间和定速航行时间

（1）机动用车时间

机动用车时间分为开航机动运行时间、途中机动用车时间和到港机动用车时间三个部分。

开航机动用车时间：开航备车开始时间到定速航行开始时的时间。

途中机动用车时间：航行途中如过船闸、狭窄航道、桥涵等紧迫局面时的机动用车时间。

到港机动用车时间：备车开始时间到完车的时间。

一个航次的机动用车时间是本航次所有开航机动时间和到港机动用车时间之和。

（2）定速航行时间

定速航行时间从开始定速航行的时间算至到港备车时间。

（3）航行总时间

航行总时间应该等于定速航行时间、机动用车时间之和。

### 4. 平均转速

主机平均转速为主机定速航行时间内的平均转速，即

$$主机平均转速 = 主机定速航行的总转数 \div 定速航行时间$$

### 5. 平均理论航速

平均理论航速为定速航行时的理论航速，即

$$平均理论航速 = （定速航行时主机转数 \times 螺旋桨的螺距）\div 定速航行时间$$

### 6. 燃料和润滑油消耗量

船舶主机和辅机的燃、润料的消耗，以每天正午报告的实测数据为准分别进行累计，不可估算。主机航次燃料和润滑油总消耗量分为机动用车消耗量和定速航行消耗量，应分别予以说明。

## 三、货物记录簿

按照规定，载运散装有毒液体物质的船舶应当将有关作业情况如实、规范地记录在经海事管理机构签注的货物记录簿中。目的是对载运有毒液体的船舶货物驳载、洗舱、排放洗舱水的过程起到全程监管作用。船舶进行任何一项有毒液体物质作业或发生任何有毒液体物质或含有这种物质的混合物的排放，无论是有意还是意外的，均应记入货物记录簿，说明这种排放的情况和理由。船舶应当及时将每项作业完整地记入货物记录簿，记录应由负责该项作业的驾驶员签字，在每填完一页后由船长签字，最后一页记录完毕后，应在船上保存 3 年。

货物记录簿的第一部分应先填写船舶的有关资料，并配有识别载货舱和污液舱的平面图。作业和直接有关的"细目"按作业项目分组，每项作业以一个字母表示，具体项目用数据表示，将两者合并使用即可准确记录进行的作业。填写时应按时间顺序，完整地记录有关内容。

要求：

轮机长：①能列出轮机部相关文件资料并能简述技术资料的管理要求；②能简述各种记录簿的使用、保管要求。

轮机员：①能正确填写各类机舱记录簿；②能正确查阅轮机技术资料。

# 第七章
# 船舶油料、物料、备件管理

## 第一节 ◉ 燃油管理

### 一、燃油的加装

#### 1. 加油申请

(1)船长会同轮机长根据本航次计划的要求,计算本航次所要的消耗燃油量、备用的燃油量和船上现有的油舱、油柜内的存油量,按公司(机务管理部门)规定的燃油规格,拟订加油计划,并向公司(或租家)提出加油申请。

(2)船长接到公司(或租家)在指定加油港口和油品的规格、数量的信息后,与轮机长协商并经轮机长确认后,船长及时回电确认。如对确定的燃油规格、数量、加油港口有异议,应及时报告公司(或租家)。

(3)船长应在船舶抵港前通过船舶代理与供油商联系并商定具体的加油时间和地点,并及时通知轮机长。到时轮机长及主管轮机员应留船等候,如有变动,应尽早通知代理,并应得到供油公司的同意,避免发生装驳费、空驶费等不必要的费用。

#### 2. 加油前的准备工作

轮机长和主管轮机员根据加油数量及船舶的存油情况,做好"详细受油计划书",再与船长和驾驶员商讨后执行。

轮机长组织召开轮机部全体成员和甲板部相关人员参加的加油准备会议。会议应该至少包括以下几个方面的内容:

（1）通报"详细受油计划书"，让大家了解这次加油的详细计划及要求。

（2）进行相关法律、法规的学习以及防污染操作教育。

（3）根据加油港口的具体情况，明确各自的职责和分工。

轮机长根据受油计划，书面通知驾驶员次加油的具体油舱及各油舱的加油量，以配合装货和水尺及稳性和船舶重心的调整。

轮机员负责安排并准备好受油过程中所使用的工具、通信工具、警告牌、清洁油污的材料（如木屑、面纱等）、试水膏及其他用品，并逐一检查，确认无误。

驾驶员负责安排在油气可能扩散的区域悬挂"禁止吸烟"的警告牌并备妥相关消防器材，严禁明火作业。

水手负责加油前堵塞甲板下水孔。

在船靠妥码头或油驳靠妥本船，开始装油前，值班驾驶员应根据港口的规定改挂相应的指示标志。如白天悬挂"B"信号旗，夜间桅杆红灯全部开亮。

如加油被供方延误，造成我方直接或间接损失，船长应立即通知代理向供方提交滞期损失索赔通知，并书面通知公司。

### 3. 受油工作

（1）加油前

加油开始前，轮机长应携同主管轮机员与供方代表联系，商讨下列内容：

①燃油的规格、数量是否符合要求。

②确定装油的先后顺序。

③最大泵油量（添装过程中泵油的速度）及其控制的方法。

④装油过程中双方的联系方法，以受油方的为主。

⑤加油泵应急停止的方法。

⑥装油开始前，轮机长应亲自或指派主管轮机员检查油驳或油罐的检验合格证和规范图表，弄清油驳的油舱位置的分布以及油舱的数量，并与供油方代表一起测量并记录供油油驳的所有油舱或油罐的油位、油温，计算出存油量；审核油驳的装单，如发现不一致，需立即弄清，要核对并记录流量计的初始读数，如为油罐车供油则应检查其铅封是否完好，双方确认后，轮机长在供方提交的装前状况确认书上签字。

⑦装油开始前，应请供油方按正确的方法提取油样，并监督取样装置的安装与调整，确保在整个装油过程中，都在点滴取样。

⑧检查本船各有关阀门的开关是否处于正确位置，待各项准备工作妥善后，即可通知供油方开始供油，并记录开泵的时间。

（2）加油中

①开始泵油后，注意倾听装油管内油流动的声音，检查装油的油舱透气管的透气情况，证实油确定已经装入到指定的油舱中，并及时测量受油油舱的油位，时刻注意油液液面的变化情况，发现异常，及时通知油驳，停止供油。

②在整个装油过程中，要做到勤测量，记录每次的测量值，同时计算加油速度，监督装油速度是否按照约定的速度进行，必要时与供油方联系进行调整。注意装油是否引起船舶倾斜对测量的影响及可能造成油位过高而引起的跑油现象发生，要及时封住透气管防止跑油现象出现。

③如果受油油舱中的油位已达到本舱容量的70%左右,应打开下一个受油油舱的进口阀,防止溢油。

④换装油油舱时,应先打开下一个受油油舱的进口阀,然后再关闭正在装油的受油舱的进口阀。

⑤油驳上都有油样提取装置,轮机长或主管轮机员应正确使用油样提取装置,在加油全过程中点滴取样,最后混为2~3瓶标准油样,每瓶至少1 L,加油完毕后摇匀(约30 s),均分成2~3份,由供应商代表和船长或负责加油作业的高级船员在现场铅封瓶口,并由供应商代表和船长或负责加油作业的高级船员在标签上签字,标签贴在瓶上,并注意铅封是否完好、有无铅封号。油样一瓶交油公司保管,一瓶留船保存至少1年(或一瓶送实验室化验)。

⑥加油过程中,当有公证人员在船时,如果轮机长对公证人员的工作程序或文件有异议,应当面提出,并应在加油操作前达成一致。加油数量应当以公证人员测量的数字为准。但是,船舶轮机长必须组织主管轮机员和其他人员在加油的全过程进行现场监督(监督包括安装、测量和油样提取)。油样应由船方、供方和公证方三方代表签字,船方不得接收供方提供的未经三方代表签字的油样。

⑦在整个受油过程中,取样器要有专人看管,不得离人。

(3)加油后

①刚加完油后,在油舱内油的表面有很多气泡,如这时候测量油位,会带来测量上的误差甚至错误,因此需待油舱中的油气稳定后(正常情况下,1~2 h可消除90%以上的气泡),轮机长和主管轮机员与供方代表一起测量并记录装油完毕后供油方油驳所有油舱或油罐的油位、油温,并结合船舶装油后船舶的吃水差及左右倾斜角,并计算出剩余油量;核对并记录流量计的读数和停泵的时间(如果有流量计)。双方确认一致后,轮机长在供油方提供的加油收据上签字。

②在加油的当天,将受油数量记录在轮机日志上。

③如果受油发生争议,轮机长与供方代表进行交涉,并告知船长,待解决后再在加油收据上签字。若现场双方不能通过协商解决的,轮机长不要在加油收据上签字,也暂不要让供方代表及油驳等离开现场。如果船期允许,可以通过代理申请第三方实施公证检验,对双方的油舱、油舱的容积、标尺、油泵的流量计及泵油管路等进行检验。如果船期不允许,则轮机长必须在加油收据上加批注(供方不同意加批注时,可书面声明并由双方代表签字),并将此情况通知油公司,同时上报船公司,验船费用将由败诉方承担。

### 4. 加油工作报告

加油工作结束后,轮机长应向船长汇报在港加油量(准确到小数点后三位)、规格、存油量及加油过程中的问题。船长应在离港电报中将加油的规格及数量(准确到小数点后三位)上报公司。如加油中出现争执问题,轮机长应及时将争执的原因、过程及处理情况写出详细说明报告连同有关的日志摘要一起寄往公司。

### 5. 新加装燃油的使用

按照惯例,燃油质量的投诉有效期一般为30天(从加油日期开始计算),最少为7天。因此,加完油后要在一周内试用该油,如有问题及时向公司汇报,以便公司及时安排油样化验、分析等取证工作和索赔有效期(加油后1个月内)内进行索赔工作。另外,一些公司要求新加装的燃油先送交指定的化验室化验,根据化验室的化验结果确定是否使用及如何使用。这样,待加装的燃油结束后,应及时将符合要求的油样委托船舶代理送达或寄往实验室,以免耽误加装的燃油的使用。

## 二、燃油的储存管理

（1）燃油存量记录簿由主管轮机员保存并记录,一般在加油前后,抵港前及长航次的船舶在航行中间进行测量（一般一周一次）,详细记录各油柜的存油量及存放油柜。轮机长要定期检查,并签字确认。

（2）轮机长应认真填报"燃润油航次报表"、抵离港存油电报、申请加油电报,其填报油量与实际相符合,存油量误差不应大于1%。

（3）船舶每天消耗的燃油量应准确无误地记入轮机日志,误差不应大于0.5%（如有流量表的要定时记录流量表读数）。

（4）主管轮机员交接班时要对燃油存量进行严格核实,并在燃油存量记录簿及轮机日志上签字确认。

（5）船舶用油中,如油舱或用油设备出现故障,影响以后装油,应书面报告公司,以便在以后安排加油时予以考虑。

（6）当船舶污底影响船舶航速时,船舶要及时书面报告公司,由公司根据港口情况负责安排船舶的刮底工作。

（7）轮机长应负责监督指导主管轮机员对燃油的正确使用以及存贮工作,杜绝出现由于不合理用油而发生的混油或不能按计划加油等现象,并对此造成的损失负责。

（8）对于期租期间的燃油质量问题在报租家时,同时抄报给公司。

（9）每日正午,轮机长应计算当日燃油消耗和船舶燃油存量,并由船长电报公司及租家。每航次结束后,轮机长应根据公司或租家的要求格式填写航次燃油消耗报告,由船长签字后发送公司或租家。

（10）船舶转卖时,由轮机长记录船舶交船时的存油量并及时上报公司。

## 三、燃油的使用管理

### 1. 燃油的取样方法

燃油的取样应使用专用的全程取样器进行。如图5-1所示为一符合要求的DNV燃油取样器。该取样器主要由三个部分组成,连接法兰、调节阀、取样器。连接法兰内有不锈钢穿孔的探针,针孔规格为$4×\Phi2$ mm,针孔应沿法兰直径均匀分布;调节阀可调节取样油滴的点滴速度,全程的点滴取样,要求速度一致,取样量应满足在加油结束时刚好充满取样瓶为最佳。取样器的前两个部分一般由供油方提供,取样瓶一般由船方提供。取样器的连接法兰应安装在船舶的加油总管上,安装前应检查取样器中的取样孔是否有堵塞情况,调节阀是否能正常工作。在整个加油过程中点滴取样,加油结束后,将取样瓶内的油样混合分装在2~3个瓶内,供、受油双方在现场铅封,并在标签上签字。

### 2. 燃油存量的计算

船舶燃油的消耗和存量都以吨（t）为计量单位,但船舶的舱容表和流量计的读数均以体积

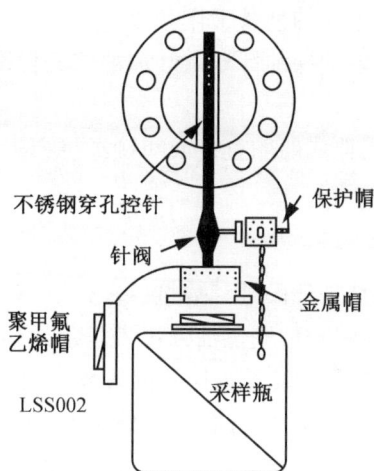

图 5-1 DNV 燃油取样器

（$m^3$）为单位，再使用"舱容表"计算燃油舱、柜存量。

# 第二节 ◎ 滑油管理

## 一、润滑油的加装

### 1. 加油申请

轮机长应特别关注船舶各种润滑油的消耗情况，根据公司的要求及时准备上报。尤其对于一些消耗比较大、关系到主机安全运行的润滑油，更应该留有必要的应急储备量，如主机汽缸油、主机系统油等。其加油申请应包括以下几个方面的内容：

（1）在制订加油计划时，应注意保持各润滑油的最低贮存量。在抵达加油港口前，主机系统油应保持至少主机正常工作循环量的85%存量。

（2）不同港口、同一品牌、同一型号的润滑油的供应价格不一样，甚至相差很大，为了节省润滑油的费用，应科学地选择加油港口和加油量。在船舶配有的润滑油使用的相关文件中，一般有关于本船使用品牌的润滑油以及各个港口的加油价格表，轮机长应根据以后航次任务的需要、船舶润滑油的贮存量及每日消耗量，综合制订出各型号润滑油的补充计划，并送报公司。

（3）加油选择在靠泊装卸货或加装燃油时进行，应杜绝因加装润滑油而专门靠码头的行为。

（4）各主要品牌的润滑油都有各自的取样瓶，在向公司报送加油计划时，应根据需要一起订购。

### 2. 加油前的准备工作

（1）轮机长和主管轮机员应根据加油数量及船舶存油情况，做好加油计划。

（2）润滑油的加装一般由公司安排，但抵港前船长应主动与代理联系，明确加装润滑油的类型(散装还是桶装)，以便做好相应的准备工作。

(3)主管轮机员根据公司批准的加油计划做好加油的一切准备工作，如果是桶装润滑油，做好调运和绑扎等的准备工作。

(4)如果加油被供应方延误，造成船舶直接或间接经济损失，船长应向供方提出滞期损失索赔报告，并书面报告公司。

### 3.加油时

(1)轮机长与供油方代表确认加油品种和数量。

(2)在加装散装润滑油时，轮机长应同供油方代表确定加油量计量的方法，并由主管轮机员与供油方代表，一起记录供油油驳的流量表初始读数数值和船舶有关油舱初始存油量，如果供油油驳没有流量表，一般由主管轮机员与供油方代表一起测量油驳的相关油舱的初始存油量。

(3)开始加油后，应在数分钟内核实被注入油舱的油量，确定油已经注入指定的油舱中。

(4)在加装桶装润滑油时，应与甲板部做好桶装润滑油的吊运工作，确保吊装作业的顺利进行和安全工作。

(5)当受油油舱中的油量达到本舱高度的 3/4 时，应打开下一个油舱的进口阀，防止溢油。注意应先全开下一个受油油舱的进口阀，然后再关闭正在装油的油舱的进口阀。

(6)若主机汽缸油与主机系统油同管，应先加装主机系统油;若主机系统油与副机系统油同管，应先加装副机系统油，并在油样瓶上做好相关的标记。

(7)监督油样的采取，并在油样瓶上做好相关的标记。

### 4.加油结束后

1)等油舱中的油稳定后，主管轮机员与供油代表一起测量船方的加油舱中的加油量，同时测量供油油驳的供油量，确认一致后，由轮机长在供油收据上签字。

2)如果发生争议，轮机长应与供油方代表协商，一般应与船方的测量记录为准，如果协商不一致，轮机长应告知船长，由船长决定下一步的措施:

(1)若船期允许，可通过船舶代理申请公证人上船进行公证测量，以公证测量为准，同时将情况上报公司。

(2)如果船期不允许，轮机长在加油收据上加批注，并将情况报告公司。

(3)如果船期不允许，轮机长可以签署书面声明，并由轮机长与供油方代表签字。

若加装桶装润滑油，应尽快驳入油舱中，在时间不允许的情况下可暂时放在甲板上，但应牢固绑扎，防止被海浪打入海中造成损失及海洋污染。

## 二、润滑油的管理

### 1.日常管理

1)做好润滑油的净化分离工作

(1)滑油分油机的分离温度保持在 85~95 ℃。

(2)大型低速柴油机的滑油分油机的分离量为额定流量的 1/4，中速筒形活塞式柴油机的滑油分油机的分离量为额定的 1/5。

(3)有比重环的分油机应选择合适的比重环,保持油水分界面在分离盘架的外边缘;无比重环的分油机应确保水传感器的工作精度,保证可靠的排水。

(4)停泊期间,如果停泊时间不长(1周左右),应使滑油分油机连续工作;如果停泊时间较长(10天以上),可考虑适当将分油机停止一段时间。

2)筒形活塞式柴油机,每一年对滑油循环舱(柜)进行清洁一次,每两年对滑油贮存舱(柜)进行一次清洁。

3)筒形活塞式柴油机应按说明书的要求定期更换系统润滑油。

4)当定期检测发现润滑油的部分指标变化异常或超标时,应及时采取措施,并尽快得到公司的技术支持。

5)更换或报废主机系统润滑油必须得到公司的批准。

**2. 润滑油的化验**

(1)一般船舶都具有一套专用的滑油取样装置,包括取样瓶、取样标签、邮寄用包装物等,随润滑油添加一同订购。在公司的文件中包括各种标签填写说明及要求。

(2)公司的文件中规定了各种润滑油的取样周期,主要包括主机系统油、副机系统油、艉轴管油、舵机油、甲板液压设备用油等。一般主机、副机和艉轴管的取样化验周期为3~4个月;甲板机械的取样化验周期为5~6个月。

(3)取样点的选择应能代表使用中的润滑油情况,每次选择同一地点取样。

(4)取样应在机器运行期间柴油机停止运转后的半个小时内,首先放掉足够的油量,以保证取样的代表性。

(5)取样标签应至少注明船名、船舶识别号、公司名、取样港口、取样日期、设备运行时间、润滑油牌号、油样邮寄日期及港口等。

# 第三节　物料管理

## 一、船舶物料的种类

(1)燃、润料及水,包括各种燃油、润滑油、润滑脂和蒸馏水。

(2)黑白金属,包括各种钢板、型钢、无缝钢管、焊接钢管、镀锌钢管、优质碳素钢材、合金钢材。

(3)有色金属,包括有色金属原材及合金,紫铜材、黄铜材、青铜材和铅、铝、锌材等。

(4)金属制品,包括各种阀门、管接头、螺栓、螺母、垫圈、开口销、焊接材料和其他金属制品。

(5)化学品,包括各种化学原料、添加剂、试剂、油漆、清洁剂等。

(6)电工材料。

(7)各种工具。

(8)仪器仪表。

（9）安全设备、劳保用品。

（10）垫料、橡胶及纤维品。

（11）各种杂品。

## 二、物料的申请与供应

一般船舶都配有船舶物料手册，物料手册中有各种物料的编号、规格、性能、材料、图示等，以便指导对物料的选用和订购。物料手册一般由 6 位编码组成，前两位表示物料的大类，中间两位表示物料的小类，最后两位表示物料的规格。

根据公司规定或工作需要，一般每季度或每航次由大管轮填写物料申请单，经轮机长审查后报送公司，公司经审核安排方便港口供应。在港口购买急需的物料，应需事先经公司批准，一般通过港口代理购买。

物料供应到船舶后，应安排专人负责接收，一般由大管轮或其指定的人员具体负责，并及时清点入库。

## 三、物料的保管

为了保证物料贮存的安全和按计划使用，避免丢失和浪费现象的发生，根据物料的化学性能、价值和使用，一般分别集中贮存，如设有电器物料贮存间、易燃易爆物料贮存间、易耗物料贮存间等。轮机部物料一般由大管轮总负责，可根据船舶类型和配员情况分别指派轮助、机工长、电子电气员等分别负责不同物料的具体保管工作。

## 四、工具的分类及管理

机舱所使用的工具种类繁多，一般分成以下三类：标准工具、推荐的专用工具、可租用的大型专用工具。

标准工具是指机舱日常保养维修工作所需的通用工具及装置，如活络扳手、梅花扳手、开口扳手、套筒扳手、钳子、六角扳手、各种量具、电焊、气焊、车床、台钳等。

推荐的随机配备的专用工具对进行有关保养工作比使用标准工具简单而且还要省时间。缺乏专用工具不仅难以完成某些保养维修工作，而且还有可能损坏设备。为了提高设备的可维修性和寿命，各种设备都随机配备推荐的专用工具，因此专用工具的种类和数量越来越多，一般都是随设备一起供应或订购。如各种专用扳手、专用拉具、专用顶丝、专用液压工具、气动工具、专用测量工具、研磨工具、清洗工具等。

可租用的大型专用工具是指向制造厂租借的、用于柴油机和重要部件的运输和安装的大型专用工具，如吊运横梁、托架、导轨、固定架等，安装结束后应归还制造厂。

### 1.工具清单

大管轮应编制好上述各类工具的清单，并根据工具清单每年清点一次，报告公司。如果需要订购附加的专用工具或者需要更换工具时，应查明工具的名称、代号以及设备的型号。这些资料一般都附在设备说明书的工具表中。

### 2. 标准工具的使用和管理

每天的保养工作都离不开各种工具,大管轮应根据船舶实际情况制定工具使用和管理制度。通常有下列措施:设专人保管工具,负责工具的保管和借还;常用工具发放给个人保管使用;在不同地点架设工具板,将常用工具悬挂在板上固定位置,用后需放回原处。

### 3. 专用测量工具

专用测量工具应保持其良好的测量精度,否则会对机器的技术状况和维修计划带来影响。在船上一般由大管轮或轮机长使用和保管。

### 4. 液压工具的使用和管理

为了减轻体力劳动和提高安装质量,液压工具在船上使用地越来越广泛。液压拉伸器由一个千斤顶和一个间隔环组成。使用时按照说明书规定液压压力值进行泵油,无论何时均不得超过规定压力的10%,任何时候都不得超负荷或敲打碰撞,也不得超过最大拉伸量。液压拉伸器使用后需要释放油压并使拉伸器活塞复位,以备后用。万一超过了最大的拉伸量,润滑油可以由特殊设计的泄油孔泄放,在大多数情况下,密封圈容易损坏,因此要定期检查这道密封圈,必要时要换新。一般液压拉伸器使用说明书规定型号的液压油,特殊情况下也可由透平油来替代。

液压工具不使用时,应仔细地涂上油脂,放在干燥清洁的地方,防止损坏。长期存放或频繁使用后,密封圈会老化变硬,从而失去良好的密封作用。因此应贮存一定数量的符合规定尺寸和质量要求的密封备件。安装新的密封圈时,应十分小心,不能损伤,不能过分拉紧而造成变形。

### 5. 专用工具的使用与管理

每名主管轮机员保管和使用各自主管设备所使用的专用工具;专用工具应在使用后清洁干净,涂上油脂防止生锈,损坏应及时补充;平时不使用时应放在固定的地方或专用的工具箱内。

# 第四节 ◉ 备件管理

## 一、备件的数量要求

为了保证船舶的安全航行,船上必须备用主推进动力装置及辅助装置的主要备件。船舶库存适量的备件,可减少停航时间,但备件数量太多,则需占用公司大量的流动资金和库存空间。因此建立一套完善的备件管理系统,做好备件的管理工作,及时从供应商、岸上仓库得到备件,尽可能控制备件库存量,是轮机管理工作中的重要组成部分。

船舶备件库存的最少数量应满足船舶在极端条件下对备件的需求。

从备件订货起,到备件到船,需要一定的时间,而在此时间内,船上的备件现存的备件数量都不得低于备件最少数量的要求,因此需要规定备件订货的最迟时间,把这一时间称为订货时间。

备件订货的数量主要取决于经济效益。订货量大则占用大量公司流动资金。备件库存数量的变化，取决于备件的消耗、订货数量和订货次数。因此对船上库存备件的数量可以从以下几个方面来考虑：①从安全角度考虑，船上应配备哪些备件；②应满足船级社的备件要求；③适应船舶备件消耗的具体情况；④应该估计到备件交货时间的长短。

## 二、备件管理系统

为了管理好船上的备件，必须建立一个备件管理系统，包括备件管理、备件编号、备件标签、备件卡片、备件资料表格、备件存放位置、确定备件最大数量和最小数量、交货时间、订货单、定期记录等。

### 1. 对备件管理系统的要求

(1)完善的库房和备件货架。

(2)备件及时订购和修复。

(3)完整的备件订货资料，包括备件编册号、规格说明书等。

(4)备件良好的库存，包括备件的标签、卡片、分类编号等。

(5)各供应厂家的资料。

### 2. 人工备件管理系统

人工备件管理系统适用于分散管理的船舶，也适用于集中管理的船舶。在分散管理的船舶上，往往由轮机长负责备件管理的各项事务，如购置和收货，各类备件订货和备件控制，档案文件的保存。这种系统适用于长时间与岸上人员机构缺乏联系的船舶。

所有备件的资料都应该在备件表里面可以查到，如备件存放的位置，订货资料(正常库存、订货时间、订货数量等)，技术规格和备件名称。

每个备件应按照分类编码给出编号。在各个备件表中应填写备件的库存量、记录备件的消耗和订购。每个月轮机长应在相应表格中记录备件的收货和消耗情况。

### 3. 计算机备件管理系统

对于集中经营管理几个船队的船舶公司，采用计算机备件管理系统更有效，不仅易于管理，而且备件资料也能互相补充。计算机既可用于船上，也可以用于公司，或者两个地方都能用，这取决于船舶和公司的通信设备的能力。

计算机备件管理系统既能用于备件管理，又能用于维修保养系统，以便利用共同的技术资料。这种系统应具有备件供应的各种功用，如掌握整个船队的备件数据，控制备件的订货、接收和发送，当备件到了最小库存量时，计算机具有自动订购的能力，计算机可以打印出船上和仓库里现有的备件和应订购的数量，以及消耗和费用情况。

计算机备件管理系统与人工备件管理系统相比，其主要优点是：

(1)易于得到所有有关备件的资料。

(2)便于备件的成本控制。

(3)有利于备件标签的打印。

(4)具有备件自动订购系统。

（5）可进行备件消耗的预测。

## 三、备件的管理

备件管理是一项重要且复杂的技术工作，它不仅关系到备件费用的多少，而且也涉及航行安全和船期。如果备件数量过多，则会积压资金；如果备件数量过少，会影响船舶的安全。备件管理的业务是公司和船舶共同要做的工作，船方要及时申请备件，船公司要及时订购备件，这两个是同等重要的。目前船公司和船舶正在逐渐有效应用电子计算机技术，用来提高备件的管理水平。

**1. 备件的管理原则**

（1）船舶的备件由甲板部和轮机部的船员主管的，无论是机、电、动力设备还是其他设备备用的成品零部件都属于备件的范围。

（2）轮机部的备件由大管轮直接管理。大管轮亲自或指定其他轮机员负责备件的接收和登记入库工作，各主管轮机员在详细掌握所管设备备件的库存情况的基础上，具体负责各自主管设备的备件补充申请工作，经大管轮确认后，由轮机长审批后报公司。

**2. 备件的管理制度**

目前，国内航运对备件的管理制度如下：

（1）各船应加强对备件的管理以及合理的使用，按备件清册的要求，对备件进行定期清点、登记，并把备件消耗情况报给公司，重大备件的消耗需说明损坏原因。

（2）申请年度备件的，应该在该年 2 月份之前向公司提出备件申请单。申请单必须准确注明机型、出厂号、名称、备件号（或图号）、规格及数量。

（3）船舶应根据船舶备件的库存情况，合理提出备件的申领，并由公司船技部门批准。

（4）船上备件应由专人保管，并负责填写备件清册，每半年统计一次，并列出清单交轮机长审查后上报公司。

**3. 备件的申请**

1）备件的订购

船舶备件的订购工作一般由公司负责。可以从备件系统（设备说明书）里面找到备件编码和设备号码，将要订购的备件编码和数量填进去。订购备件必须填写连续的订购号码。此外，还要告知备件供应厂家要求的交货时间、交货地点等。当公司收到备件供应厂家供应的具体时间、地点后，应及时通知船舶，以便船舶安排船员做好备件的接收工作。

对于应急备件的需求，在获得公司同意后，船舶可通过船舶当地的代理商直接向备件供应厂家订购备件。船上一般由轮机长填写 4 份备件订购单。将订购单分送给供货厂家（原件）和船公司（副本），船上的一份副本放在已订购备件的文件夹内，待收到备件后再寄给船公司，船上的另一份副本存入"已订购"文件夹内长期存查。

2）船舶备件的申请

备件的申请工作是一项烦琐细致的工作，必须向供应商或备件制造厂提供本船和机型的详细资料，以便船舶供应商能查找到你所需要的备件。如果缺乏这些方面的详细资料，可能购不到所需要的备件。

备件订购单应提供以下资料信息：①船名（包括原船名）；②主机机型和气缸编号；③主机编号；④主机制造厂；⑤所需要的零件名称；⑥零件的编号；⑦需要的零件数量。

备件的编号册对迅速正确地选购所需的备件是十分重要的，因此轮机人员应能够熟练地使用备件编号册。

备件申请还应注意以下事项：

（1）备件改型后是否可以通用。有的柴油机型号和备件编号不变，但某些备件如喷油器等的结构已经做了改进，应注意改进后是否适用。

（2）备件质量有时差别很大，因为备件来源不一样，有原制造厂家制造的，有备件加工厂家加工的，还有备件翻新的，所以要严格把好备件的质量关。

（3）为了节约开支，必须向船舶供应商做好报价工作，以便可以选购价格低廉、质量可靠的备件。

（4）对于急需的备件，要求交货迅速，按期送上船。

（5）做好备件的接收和验收工作，凡是备件型号不对、质量不合格的、不能使用的备件要及时退货。

3）船舶备件的接收

（1）每次备件送船时，大管轮应组织轮机部的人员对到船的备件进行分类验收，验收项目包括：备件号的核实、备件数量的核实、备件的质量检查等，对存在任何问题的备件应登记，并及时报告轮机长。

（2）轮机长对有问题（备件号、数量、质量）的备件，如果时间允许的话应立即联系公司，根据公司的指示进行处理。

（3）所有的备件送船核实后，轮机长应在签收单上签字，一般还应加盖船章。

（4）签收的备件签收单应随船舶月度报表寄往公司。

# 第五节 ◎ 燃油加装及测量模拟训练

## 一、加油前的准备

（1）船舶抵达加油港前，船长应及时与供应商取得联系，确定停泊的详细时间、地点和方式，并关注公司或供应商的有关加油的特别要求并予遵守。

（2）抵达加油港前，加油负责人应根据轮机长的指示，测量各油舱，并确定受油舱的加装数量和顺序，提前做好并舱工作。

（3）轮机长应将受油计划向驾驶员通报，以便驾驶员批示甲板部人员做好系缆、堵塞甲板出水口、显示信号、装卸货及水尺调整等配合工作。

## 二、受油工作

### 1. 加油前

1)加油前,轮机长应组织相关人员按照公司SMS体系中"船舶加油检查清单"的要求进行检查,并在相应条款中打"√"确认。并且要特别注意以下几点:

(1)轮机长应验证供油方的供货单是否与计划确定的品种相符,油料的主要指标应符合要求。必要时,派加油负责人上供油船进行验舱。加油负责人还负责打开并检查受油舱、柜的甲板透气管活瓣,确认透气管、测量管的溢油池旋塞正常。

(2)加油前,船舶应预先与加油方商定联系方式,必要时,可提供"船舶与油船手语指南",以便双方控制装油速度和油量,防止发生油污染事故。

2)装燃油时,加油责任人负责现场在供油船提取油样,油样一式三份,在样瓶外做好提取时间、油品名称、供油船船名等标识,经轮机长和供油船签名确认后,本船保留一份,将样品放进油品柜,另两份分别交由供油船或供应商。

3)加装作业的全过程,轮机长应始终在现场监控。

### 2. 加油中

1)联系与检查

(1)供、受双方应保持密切联系。

(2)初始供油量速度不应过快。

(3)确认供油量是否已进入指定的装油舱。

(4)通过油尺勤测量油位,能准确使用油尺,油尺测量油舱的空档高度,通过空档高度算出油位,通过舱容表查找油容积,注意加油速度不应过急,并与供油方及时联系调整。

2)注意事项

(1)轮机长应对轮机部人员进行必要的培训,以确保参加作业的船员熟悉船舶相关设备、系统及作业要求。

(2)受油过程中应随时做好应急停止的准备,一旦发生异常,立即通知供油方停泵。当发生溢油事故,报告船长组织全船迅速清除和回收溢油,使污染减至最低程度。

(3)在加油接管处备妥灭火器,以防万一。

(4)雷雨来临前应通知作业,并关闭油舱口与阀门。

### 3. 加油结束后

(1)确认供油管已扫净残油,关闭加油总管截止阀,打开验油阀无残油滴漏时,方能拆除加油管。

(2)关闭油舱封口。

(3)滴落在甲板上的污油,应及时清除干净。

(4)加油责任人在本船实测受油数量与供油方提供的供油单据数量一致后,报告轮机长,由轮机长和船长在供油单上签字,并盖章确认。

(5)加油责任人负责将加装后实测的结果记入油类记录簿和轮机日志。

**【实操训练】燃油加装及测量模拟训练**

轮机长：①能制定燃油、滑油加装方案；②能采用常用方法鉴别滑油质量；③能制订物料、备件申领计划；④能简述物料、备件的保管要求。

轮机员：①能解释燃油、滑油的主要性能指标的含义；②能按程序加装燃油、滑油，并能简述相关注意事项；③能够进行燃油、滑油的测量及使用。

# 第八章
# 内河船舶轮机团队管理

## 第一节 ◉ 船上人员管理

### 一、概述

内河船舶船员的职业素质和技术技能,直接影响着水上人命、财产和水域环境的安全。政府应通过制定相应的法规来加强对内河船员的管理从而有效控制船员的身份、职业素质和行为。

中华人民共和国海事局是我国船员管理的主管机关。主管机关通过船员服务簿、培训、考试和发证、安全配员、值班标准等立法来管理船员。船员服务簿用以加强对船员的监督管理,核定其在船上的服务资历;培训、考试和发证用以控制船员的技术素质;安全配员规定用以确保船舶在航行和停泊时,配有数量足够的合格船员以保证船舶作业和安全;内河船舶船员值班标准用以加强船员值班管理。

#### 1. 船员服务簿

船员服务簿是记录船员本人的在船服务资历、违法记分以及参加有关专业训练和体格检查情况的证件,是船员申请考试、办理职务晋升和换证船员适任证书的证明文件之一。要求凡在 100 总吨及以上船舶和主推进动力装置 300 kW 及以上工作的现职船员都要办理。

船员服务簿"任职和解职记载"栏的各项内容,都必须正确无误,不得谎报或涂改,船长负责填写的栏目应认真负责。签发机关如发现谎报或涂改任解职记载的各项内容,可收回、注销该船员的船员服务簿,并责令该船写出检查后,方可申请新的船员服务簿,并可同时对该船员进行相应的处罚。

根据《中华人民共和国船员违法记分管理办法（试行）》，中华人民共和国海事管理机构对因违反水上交通安全管理法规受到海事行政处罚的船员、船舶安全检查存在缺陷的当事船员或实际操作检查不合格的船员实施违法记分管理，在内河船员的职务适任证书记分附页上加盖"船员违法记分专用章"，并填写记分分值、执法人员执法号码、记分时间。当时不能进行违法记分记录的，由做出行政处罚的海事管理机构负责跟踪落实记录事宜。

**2.船员培训、考试和发证**

中华人民共和国海事局是全国船员考试、发证的主管机关，负责监督实施船员考试和发证工作，监督指导船员专用训练。船员适任证书由中华人民共和国海事局统一印制，正式授权官员署名签发，有效期最长不超过5年。

## 二、中华人民共和国船舶最低安全配员规则

为确保船舶的船员配备，足以保证船舶安全航行、停泊和作业，防治船舶污染环境，依据《中华人民共和国内河交通安全管理条例》和我国缔结或参加的相关国际公约，交通部于2004年6月18日第15次部务会议通过了《中华人民共和国船舶最低安全配员规则》，并于2004年8月1日起实施。规则由总则、最低安全配员原则、最低安全配员管理、监督检查、附则共5章以及最低安全配员表等内容组成，现简要介绍。

本规则适用于中华人民共和国国籍的机动船舶的船员配备和管理，不适用于军用船舶、渔船、体育运动船艇以及非营业性的游艇。

中华人民共和国海事局是船舶安全配员管理的主管机关。各级海事管理机构依照职责负责本辖区内的船舶安全配员的监督管理工作。

确定船舶最低安全配员标准应综合考虑船舶的种类、吨位、技术状况、主推进动力装置功率、航区、航程、航行时间、通航环境和船员值班、休息制度等因素。

中国籍船舶应当按照本规则的规定，持有海事管理机构颁发的船舶最低安全配员证书。在中华人民共和国内水、领海及管辖海域的外国籍船舶，应当按照中华人民共和国缔结或者参加的有关国际条约的规定，持有其船旗国政府主管机关签发的船舶最低安全配员证书或者等效文件。

海事管理机构应当在依法对船舶国籍登记进行审核时，核对船舶的最低安全配员，并在核发船舶国籍证书时，向当事船舶配发船舶最低安全配员证书。

船舶最低安全配员证书的编号应与船舶国籍证书的编号一致。船舶最低安全配员证书的有效期的截止日期与船舶国籍证书有效期的截止日期相同。

船舶在航行、停泊、作业时，必须将船舶最低安全配员证书妥善保存在船上，以备检查。船舶不得使用涂改、伪造以及采用非法途径或者舞弊手段取得的船舶最低安全配员证书。

无论何时，500 GT及以上（或者750 kW及以上）的海船、600 GT及以上（或者441 kW及以上）的内河船舶的船长和大副，轮机长和大管轮不得同时离船。

船舶所有人应当在船舶最低安全配员证书有效期截止前1年以内，或者在船舶国籍证书重新核发或者相关内容发生变化时，凭原证书到船籍港的海事管理机构办理换发证书手续。

证书污损不能辨认的，视为无效，船舶所有人应当向所辖的海事管理机构申请换发。证书

遗失的,船舶所有人应当书面说明理由,附有关证明文件,到船籍港海事管理机构办理补发手续。换发或者补发的船舶最低安全配员证书的有效期,不得超过原发的船舶最低安全配员证书的有效期。

船舶状况发生变化需改变证书所载内容时,船舶所有人应当到船籍港的海事管理机构重新办理船舶最低安全配员证书。

内河船舶轮机部的最低安全配员标准如表 8-1 所示。

表 8-1　内河船轮机部最低安全配员表

| 轮机部 | | | | |
|---|---|---|---|---|
| 船舶等级 | 1 500 kW 及以上 | 441 kW 及以上至未满 1 500 kW | 147 kW 及以上至未满 441 kW | 未满 147 kW | 未满 50 GT |
| 一般规定 | 轮机长、大管轮、二管轮、三管轮各 1 人、机工 3 人 | 轮机长 1 人、二管轮、三管轮各 1 人、机工 2 人 | 轮机长 1 人、轮机员 1 人、机工 1 人 | 轮机员(机驾合一的,为机工)1 人 | 驾机员 1 人(机驾合一的可免) |

<h1 align="center">第二节 ◉ 树立团队精神</h1>

## 一、团队与团队工作

船舶是一个整体,船员是一个团队,整体有整体的大局,团队有团队的利益,任何个体只有依托整体和团队才能有效发挥其作用。一个没有组织纪律性、没有服从意识的船员,即使他的能力再强,也势必给船舶的整体工作带来危害;一个没有团队精神的船员,只能致使船舶产生不和谐的工作局面。这方面的教训是极为深刻的。

### (一)团队的含义

所谓团队,指的是具有不同知识、技术、技巧、技能,拥有不同信息,相互依赖紧密的一流人才所组成的一种群体。团队由以下几个重要的要素构成:

### 1. 目标

团队应该有一个既定的目标,为团队成员导航,知道何去何从。没有目标,这个团队就没有存在的价值。

### 2. 人

人是构成团队的最核心力量。3 个(包含 3 个)以上的人就可以构成团队。

目标是通过人员具体实现的,所以人员的选择是团队中非常重要的一个部分。在一个团队中可能需要有人出主意,有人订计划,有人实施,有人协调不同的人一起去工作,还有人去监督团队工作的进展,评价团队最终的贡献。不同的人通过分工来共同完成团队的目标,在人员选择方面要考虑人员的能力如何,技能是否互补,人员的经验如何。

### 3. 团队的定位

团队的定位包含两层意思:

(1)团队的定位。团队在组织中处于什么位置,由谁选择和决定团队的成员,团队最终应对谁负责,团队采取什么方式激励下属。

(2)个体的定位。成员在团队中扮演什么角色,是订计划还是具体实施或评估。

### 4. 权限

团队当中领导人的权利大小跟团队的发展阶段有关。一般来说,团队越成熟,领导者所拥有的权利应越小,在团队发展的初期阶段领导权是相对比较集中的。

团队权限关系的两个方面:

(1)整个团队在组织中拥有什么样的决定权。比方说财务决定权、人事决定权、信息决定权。

(2)组织的基本特征。比方说组织的规模多大,团队的数量是否足够多,组织对于团队的授权有多大,它的业务是什么类型。

### 5. 计划

计划的两层含义:

(1)目标最终的实现,需要一系列具体的行动方案,可以把计划理解成目标的具体工作的程序。

(2)提前按计划进行可以保证团队工作进展的顺利实现。只有在计划的引导下团队才会一步一步地贴近目标,从而最终实现目标。

### (二)高绩效团队

高绩效团队除了具备上述的 5 个基本要素外,还应当具备以下一些特征:

### 1. 清晰的目标

高绩效团队对所要达到的目标有清晰的了解,并坚信这一目标包含着重大的意义和价值。而且,这种目标的重要性还激励着团队成员把个人目标升华到群体目标中去。在有效的团队中,成员愿意为实现团队目标做出承诺,清楚地知道希望他们做什么工作,以及他们怎样共同工作来最终完成任务。

### 2. 充分的人际技能

高绩效团队的成员之间的角色是经常发生变化的,这就要求团队成员具有充分的人际技能,即勇于面对并协调成员之间的差异。由于团队中的问题和关系时常变换,成员必须能面对和应付这种情况。成员之间有高度的相互作用和影响,因而易于调整彼此的关系。

### 3. 相互的信任

成员间相互信任是高绩效团队的显著特征,也就是说,每个成员对其他人的品行和能力都确信不疑。而信任这种东西是相当脆弱的,它需要花大量的时间去培养而又很容易被破坏。而且,只有信任他人才能换来被他人的信任,不信任他人只能导致被他人不信任。

组织文化和管理层的行为对形成相互信任的群体内氛围很有影响。如果组织崇尚开放、诚实、协作的办事原则,同时鼓励员工的参与和自主性,它就比较容易形成信任的环境。

### 4. 一致的承诺

高绩效团队成员对团队表现出高度的忠诚和承诺,为了能使团队获得成功,他们愿意去做任何事情。我们把这种忠诚和奉献称为一致的承诺。成员对团队具有认同感,他们很看重自己属于该团队的身份。成员对团队目标具有奉献精神,愿意为实现团队目标而发挥自己最大的潜能。电视剧《亮剑》中的独立团骑兵连连长孙德胜,能够在全连只剩一兵一马的情况下,仍然发动正式进攻,就是这种奉献精神的表现。

### 5. 良好的沟通

良好的沟通是团队一个必不可少的特征。团队成员之间以他们可以清晰理解的方式传递信息,包括各种言语和非言语信息。此外,良好的沟通还表现在管理者与团队成员之间健康的信息反馈上,这种反馈有助于管理者对团队成员的指导,以及消除彼此之间的误解。如同一对共同生活多年的夫妻,高绩效团队中的成员也能迅速并有效地分享彼此的想法和情感。

### 6. 成员的工作自主性和精神状态

在高绩效团队中,成员被分配了合适的角色,并对其工作具有一定的自主权。成员有较强的工作动机和良好的精神状态,充满自信和自尊。目前一些非传统型企业实行灵活的工作时间制度,正是为了充分调动员工的工作自主性和精神状态。

### 7. 有效的领导

高绩效团队的领导者能为团队建立愿景,指明前途,鼓舞成员的信心,帮助他们更充分地挖掘自己的潜力。领导者往往担任的是教练或后盾的角色,他们对团队提供指导和支持,而不是试图去控制下属。这不仅适用于自我管理团队,当授权给小组成员时,它也适用于任务小组、交叉职能型团队。对于那些习惯于传统方式的管理者来说,这种从上司到后盾的角色变换,即从发号施令到为团队服务,实在是一种困难的转变。当前很多管理者已开始发行这种新型的权力共享方式的好处,或通过领导培训,逐渐意识到它的益处;但仍然有些脑筋死板,习惯于传统方式的管理者无法接受这种新概念,这些人应当尽快转变自己的老观念,否则就将被取而代之。

### 8. 内部支持和外部支持

高绩效团队必须有一个支持环境。从内部条件来看,团队应拥有一个合理的基础结构,这包括:适当的培训,一套清晰而合理的测量系统用以评估总体绩效水平,一个报酬分配方案以认可和奖励团队的活动,一个具体支持作用的人力资源系统。恰当的基础结构应能支持团队成员,并强化那些取得高绩效水平的行为,从外部条件看,管理层应该给团队提供完成工作所必需的各种资源。

## 二、团队成员的角色及作用

"天生我才必有用"讲的是人们在人类社会活动过程中,任何人都会有自己的价值和贡献。其实,团队中的各种成员更是如此。从团队成员的性格和行为的角度,团队成员可以分成如下八种类型,如图 8-1 所示。

以下分别从角色描述、典型特征、作用、优点、缺点几个方面简单分析一下这八种角色。

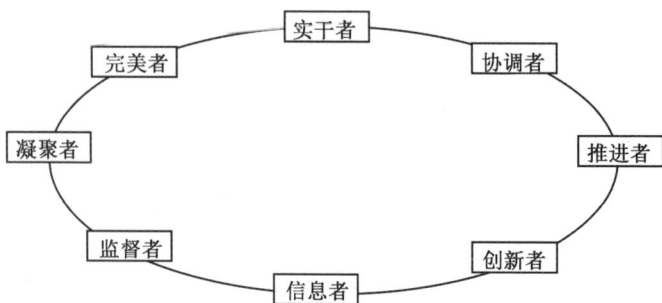

图 8-1　团队成员的角色类型

### 1. 实干者

角色描述：实干者非常现实，传统甚至有点保守，他们崇尚努力，计划性强，喜欢用传统的方法解决问题；实干者有很好的自控力和纪律性，对团队忠诚度高，为团队整体利益着想而较少考虑个人利益。

典型特征：有责任感，高效率，守纪律，但比较保守。

作用：由于其可靠、高效率及处理具体工作的能力强，因此在团队中作用很大；实干者不会根据个人兴趣而是根据团队需要来完成工作。

优点：有组织能力，务实，能把想法转化为行动；工作努力，自律。

缺点：缺乏灵活性，可能会阻碍变革。

### 2. 协调者

角色描述：协调者能够引导一群不同技能和个性的人向着共同的目标努力。他们代表成熟、自信和信任，办事客观，不带个人偏见；除权威之外，更有一种个性的感召力。在团队中能很快发现各成员的优势，并在实现目标的过程中妥善运用。

典型特征：冷静，自信，有控制力。

作用：擅长领导一个具有各种技能和个性特征的群体，善于协调各种错综复杂的关系，喜欢平心静气地解决问题。

优点：目标性强，待人公平。

缺点：个人业务能力不会很强，比较容易将团队的努力归为己有。

### 3. 推进者

角色描述：说干就干，办事效率高，自发性强，目的明确，有高度的工作热情和成就感；遇到困难时，总能找到解决方法；推进者大都性格外向并且干劲十足，喜欢挑战别人，好争执，而且一心想取胜，缺乏人与人之间的相互理解，是一个具有竞争意识的角色。

典型特征：具有挑战性，好交际，富有激情。

作用：是行动的发起者，敢于面对困难，并义无反顾地加速前进；敢于独自做决定而不介意别人的反对。推进者是确保团队快速行动的最有效成员。

优点：随时愿意挑战传统，厌恶低效率，反对自满和欺骗行为。

缺点：有挑衅嫌疑，做事缺乏耐心。

### 4. 创新者

角色描述：创新者拥有高度的创造力，思路开阔，观念新，富有想象力，是点子型的人才。

他们爱出主意,其想法往往比较偏激和缺乏实际感。创新者不受条条框框约束,不拘小节,难守规则。

典型特征:有创造力,个人主义,非正统。

作用:提出新想法和开拓新思路,通常在项目刚刚启动或陷入困境时,创新者显得非常重要。

优点:有天分,富有想象力,智慧,博学。

缺点:好高骛远,不太注重工作细节和计划,与别人合作本可以得到更好的结果时,喜欢过分强调自己的观点。

### 5. 信息者

角色描述:信息者经常表现出高度热情,是一个反应敏捷、性格外向的人。他们的强项是与人交往,在交往过程中获得信息。信息者对外界环境十分敏感,一般最早感受到变化。

典型特征:外向,热情,好奇,善于交际。

作用:有与人交往和发现新事物的能力,善于迎接挑战。

优点:有天分,富有想象力,智慧,博学。

缺点:当初的兴奋感消逝后,容易对工作失去兴趣。

### 6. 监督者

角色描述:监督者严肃、谨慎、理智、冷血质,不会过分热情,也不易情绪化。他们与群体保持一定的距离,在团队中不受欢迎。监督者有很强的批判能力,善于综合思考、谨慎决策。

典型特征:冷静,不易激动,谨慎,判断精确。

作用:监督者善于分析和评价,善于权衡利弊来选择方案。

优点:冷静,判别能力强。

缺点:缺乏超越他人的能力。

### 7. 凝聚者

角色描述:凝聚者是团队中最积极的成员,他们善于与人打交道,善解人意,关心他人,处事灵活,很容易把自己同化到团队中。凝聚者对任何人都没有威胁,是团队中比较受欢迎的人。

典型特征:合作性强,性情温和,敏感。

作用:凝聚者善于调和各种人际关系,其社交和理解能力在冲突环境中会成为资本;凝聚者信奉"和为贵",有他们在的时候,人们能协作得更好,团队士气更高。

优点:随机应变,善于化解各种矛盾,促进团队合作。

缺点:在危机时刻可能优柔寡断,不太愿意承担压力。

### 8. 完美者

角色描述:具有持之以恒的毅力,做事注重细节,力求完美;他们不大可能去做那些没有把握的事情;喜欢事必躬亲,不愿授权;他们无法忍受那些做事随随便便的人。

典型特征:埋头苦干,守秩序,尽职尽责,易焦虑。

作用:对于那些重要且要求高度准确性的任务,完美者起着不可估量的作用;在管理方面崇尚高标准严要求,注意准确性,关注细节,坚持不懈。

优点:坚持不懈,精益求精。

缺点：容易为小事情而焦虑，不愿放手，甚至吹毛求疵。

从以上的描述中可知：实干者善于行动，团队中若缺少实干者，则团队会太乱；协调者善于寻找到合适的人，团队中若缺少协调者，则领导力不强；推进者善于让想法立即变成行动，团队中若缺少推进者，则工作效率不会高；创新者善于出主意，团队中若缺少创新者，则思维会受到局限；信息者善于挖掘最新"情报"，团队中若缺少信息者，则团队会比较封闭；监督者善于发现问题，团队中若缺少监督者，则工作绩效会不稳定甚至大起大落；凝聚者善于化解矛盾，团队中如果缺少凝聚者，则人际关系会变得紧张；完美者强调细节，团队中若缺少完美者，则工作会比较粗糙。

## 三、轮机部团队工作

团队工作，又称小组工作，是指与以往每个人只负责一项完整的工作的一部分（如一道工序、一项业务的某一程序等）不同，由数人组成一个小组，共同负责完成这项工作。在小组内，每个成员的工作任务、工作方法以及产出速度等都可以自行决定。在某些情况下，小组成员的收入与小组的产出挂钩，这样一种方式就称为团队工作方式，其基本思想是全员参与，从而调动每个人的积极性和创造性，使工作效果尽可能好。

在远洋船上工作生活过的人大概都有这样的经历：当身体不适的时候，特别渴望同事给予关心和安慰。并不是说关心和安慰对身体的康复有多么神奇的疗效，重要的是让船员感受到个人受到了重视，感受到集体的温暖，一旦有了困难会得到帮助，从而有安全感；若这个集体发生了问题，需要他的时候，他也会毫不犹豫地挺身而出。这就是团队精神。这样的团队精神对于相对封闭、独立、危险的工作和生活环境的人而言，是大有裨益的，对企业而言也是十分重要的。

所谓团队精神，简单来说就是大局意识、协作精神和服务精神的集中体现。团队精神的核心是协同合作，反映的是个体利益和整体利益的统一。良好的团队精神可以充分发挥集体的潜能。当然，团队精神并不是以牺牲自我为前提的，相反，团队精神充分尊重个人兴趣和成就，培养和肯定每个成员的特长，从而充分发挥每个成员的作用。

有团队精神的团队，团队成员的个人智商可能是 100，但加在一起的团队智商可能会达到150 甚至更高；反过来缺乏团队精神的团队，即使个人智商达到 120，但团队组合到一起的智商只有 60 到 70。出现这种情形的关键要素就是团队中的文化成分，也就是所说的团队精神。

### 1. 团队精神包含的内容

1）团队的凝聚力

团队的凝聚力是针对团队和成员之间的关系而言。团队精神表现为团队强烈的归属感和一体性，每个团队成员都能感受到自己是团队当中的一份子，把每个人工作和团队目标联系在一起，对团队表现出一种忠诚，对团队的业绩表现出一种荣誉感，对团队的成功表现出一种骄傲，对团队的困境表现出一种忧虑。

当个人目标和团队目标一致的时候，凝聚力才能更深刻地表现出来。

2）团队合作的意识

团队合作的意识指的是团队和团队成员表现出协作和共为一体的特点。团队成员间相互帮助、同舟共济、互相尊重、礼貌谦让，待人真诚，遵守承诺，互相关怀，彼此宽容、尊重个性的差异,是一种信任的关系,大家共同提高,利益和成就共享、责任共担。

良好的合作气氛是高绩效团队的基础,没有合作就谈不上最终很好的业绩。

3)团队高昂的士气

这一点是从团队成员对团队事务的态度体现出来,表现出团队成员对团队事务的尽心尽责及全方位地投入。

## 2. 团队精神在船舶上的体现

良好的团队精神在船舶上至少体现在四个方面:

(1)良好的团队精神可以预防事故的发生,有益于安全工作。事故的发生有多方面的因素,人的因素占有很大的成分,大家相互协作,彼此提醒,事故就一定会大幅度减少。

(2)良好的团队精神有助于增加船员之间互相沟通、交流,实现船舶的准班、节能增效目标。"降本增效"不是一句空洞的口号,需要大家共同努力,共同钻研才能取得显著的效果。

(3)良好的团队精神可以促进船员个人事业的发展。每个人在工作上都可能遇到这样或那样的问题,如果和周围的人经常沟通,就会及时化解一些矛盾,解决相关的问题,对自己的个人事务的发展也有促进和帮助,一旦有了发展的机遇,就要牢牢地把握住。

(4)良好的团队精神可以健全人格,完善提高个人素质。集体中的每个人各有长处和缺点,只有融入这个团队,才会发现对方的美,同时也能看到自己的不足,并逐步培养自己求同存异、与人为善的素质,形成良性循环。在日常生活中,培养良好的与人相处的心态,并在日常生活中运用,这不仅是培养团队精神的需要,也是获得人生快乐的重要方面。

## 3. 团队精神的培育

在船舶上打造良好的团队精神,其特殊性要求我们每个人都要承担起责任,齐心协力,众志成城。首先要营造一个相互信任的氛围。彼此信任是最坚实的基础,它会增加我们对船舶的认可,让大家在心理上有充分的安全感,从而真正把"以船为家"的观念落实下来。其次要建立合理的沟通机制。多一些沟通、交流,抱着合作的心态,多理解别人的苦衷,多设身处地地为别人想一想,要懂得以恰当的方式同他人合作,用最恰当的方式让别人接受,学会被别人领导和领导别人,这一工作起来就会得心应手、事半功倍。第三要加强业务知识、敬业精神的学习和提高。态度并不能解决所有的问题,但是我们远洋船员不仅要有高度的责任感,良好的敬业精神,同时还应该有丰富的技能,这样就能帮助别人解决一些问题。在帮助别人的同时也是在帮助自己,要学会不但要独乐乐也要众乐乐。第四是船舶管理人要起到带头作用。俗话说"火车跑得快全凭车头带"。所以管理干部的行为有着极强的示范作用,他们应该注意自己的言行举止,有宽广的胸怀和长者的风范,懂得关心和体恤下属,要有包容之心,能够营造一个大家庭的环境。

# 第三节 ◎ 培养领导能力

所谓领导,是指管理者运用其权力和管理艺术,指挥、引导、带动、激励和影响组织成员,协调他们的行动,激发他们的积极性和创造性,使他们为实现组织目标而做出努力和贡献的过程。

具体地说,领导职能是指领导者对组织成员施加影响,使他们以高昂的士气、饱满的热情为实现组织的目标而努力,具体包括指导、沟通和激励等工作。

# 一、领导的构成要素

领导的构成要素主要有以下四个方面:

## 1.指挥

指挥的基础是职位权力,即某个人由其职位所赋予的可以施加于别人的控制力,主要包括惩罚权、奖赏权、合法权等。这是一种依靠权力施加影响,借助指示、命令等手段,指导下属履行其职责的活动。

## 2.激励

由于人们往往愿意追随那些他们认为能够有助于他们实现目标的人,所以,领导者越有能力去了解其下属的需求,并设计出满足这些需求的方法,就越有可能成为有效的领导者。为此,领导者既要谙熟激励理论,深刻理解各类激励因素,又要有能力把这些激励理论和激励手段加以灵活运用。

## 3.感召

感召能力是领导者以自己的行为和人格魅力激发和鼓舞组织成员全力以赴进行工作的能力。激励因素的使用源于下属及其需求,而感召力则来自领导者本身。领导者以他的行为和人格魅力引发下属的忠诚和献身精神。下属接受领导者的鼓舞并不是为了满足自己的需要,而是对自己所中意的领导者所表现出来的一种无私的支持。

## 4.造势

组织环境在很大程度上影响着组织成员的工作热情和工作效率。领导者的首要任务,就是要设计和维持一个良好的工作环境和文化氛围,要营造一个积极向上、团结进取的工作氛围。而要做到这一点,就要依靠领导者具备崇高的价值观、良好的领导作风以及营造环境的能力。

# 二、领导者的主要工作

具体地说,一个领导者主要应做好以下几个方面工作:一是制定组织目标和发展战略;二是要协调下级的工作,协调组织与外部的关系;三是塑造组织文化;四是培育组织的核心竞争力;五是培育并开发组织的人力资源。

## (一)沟通

### 1.沟通的含义和特征

1)沟通的含义

沟通也称为信息交流,是指发讯者把信息(也包括发讯者的思想、知识、观念、意图、想法等在内)按照可以理解的方式传递给收讯者,达到相互了解和协调一致的效果,以确保组织目标的实现。

沟通应具备以下的基本特征：

（1）沟通必须在两个或两个以上人之间进行。

（2）沟通必须有一定的沟通客体，即沟通情况等。

（3）沟通必须有传递信息情报的一定手段，如语言、文字等。

2）沟通的特征

（1）主要通过语言或非语言渠道进行。

（2）人际沟通不仅仅传递情报、交换信息，还包括交流思想、情感、观念、态度等。

（3）人际沟通涉及双方的动机、目的等特殊需要，这使人际交流变得更加复杂，需要相应的沟通技巧和艺术。

（4）人际沟通过程中，会出现特殊的沟通障碍——心理障碍。

## 2. 沟通的分类与作用

1）沟通的分类

（1）正式沟通与非正式沟通。

（2）上行沟通、下行沟通和平行沟通。

（3）单向沟通和双向沟通。

（4）口头沟通和书面沟通。

2）沟通的作用

（1）沟通有利于消除误会，确立互信的人际关系，营造良好的工作氛围，增加组织的凝聚力。

（2）沟通有利于协调组织成员的步伐和行动，确保组织计划和目标的顺利实现。

（3）沟通有利于领导者准确、迅速、完整地了解组织及部属的动态，获取高质量的信息，有助于提高领导工作的效率。

（4）沟通有利于加强组织与外部环境的联系，同外部环境进行物质、信息及能量的交换，保证组织与环境协调一致。

（5）沟通有利于激励下属的斗志，激发整体创新智慧，增强组织可持续发展的动力。

## 3. 有效沟通

1）有效沟通的内涵

达成有效沟通必须具备两个必要条件：首先，信息发送者能清晰地表达信息的内涵，以便信息接收者能确切理解；其次，信息发送者重视信息接收者的反应并根据其反应及时修正信息的传递，免除不必要的误解，两者缺一不可。有效沟通主要指组织内人员的沟通，尤其是管理者与被管理者之间的沟通。

2）有效沟通的原则

（1）能听话：不要随意插断对方的话，听懂别人的想法。

（2）能赞美：沟通对象的话，有道理的地方，应适当予以赞美。

（3）能平心静气：沟通双方如无平心静气的心理准备，沟通起来就易"斗气"。

（4）能变通：解决事情的方案绝对不止一个。

（5）能清楚说明：举个例子，"某块地有一英亩"，听的人不见得很清楚，再加以解说，一英亩大约等于一个足球场那么大，从来没去过足球场的人还不清楚，那就再举例说明，比如像我们的会议室,有几个那么大就是一英亩。

(6)能幽默:有一次美国总统里根打电话给众议院议长欧尼尔,他说:"依神的旨意,你我为敌,只能到下午6点,现在是下午4点,我们就假装现在是6点,好不好?"一句话,就此解决了彼此沟通的障碍。

3)沟通障碍

沟通障碍指的是信息在传递和交换过程中,受噪声的干扰而失真或中断。沟通障碍包括传送障碍、接收障碍和信道障碍。

克服沟通障碍的艺术有:

(1)建立正式、公开的沟通渠道。

(2)领导者要善于倾听。

(3)克服不良的沟通习惯。

4)提高全员沟通的技巧

组织全员沟通技巧的培训,促进员工的沟通能力。

(1)仔细倾听

要专注、耐心、深入理解式地倾听发言者的全部信息,做到多听少说。

(2)清晰和有策略的表达

不同的事情,采取不同的表达方式。

口语沟通做到简洁、清晰、对事不对人、注重对方感受;同时多利用身体语言及语音语调等,使对方利于理解,并产生亲和感。

书面沟通要做到层次分明、清晰、有条理,学会运用先"图"后"表"再"文字"的表达方式。

(3)改变沟通心态

要建立平等、尊重、设身处地、欣赏、坦诚的沟通心态。

(4)积极反馈

对信息发送者所表达的信息给予积极的反馈(书面或口语回复、身体语言反馈、概括重复、表达情感等)。

### 4. 外部沟通和内部沟通

沟通在管理上分为外部沟通和内部沟通。

1)外部沟通

外部沟通是通过公共关系手段,利用大众传媒、内部刊物等途径,与客户、政府职能部门、周边社区、金融机构等建立良好关系,争取社会各界支持,创造好的发展氛围;也是企业导入企业形象识别系统,把理念系统、行为系统、视觉系统进行有效的整合,进行科学合理的传播,树立良好的企业形象,提高企业的知名度、美誉度、资信度,为企业的腾飞和可持续发展提供好的环境。

2)内部沟通

内部沟通是指为了实现组织的目标,组织内部领导班子成员之间、领导与下属之间、组织各部门之间以及职工之间的关系的协调与信息的交流。

内部沟通有两个70%需要注意。作为一个领导,每天大概有70%的时间是用来沟通的;在工作中所遇到的问题、障碍,70%是由沟通不畅造成的。一般来说,在内部沟通中容易存在三大障碍和问题:向上沟通无"胆",平行沟通无"肺",向下沟通无"心"。那么,领导者如何破解这三个问题？作为领导,要赋予下属胆量和勇气,让他们敢于反映问题;在和员工沟通时,要用心、用情,和同事或各单位各部门之间沟通时,要敞开心扉,共享经验。

### (二)激励

#### 1. 激励的含义

从心理学的角度来讲,激励是指激发人的行动动机的心理过程,是一个不断朝着期望的目标前进的循环过程。简而言之,就是在工作中调动人的积极性的过程。

为了便于理解激励这一概念,我们可以从以下三个方面来理解:

(1)激励具有时效性。每一种激励手段的作用都有一定的时间限度,超过时限就会失效。因此,激励不能一劳永逸,需要持续进行。

(2)激励是一个过程。人的很多行为都是在某种动机的推动下完成的。对人的行为的激励,实质上就是通过采用能满足人的需要这个诱因条件,引起行为动机,从而推动人采取相应的行为,以实际目标,然后再根据人们新的需要设置诱因,如此循环往复。

(3)激励过程受内外因素的制约。各种管理措施,应与被激励者的需要、理想、价值观和责任感等内在因素相吻合,才能产生较强的合力,从而激发和强化工作动机,否则不会产生激励作用。

#### 2. 激励的原则

激励是一门科学,正确的激励应遵循以下原则:

(1)组织目标与个人目标相结合的原则

在激励机制中,设置目标是一个关键环节。目标设置必须体现组织目标的要求,否则激励将偏离实现组织目标的方向。目标设置还必须能满足员工个人的需要,否则无法提高员工的目标效价,达不到满意的激励强度。只有将组织与个人目标结合好,使组织目标包含较多的个人目标,使个人目标的实现离不开为实现组织目标所做的努力,才会收到良好的激励效果。

(2)物质激励与精神激励相结合的原则

员工存在着物质的需要和精神方面的需要,相应的激励方式也应该是物质激励与精神激励相结合。鉴于物质需要是人类最基础的需要,层次也最低,则物质激励的作用是表面的,激励深度有限。因此,随着生产力水平和人员素质的提高,应该把重心转移到以满足较高层次的需要即社交、自尊、自我实现的需要的精神激励上去。换句话说,物质激励是基础,精神激励是根本,在两者结合的基础上,逐步过渡到以精神激励为主。

(3)外在激励与内在激励相结合的原则

根据赫茨伯格的"双因素理论",在激励中可区分两种因素——保健因素和激励因素。凡是满足员工生存、安全和社交需要的因素都属于保健因素,其作用只是消除不满,但不会产生满意。这类因素叫外在因素。满足员工自尊和自我实现需要,最具有激发力量,可以产生满意,从而使员工更积极地工作,这些因素属于内在激励因素。内在的激励因素所产生的工作动力远比外在的保健因素要深刻和持久。因此,在激励中,领导者应善于将外在的激励与内在的激励相结合,以内在激励为主,外在激励为辅,才能收到事半功倍的效果。

(4)正激励与负激励相结合的原则

根据强化理论,可把强化分为正强化和负强化,也称为正激励与负激励。显然,正激励与负激励都是必要而且有效的,不仅作用于当事人,而且会间接影响周围其他人。通过树立正面的榜样和反面的典型,扶正祛邪,形成一种好的风气,产生无形的压力,使整个群体和组织的行为更为积极,更富有生机。但鉴于负激励具有一定的消极作用,容易产生挫折心理和挫折行为,应该慎用。因此,领导者在激励时应该把正激励与负激励巧妙地结合起来,而坚持以正激励为主,负激励为辅。

（5）按员工需要激励的原则

激励的起点是满足员工的需要,但员工的需要存在着个体的差异性和动态性,因人而异,因时而异,并且只有满足最迫切需要的措施,其效价才高,其激励强度才大。因此,领导者在进行激励时,必须深入进行调查和研究,不断了解员工的需要层次和需要结构的变化趋势,有针对性地采取激励措施,才能收到实效。

（6）坚持民主公正的原则

公正是激励的一个基本原则。如果不公正,奖不当奖,罚不当罚,不仅收不到预期的效果,反而会造成许多消极的后果。公正就是赏罚分明,并且赏罚适度。赏罚严明就是铁面无私,不论亲疏,不分远近,一视同仁。赏罚适度就是从实际出发,赏与功相匹配,罚与罪相对应,既不能小功重奖,也不能大过轻罚。

**3. 激励的方法**

激励的方法多种多样,国内外的先进企业在这些方面积累了丰富的经验,大体上有如下行之有效的方法。

1）目标激励

企业目标是一面号召和指挥千军万马的旗帜,是企业凝聚力的核心。它体现了员工工作的意义,预示着企业光辉的未来,能够在理想和信念的层次上激励全体员工。企业应该将自己的长远目标、近期目标大张旗鼓地进行宣传,做到家喻户晓,让全体员工看到自己工作的巨大社会意义和光明的前途,从而激发大家强烈的事业心和使命感。

在进行目标激励时,还注意把组织目标和个人目标结合起来,宣传企业目标与个人目标的一致性,企业目标中还包含着员工的个人目标,员工只有在完成企业目标的过程中才能实现其个人目标。使大家具体地了解,企业的事业会有很大发展,企业的效益会有很大提高,员工的工资、奖金等福利待遇会有很大的改善及提高,个人的活动舞台会有很大的扩展,使大家真正感受到"厂兴我富,厂兴我荣"的道理,从而激发出强烈的使命感、归属意识和巨大的劳动热情。

2）奖罚激励

"赏罚政之柄也",奖励也好、奖罚结合也好,尽管有关激励的各种研究和理论已大量涌现,但奖励和惩罚仍是两个有力的激励因素。当然,"赏罚必在至公",不可滥用,尤其是惩罚,它会引起自卫、报复等副作用。坚持正面的奖励和表扬,通常效果更好。

然而,有的管理人员会说,用正面的奖励来满足员工的各种需要,诚然不错,可是有的员工"欲海难填"怎么办。事实上奖励和表扬的方法有很多,总体归纳下来有以下几种可以选择并应用:

（1）薪酬与奖励。用加薪、奖金、奖品、礼品等以示奖励。

（2）增加责任。鼓励员工参与企业管理,减少外在的监督与控制,实行员工的建议制等。

（3）对个人和群体实行适当的灵活的优惠。如实行弹性工作时间、延长休息或午餐时间,可以提前下班、带薪或无薪的假期、特殊待遇（比如组织旅游等）、单位出资出席专业会议或送国内、外培训等。

（4）职务与地位的升迁。诸如获得新的职务，给予委派授权，工作轮换培训，职务多元化，升迁新的职衔，提供更加好的工作场所，被邀请参与"高层"会议或监督更多的下属。

（5）衷心的嘉许与表扬。具体赞扬所取得的成绩，做出坦率、真诚的评价，鼓励继往开来。

（6）社交活动。提供免费工作午餐，增加个人和群体的交往与接触，组织运动会、户外活动及聚会，通过社交与工作有关的场所增加员工和上司的相处时间。

4）参与激励

员工是企业的主人，企业应该把员工摆在主人的位置上，尊重他们、信任他们，让他们在不同的层次和不同深度上参与决策，吸收他们中的正确意见，全心全意地依靠他们来办好企业。通过参与，形成员工对企业的归属感、认同感，进一步满足自尊和自我实现的需要。TQC 小组、员工参与班组民主管理，员工通过职工代表大会参与企业的重大决策，是员工参与企业决策和企业管理的主要及有效手段。其他的如"奖励员工合理化建议"制度、"诸葛亮会"等，都是行之有效的员工参与形式。

5）感情激励

人与动物的主要区别是人有思想和感情。感情投资在现代化企业管理中是一个非常重要的因素，对人的工作积极性有重大的影响。它能够密切上下级的关系，增强员工工作的动力，振奋员工的精神。感情激励就是加强与员工的感情沟通，尊重员工，关心员工，与员工之间建立平等亲切的感情，千方百计地创造条件满足他们的合理需要，并且积极为员工排忧解难，办实事，让员工体会到领导的关心、企业的温暖，从而激发他们的主人翁责任感和爱厂如家的精神。感觉激励的技巧在于"真诚"二字。

6）榜样激励

榜样激励的方法是在组织中树立先进模范人物和标兵的形象，号召和引导员工向先进模范人物学习，引导员工的行为朝着组织目标所期望的方向。现在，许多企业都有自己的报刊和内部网站，使榜样激励增添了许多更有效、更丰富、更富有灵活多样的内容和手段。但榜样的树立，应当坚持实事求是，不要虚伪和夸张，以免引起员工的逆反心理。

榜样激励是一个很重要的方面是领导者本人的身先士卒，率先垂范。人们通常说的身教重于言教，正如一些企业负责人员所说，"喊破喉咙，不如做出样子"。领导的一个模范行动胜过十次一般号召。领导的模范行动、像无声的命令，对其下属有巨大的影响力，可以激发出员工的工作积极性和工作热情。

7）危机激励

危机激励的实质是树立全体员工的忧患意识，做到居安思危，无论是在组织顺利还是困难的情况下，都永不松懈，永不满足，永不放松对竞争对手的警惕。日本学者小山秋义把这种激励方法称为"怀抱炸弹经营""置之死地而后生"，唤醒全体员工的危机意识，确保组织立于不败之地。

8）员工持股激励

员工持股激励是在市场经济条件下，对员工激励的最根本方法之一。其出发点是实行产权多样化，鼓励员工在企业持股，利润共享。员工持股增加了员工对企业的认同感，使员工迸发出巨大的工作热情和责任感，促进了企业效益的提高。

9）组织文化激励

推行组织文化有助于建立员工共同的价值观和组织精神,树立团队意识。美国、日本有许多组织全面推行组织文化,取得了非常成功的经验,不但增加了员工对企业的认同感、对组织的凝聚力和自豪感,而且提高了组织素质和整体实力。优良的组织文化也是组织必不可少的激励手段。

# 第四节 ◉ 情景意识培养

根据海事资料记载,在 2002 年有 100 起船舶事故性质分析中,有 38% 是属于各种思想、心理原因造成船员情绪低落、警惕性不高而导致的海难事故。由于设备故障的复杂性和多样性,除了要求船员具备扎实的专业知识和管理经验外,在故障的预防、先兆的处理上还要求具备良好的判断力、注意力、心理素质和突出的领导能力,即具备良好的情景意识。

情景意识是人们对事故发生的一种预知和警惕,是指在一个特定的时间对影响机器的因素和条件的准确感知,能敏捷地察觉和了解周围情况的变化及影响,能正确考虑或预测到即将面临的局面,能随时知晓与团队任务相关的即将发生的事情,能够识别失误链和在事故发生前将其破断的能力等。

## 一、情景意识的原理

情景意识是人脑的产物,因此大脑是情景意识的物质基础,它有四个功能系统。人的各种行为和心理活动,都是这四个功能系统相互作用和协同活动的结果。情景意识是脑的重要功能,恩斯特·波佩尔等的《意识问题的研究与展望》中将情景意识在理论上划分为四个要素:A(awakening)为情景意识的觉醒要素;C(content)为情景意识的内容要素;P(pointing)为情景意识的指向要素;S(sensibility)为情景意识的情感要素。

## 二、情景意识对安全的影响

情景意识是安全意识的一个重要组成部分,在船舶安全中起着相当关键的作用。情景意识是指识别一个过失链和事故发生前将其破断的能力,可随时知晓与团队任务相关的将要发生的事情,识别和找出失误。情景意识对安全有很大的影响,如工作人员的理解力、判断力和适应性越强,情景意识就越高,事故风险就越小,安全系数就越高;工作人员身体不好和心理状况差,经验与操作技能差,领导与管理技能低,导致低情景意识的产生,安全性越低,发生事故的可能性就越大;同时,工作人员对工况的熟悉度越高,对局面和条件的感知越清晰、准确,团队协作能力越强,情景意识自然越高,是预防和控制轮机事故发生的有效方面。

## 三、机舱管理中情景意识的培养

### 1. 轮机知识的积累是情景意识培养的基础

知识是一切文明意识产生的根源。没有相关的轮机知识,对轮机管理中情况和条件的变化就缺少联想的基石,甚至是熟视无睹,更谈不上灵活运用轮机知识来判断变化的原因或预料即将发生的结果,轮机情景意识就成了无源之水、无本之木。轮机人员应自觉地进行系统性的轮机理论知识的学习,将设备说明书研究透彻,弄清各种运行参数的具体内涵,结合公司安全管理体系搞清方方面面的规定标准和安全裕量,随着新科技在船舶上的广泛运用,不断更新专业知识与技术,从而使自己储备足够数量的专业知识,同时,要重视专业知识间的联系,有意识地沟通书本与实际、不同知识之间的纵横交叉联系,使自己获得的专业知识不是一个孤立的点,而是能够融会贯通、有机配合的网络化、一体化的知识结构,以提高轮机知识的质量。只有这样,掌握了数量足够和质量较高的专业知识的轮机人员才具备产生相应的情景意识的基础和做出相应专业判断的前提条件。

### 2. 加强轮机管理的关联研究是培养情景意识的关键

轮机本身就是一个多学科的共同结晶,设备种类纷繁多杂,运行环境变化多端,这些便造就了各船有各船的情景,不同的时段有不同时段的情景。轮机人员工作在这样的一个不断变化的情景当中,如何去把握这样一个庞大的系统的种种变化呢?这就要靠轮机人员对整个系统进行关联研究,能"窥一斑而知全豹",形成对应的情景意识。具体的关联包括轮机内部系统间的关联、轮机与运行环境间的关联、轮机与人的干预之间的关联等。如排气温度高,从内部关联考虑,要检查喷油设备是否发生异常,气缸状态有无变化,排温表有无失灵等;从外部关联考虑,要检查是否由于航行工况改变导致了负荷增加或是环境温度变高了等;从人的干预的关联考虑,油门是否被人为增加了,是否更换了不同品质的燃油等。只有充分地加强轮机管理的关联研究,对人、机、环境三者内部关系有清楚的了解,"以不变应万变",才能使得轮机人员在任何时候都能对轮机参数的变化产生相应的"条件反射",形成良好的情景意识,进行全面认识和预见,对这一系统进行妥善的管理和控制。

对关联的研究的方法通常有两种途径。一是寻根求源法,即利用"很多表面现象都是有其根源"的道理来进行判断。比如,主机各缸缸头出水温度高,应首先对照脑海中贮存的参数,试问自己主机缸头进水温度高不高,从而判断是否主机负荷变化引起的;若进水温度也高,要结合海水温度或海水流量有无变化,再检查淡水的循环量及淡水冷却器的冷却能力如何。二是内外联系法。轮机运行参数的变化经常受到外部环境变化的影响,如船舶由深水区向浅水区航行的情景出现,就要与船舶的阻力变大、主机负荷增加相联系,与海水水质、海水流量相关联等。

### 3. 重视注意力的分配是情景意识培养的重要环节

情景意识形成的整个映射过程是由轮机人员感官所收集的信息触发的,并且感官收集的信息的数量及其质量对形成的情景意识正确与否有着决定性的影响。这些信息可能包括:船舶驾驶台信息,如船舶位置、航向、航速、载货状况、风、流的方向及强弱和航道环境和交通状况、驾驶台用车用舵情况等;轮机部信息,如主机、副机、锅炉、甲板机械、其他设备的各种技术参数状态及轮机人员的操作信息等。收集的信息太少,可能遗漏判据,难以形成相应的情景意识;质量不高的信息太多,可能产生干扰,影响情景意识的形成质量。而收集的信息太少或太多本质上均是由于注意力分配不合理而引起的。实践证明:每个人的注意力的容量是有限的。某位轮机人员将注意力过于集中于某一个点,必然会忽略其他信息的收集;注意力过于分散,没有集中到对应的关键信息,关注不够,收集的信息质量自然就不会高。可见,合理分配注意力是情景意识的形成的重要环节。因此,轮机人员在管理工作中要清楚地了解信息资源与情景意识及管理工作的关系,充分认识注意力的有限性,始终跟踪环境和状态的发展变化,加强对轮机管理信息,尤其是发生变化的信息的警示,提高对信息的掌控能力,有效防止疏忽重要信息或"贪多嚼不烂"现象的发生,而导致情景意识的丧失或错误。

**4. 良好的工作态度的形成是培养情景意识的保证**

工作态度包括轮机人员对轮机管理工作的认可要素、情感要素以及行为倾向要素。当轮机人员认识到自身工作的重要性和对轮机管理安全的意义时,就会对工作充满热情和兴趣,表现出工作认真踏实、责任心强、积极主动的特点,能够迅速地注意到异常信息,形成相应的情景意识,便于及时发现问题和解决问题。反之,会缺乏主动性,对异常信息和潜在的问题不能形成相应的情景意识,造成事故隐患。轮机人员是否具有良好的工作态度,将直接影响到轮机人员对情景意识的感知状态,其情景意识的高低与工作态度良好与否密切有关。因此,对轮机人员工作态度的培养是一项不容忽视的任务。培养轮机人员良好的工作态度,可从以下三个方面入手:

(1)应提高轮机人员对轮机管理工作的认识,使其明确轮机管理工作的重要性及意义,并使之内化为自我的认知观念。

(2)应充分调动一切积极因素,激发轮机人员对轮机管理工作的兴趣。

(3)应严格管理制度,借助公司安全管理体系等使轮机人员在工作中形成良好的行为习惯,养成对工作兢兢业业、认认真真、一丝不苟的工作作风。

**5. 加强对轮机管理案例的学习研究是情景意识培养的捷径**

轮机运行工况变化多端,影响轮机安全的因素千千万万,而公司安全管理体系、设备说明书等只能够提供有限的程序帮助,而且其中大多还是基于其他系统、外部环境都正常的逻辑基础之上建立的;另外,单靠自己的经验,不但个人体验不到许多特殊情况,而且由于经历局限于某些常用的情况,还会使某些思维通道因频数效应而畸形发展,导致思维定式的缺陷;所以要想更多地获得各种情况下的情景意识,学习和研究人的轮机管理案例不失为一个快捷而有效的途径。

**6. 做好轮机管理中特殊情景意识的预想是培养情景意识的助推器**

情景意识其实是一种触景生"情"的反应能力,只是掌握了大量的知识还是不够的,从"知道"到"做到"看似咫尺之遥,实际却是两重境界。例如:在机动航行时驾驶台突然由全速前进转换为全速后退,或主机存在部分参数越限等非正常情况时,一些轮机人员脑子就懵了,根本不能按车钟指令及时给出相应的转速和转向。这是因为这些轮机人员没有对紧急倒车、参数越限时操车等情景做任何预想,而当这个情景突然到来时,便感到应接不暇、手忙脚乱,不知道先做什么、后做什么,思维暂时停顿,情景意识出现断档,待克服慌乱,重新镇定下来,回忆起紧急倒车、参数越限时的操车程序,想按部就班时,船舶的状态和速度等现实情境早已超越起始的情境,错过根据现实情境采取应急措施的最佳机会了。所以,轮机管理人员在平时不但要做好正常情况下的情境预想,还要对在轮机管理关键阶段可能出现的特殊情况进行情境预想,有备无患,从容应对轮机管理中情境的不断变化。

## 四、机舱管理中良好情景意识的保持

保持良好的情景意识是预防和控制事故发生的有效措施。根据情景意识原理及案例分析并结合轮机资源管理的理念,良好情景意识的保持表现在以下 6 个方面:

### 1.身心状况

情景意识是属于思维和思想活动的范畴,是工作态度和情感的产物,身体和心理状况是思维与情感的基础,良好的身体和心理状况是良好的情景意识的基本条件。很难想象一位没有充分休息的、健康状况不佳的轮机管理人员会有足够的体力去学习和灵活运用自己的知识和技能,会适应海上多变的自然条件以及机舱繁重、恶劣的工作环境,会保持良好的情景意识。同时强烈的责任心、充分的安全意识、优秀的职业道德水准、顽强的意志、忠于职守的热忱与执着及临危不乱、巧语应变的能力等,也都是轮机部人员具有良好的情景意识应有的心理表现。

### 2.经验与训练

经验与训练是获得知识的重要途径。知识越丰富,理解力、判断力和适应性越强,情景意识自然越高。虽然不同级别的船舶要求轮机员的知识的深度、广度有所差别,但随着机舱自动化程度越高,所要求的知识水平就越高。轮机部人员日常工作中的传统习惯和适应性的操作训练,即当值人员应具有的知识、经验、技能和在各种情况下所要求的戒备以及避免危险的做法,都可以作为有效应付不同条件和局面的经验,这些经验可以认为是良好情景意识的基本表现。

### 3.理解力与操作技能

理解力与操作技能是良好情景意识的重要表现,理解力与操作技能越强,情景意识越高。机舱是轮机部人员操作和控制的主要场所,机舱是船舶的心脏,其对船舶安全有着重要的影响。理解力是指对于动力装置的实际状态与变化趋势能正确感知,并对轮机各种设备适航状态的完全理解。操作技能是指通过实际技术的训练才能获得的能力,特别是机舱实际操作与维修技术,必须能够适应不断变化的各种工况的要求,又能够及时跟上不断更新的现代化技术与设备的发展。

### 4.注意力与判断力

注意力是指轮机部人员能敏捷地察觉各自负责维护和保养的设备的实际运行情况与变化趋势。发扬团队精神,同事间及时善意提醒和知识技能互补,还能增加失误链破断的能力,确保轮机设备安全有效的运行。信息输入是轮机人员进行判断的前提,这些信息包括:船舶驾驶台信息,如船舶位置、航向、航速、载货状态、风或流的方向及强弱、航道环境和交通状况等;轮机部的信息,如主机、副机、锅炉、甲板机械和其他重要信息等。

为了实现有效而正确的决策判断,轮机人员还必须对信息进行调整、分析,以便确定其真伪。因此,轮机人员具有良好的注意力与判断力也是情景意识很重要的表现。

5. 适应性与熟悉程度

海上环境千变万化，有时风平浪静，有时狂风恶浪；有时海域宽阔，有时水道狭窄；加上船舶昼夜航行，长时间连续不断的机器振动、噪声使船员得不到充足而有效的睡眠。特别是在机舱的恶劣工作环境中，轮机员必须在短时间内处理这些迅速多变的航行工况。这就要求轮机人员具有良好的适应性，此时稍有不慎就可能发生意外，造成重大损失；同时，轮机人员对轮机工况的熟悉程度越高，认识过程中对局面和条件的感知就越清晰明白；再通过思考、分析和判断上就会达成与实际情况一致，情景意识也就越高。

6. 领导与管理技能

船舶作业是一项多部门、多人员协同配合的工作。轮机长、轮机员、电子电气员、机工、电子技工是常见的一种工作组合，单凭个人的力量是很难保持高水平的情景意识的。在轮机部工作的领导与管理中，要获得良好的情景意识，在注意物的不安全状态的同时，还要密切注意人的不安全行为。充分发挥每一位轮机部人员的作用和相互间的支持与监督也是十分必要的。良好的轮机部领导与管理技能是保证该团队所有成员具有良好的情景意识的关键，也是预防和控制轮机事故发生的有效措施。

# 第五节 ◉ 实操训练

情景一：在加装燃油时，轮机部人员与加装人员之间的通信与沟通

目的：通过此情景的训练，使学员掌握轮机部与加装燃料人员之间沟通的方式，将正确的信息按照适当的渠道传递给接受者。能够正确选择沟通方式，掌握有效沟通的原则。能够将正确合理的通信与沟通在燃油加装中体现出来。

内容：

(1)加油前：轮机长应携同主管轮机员与供方代表联系，商定加油事项。

(2)加油中：轮机长与供油方代表确认加油品种和数量，监督油样的采取。

(3)加油后：最终确定加油量；如果发生争议，轮机长应与供油方代表协商。

安全注意事项：安全防火告示；溢油物品齐备；油料品种、油量、输油管系、油舱、流速、油舱油位确认；验油、油品取样。

情景二：机舱检修工作中轮机长、轮机员之间的协调与配合

目的：通过此情景的训练，使团队领导能按正确的按优先顺序分配任务，增强轮机部门之间沟通能力；使之具有良好的决断力和领导力以及良好的情景意识，团队成员具有良好的领悟能力、情景意识及服从意识。培养整个团队精神。

内容：

(1)轮机长、轮机员之间良好的团队情景意识。

(2)轮机长、轮机员之间良好的沟通协调能力。

(3)轮机长、轮机员之间良好的领导力和科学的决断力。

(4)检修工作中团队经验的运用。

情景三:常规工况下轮机长、轮机员之间的协调与配合

目的:通过此情景的训练,使学员达熟练掌握轮机部人员之间在备车、完车、机动航行过程中合理的通信与沟通的方式,将正确的信息按照适当的渠道传递给接收者,能够正确选择沟通方式,掌握有效沟通原则。能够将正确合理的通信与沟通在轮机部备车、完车、机动航行中体现出来。

内容:

(1)备车:轮机长、轮机员之间良好的团队情景意识。

(2)机动航行:轮机长、轮机员之间良好的沟通协调能力。

(3)完车:轮机长、轮机员之间良好的领导力和科学的决断力。

情景四:轮机部与外部人员的通信与沟通

目的:通过此情景的训练,使学员掌握轮机部与验船师、修造船厂工程师沟通的方式,将正确的信息按照适当的渠道传递给接收者。能够正确选择沟通方式,掌握有效沟通的原则。能够将正确合理的通信与沟通在验船、船舶修造过程中体现出来。

内容:

(1)与验船师的沟通:有关船机状态的报告;船舶检验项目;证书;检验报告;设备运行数据、维修记录、状态报告等。

(2)与修造船厂工程师的沟通:修船计划、项目修理单、临时修理或计划修理、有关设备安全和性能的特殊情况报告;修船组织、监修、验收等。

情景五:机舱与驾驶台的通信与沟通

目的:通过此情景的训练,使学员认识到机舱与驾驶台沟通的重要性、熟练掌握机舱与驾驶台之间合理的通信与沟通的方式,将正确的信息按照适当的渠道传递给接受者。能够正确选择沟通方式,掌握有效沟通的原则。能够将正确合理的通信与沟通在船舶开航、备车、停泊中体现出来。

内容:

(1)开航前:开航通知及开航时间变更;主要机电设备情况燃油存量通告。

(2)开航前1小时:核对船钟、车钟、试舵;航海日志、轮机日志及车钟记录簿记载。

(3)备车:主机盘车、冲车、试车;转至驾控。

(4)航行中:互换正午报告,甲板作业、机舱作业,各种应变情况下的信息互通。

(5)停泊中:压载的调整、加装燃油、装卸货情况信息互通。

要求:

轮机长:①能简述船上人员管理规章制度以及管理流程;②具有良好的团队组织、协调、决策、指挥能力,能够应对各种紧急情况。

轮机员:能简述船上人员管理规章制度以及管理流程。

# 参考文献

［1］中华人民共和国交通运输部海事局．内河船舶船员适任培训和考试大纲（2019版）．2019．

［2］中国海事服务中心．船舶管理．大连：大连海事大学出版社；北京：人民交通出版社，2012．

［3］中国海事服务中心．主推进动力装置．大连：大连海事大学出版社；北京：人民交通出版社，2012．

［4］严峻，吴广前．轮机管理．大连：大连海事大学出版社，2016．

［5］宿靖波，严峻．机舱管理．大连：大连海事大学出版社，2010．

［6］严峻，刘德宽，封晓黎．船舶动力装置．大连：大连海事大学出版社，2010．

［7］中华人民共和国交通运输部海事局．船舶与海上设施法定检验规则（内河船舶法定检验技术规则）．2011．

［8］中华人民共和国交通运输部海事局．船舶与海上设施法定检验规则（内河小型船舶检验技术规则）．2016．

［9］中国船级社．内河绿色船舶规范．2018．

［10］马广文．交通大辞典．上海：上海交通大学出版社，2005．